民事裁判理由论证研究

王合静 著

中国法制出版社
CHINA LEGAL PUBLISHING HOUSE

目　录

下 篇

导　论

一、问题的提出

我国进行社会主义市场经济体制改革以来，社会生产力得到极大发展，满足了人们不断增长的物质生活和精神需求。社会公众的权利意识日渐增长。随之而来的是，人民法院受理民事纠纷案件的数量逐年上涨。在此情形之下，我国审判机关开启了民事审判方式的改革。立法机关从强化当事人的举证责任、庭前程序的构建，到对《中华人民共和国民事诉讼法》（以下简称《民事诉讼法》）进行全面修订，旨在以诉讼程序的科学配置，来实现司法裁断结果的公正性，满足人们利用司法解决纠纷的需求。司法在当代社会中的地位与功能决定了法官的作用不能仅仅局限于通过审判活动处理具体案件，更重要的是要对作出某种决定的理由进行说明。这直接关系到当事人是否会服判息诉，关系到司法定分止争功能的实现。①

为了以“看得见的方式”实现司法公正，我国最高人民法院对裁判文书的制作进行了一系列的改革举措。早在 1992 年 6 月，最高人民法院办公厅曾下发《法院诉讼文书样式（试行）》②，对判决书中判决理由的制作作出具体规定。③ 1999 年 4 月，最高人民法院审判委

---

① ［美］鲁格罗·亚狄瑟：《法律的逻辑》，唐欣伟译，法律出版社 2007 年版，第 2 页。

② 注：该文件现已失效。本书中在论述相关制度的历史沿革等问题时可能会引用曾经发布的现在已失效的规范性文件，以下不再标注。

③ 最高人民法院办公厅：《法院诉讼文书样式（试行）》，吉林人民出版社 1992 年版，第 129 页。

员会第 1051 次会议讨论通过了《法院刑事诉讼文书样式（样本）》，强调重视裁判文书的说理性。① 最高人民法院于 1999 年 10 月 20 日发布的《人民法院改革纲要（1999—2003）》提出，人民法院改革的基本内容之一是“要加快裁判文书的改革步伐，提高裁判文书的质量。改革的重点是加强对质证中有争议证据的分析、认证，增强判决的说理性；通过裁判文书，不仅记录裁判过程，而且公开裁判理由，使裁判文书成为向社会公众展示司法公正形象的载体，进行法制教育的生动教材”。② 最高人民法院于 2005 年 10 月 26 日发布的《人民法院第二个五年改革纲要（2004—2008）》提出，改革和完善诉讼程序制度。改革庭前程序，探索建立规范的民事诉讼简化程序和小额诉讼制度，提高诉讼效率；依法扩大审判公开的范围，采取司法公开新措施，维护当事人的诉讼权利，维护司法权威。③ 最高人民法院于 2009 年 3 月 25 日发布了《人民法院第三个五年改革纲要（2009—2013）》，重申“增强裁判文书的说理性，提高司法的透明度，大力推动司法民主化进程”，并且要“研究建立裁判文书网上发布制度和执行案件信息的网上查询制度”。④ 2015 年 2 月 4 日，最高人民法院在《人民法院第四个五年改革纲要（2014—2018）》（以下简称《四五改革纲要》）中，提出完善民事诉讼证明规则，“严格高度盖然性原则的适用标准，进一步明确法官行使自由裁量权的条件和范围。一切证据必须经过庭审质证后才能作为裁判的依据，当事人双方争议较大的重要证据都必须在裁判文书中阐明采纳与否的理由”。“人民法院办理二审、提审、申请再审及申诉案件，应当在裁判文书中指出一审或原审

---

① 参见《最高人民法院公报》1999 年第 3 期。
② 参见《最高人民法院公报》1999 年第 6 期。
③ 参见《最高人民法院公报》2005 年第 12 期。
④ 参见《最高人民法院公报》2009 年第 5 期。

存在的问题，并阐明裁判理由。”[①]《四五改革纲要》再次强调，要推动裁判文书说理的改革。根据不同审级和案件类型，实现裁判文书的繁简分流；特别提出要重视律师辩护代理意见，对于律师依法提出的辩护代理意见未予采纳的，应当在裁判文书中说明理由；提出要完善裁判文书说理的刚性约束机制和激励机制，建立裁判文书说理的评价体系，将裁判文书的说理水平作为法官业绩评价和晋级、选升的重要因素；提出要提升法官裁判文书的写作能力。最高人民法院于2019年2月27日发布的《人民法院第五个五年改革纲要（2019—2023）》（以下简称《五五改革纲要》），提出“进一步深化司法公开，不断完善审判流程公开、庭审活动公开、裁判文书公开、执行信息公开四大平台，全面拓展司法公开的广度和深度，健全司法公开形式……”“加大裁判文书全面公开力度，严格不上网核准机制，杜绝选择性上网问题”。[②]《五五改革纲要》提出进一步扩大裁判文书的公开程度，以裁判文书的公开促进裁判的公正。

最高人民法院于2016年2月22日通过了《人民法院民事裁判文书制作规范》和《民事诉讼文书样式》，2018年6月1日发布了《关于加强和规范裁判文书释法说理的指导意见》[③]。意见提出，裁判文书释法说理，要阐明事理，说明裁判所认定的案件事实及其根据和理由，展示案件事实认定的客观性、公正性和准确性；要释明法理，说明裁判所依据的法律规范以及适用法律规范的理由；要讲明情理，体现法理情相协调，符合社会主流价值观；要讲究文理，语言规范，表达准确，逻辑清晰，合理运用说理技巧，增强说理效果。2021年1月

---

① 参见《人民法院第四个五年改革纲要（2014—2018）》，载中国法院网，https：//www.chinacourt.org/article/detail/2014/07/id/1336425.shtml，最后访问时间：2022年7月6日。

② 参见《人民法院第五个五年改革纲要（2019—2023）》，载最高人民法院网，https：//www.court.gov.cn/fabu-xiangqing-144202.html，最后访问时间：2022年7月6日。

③ 参见《最高人民法院公报》2018年第11期。

19日，最高人民法院发布了《关于深入推进社会主义核心价值观融入裁判文书释法说理的指导意见》，提出要深入推进社会主义核心价值观融入裁判文书释法说理，重点说明裁判事实认定和法律适用的过程和理由，提出一些案件应当强化运用社会主义核心价值观说理。譬如，涉及国家利益、重大公共利益，社会广泛关注的案件。①

由此可见，要求裁判文书说明事实认定和法律适用的过程和理由是司法改革和裁判文书制作的重点。“说明事实认定和法律适用的过程和理由”即是要求法官论证裁判理由。通过规范裁判理由的论证，实现司法机关裁断结果的正当性和说服效果。因而，裁判理由论证关乎司法审判过程的公开和公正，关乎裁断结论的合法性和合理性，亦关乎司法机关的权威和公信力。

学界对裁判文书的制作和改革进行了大量的探讨，发表了一些著作和文章，② 研究裁判理由的理论和制作等相关问题。

---

① 最高人民法院《关于深入推进社会主义核心价值观融入裁判文书释法说理的指导意见》第4条规定：下列案件的裁判文书，应当强化运用社会主义核心价值观释法说理：(1) 涉及国家利益、重大公共利益，社会广泛关注的案件；(2) 涉及疫情防控、抢险救灾、英烈保护、见义勇为、正当防卫、紧急避险、助人为乐等，可能引发社会道德评价的案件；(3) 涉及老年人、妇女、儿童、残疾人等弱势群体以及特殊群体保护，诉讼各方存在较大争议且可能引发社会广泛关注的案件；(4) 涉及公序良俗、风俗习惯、权利平等、民族宗教等，诉讼各方存在较大争议且可能引发社会广泛关注的案件；(5) 涉及新情况、新问题，需要对法律规定、司法政策等进行深入阐释，引领社会风尚、树立价值导向的案件；(6) 其他应当强化运用社会主义核心价值观释法说理的案件。

② 譬如，唐仲清：《判决书的制作应确立判决理由的地位》，载《现代法学》1999年第1期。龙宗智：《刑事判决应公开判决理由》，载《现代法学》1999年第2期。傅郁林：《民事裁判文书的功能与风格》，载《中国社会科学》2000年第4期。苏力：《判决书的背后》，载《法学研究》2001年第3期。杨立久：《论民事再审判决书论证部分的完善》，载《人民司法》1999年第7期。吴耀军：《关于裁判文书中事实认证部分的思考》，载《政治与法律》2000年第4期。袁力、邵新：《德国民事裁判文书结构与说理的关联分析》，载《法律适用》2017年第1期。傅郁林：《判决书说理中的民事裁判逻辑——围绕〈民事诉讼法〉第155条的展开》，载《中国应用法学》2022年第1期。周道鸾：《民事裁判文书改革与实例评析》，人民法院出版社2001年版。唐文：《法官判案如何说理》，人民法院出版社2000年版。吴庆宝编：《民事判决书制作与改革难点评析》，人民法院出版社2004年版。肖晖：《中国判决理由的传统与转型》，法律出版社2008年版。王合静：《民事判决理由研究》，法律出版社2016年版。

在立法层面，我国于2012年8月31日第十一届全国人民代表大会常务委员会第二十八次会议通过了《关于修改〈中华人民共和国民事诉讼法〉的决定》(第二次修正)。将第138条改为第152条第1款，判决书应当写明判决结果和作出该判决的理由。判决书内容包括：(1) 案由、诉讼请求、争议的事实和理由；(2) 判决认定的事实和理由、适用的法律和理由；(3) 判决结果和诉讼费用的负担；(4) 上诉期间和上诉的法院。将第140条改为第154条，第3款改为裁定书应当写明裁定结果和作出该裁定的理由……新增一条作为第156条，即公众可以查阅发生法律效力的判决书、裁定书，但涉及国家秘密、商业秘密和个人隐私的内容除外。

这一系列对裁判文书寄予高度关注的司法改革、学术研究和立法修订表明，裁判文书不仅要载明裁判理由，而且要强化裁判理由的论证，以此保障司法机关裁断结论的正当性，使当事人和人们接受司法裁判。

民事裁判文书是人民法院审理和裁断当事人之间民事纠纷的书面载体。裁判理由是审理案件的法官对作出裁断结论的阐述和说明。裁判者必须在对抗的双方之间作出裁断，并给出据以裁判的理由，以使得裁判在可预见的法律秩序框架中获得正当性。[①] 民事裁判理由论证是法官通过裁判理由证立裁断结果的论说过程。通过对裁判理由的论述和证明，旨在说服当事人接受裁判理由和裁断结果，履行裁判文书中确定的权利义务。论证是一种理论，亦是一种证立技术。如何论证裁判理由，裁判理由论证达至何种程度才能称之为好的论证，实现论证效果，则是司法过程中制作裁判文本时值得考量的命题。

二、研究的价值

人们在日常生活中常常会向他人表明自己对某件事情的观点或者

---

① [英] 尼尔·麦考密克：《法律推理与法律理论》，姜峰译，法律出版社2005年版，第3页。

看法，然后提出理由来证明自己的观点。在科学实验中，科学家常常通过实验数据来论证实验结果的准确性。在司法过程中，人们为了追求裁断结果的公正，要求法官对其裁判结果进行证立，以示其作出的裁断结论是符合理性的。可见，论证适用于不同的场景，但是，不同领域的论证构成和论证形式会有较大差异。

在司法领域，裁判文书载明裁判理由是现代司法民主和程序公正的应有之义。更为重要的是，法官需要对裁判理由进行论证。法官的立场体现在其裁决中。他必须充分证立该裁决以使当事人、其他法官乃至整个法律界所接受。①

裁判理由论证是一个理论命题，亦是一个实践命题。论证理论有诸多观点和学说，如佩雷尔曼的新修辞学理论，弗里曼的论证结构。②裁判理由论证以论证理论为分析依据，探讨民事裁判理由论证的参与者、论证的构成要素、论证结构、论证的合理性等理论问题，以期对裁判理由论证提供理论上的支持。裁判理由论证是在辩论的语境下，运用逻辑学的原理关注裁判理由论证和裁判理由的接受。对判决的分析是作为一种论辩说服的实施，对有效性的检测标准不是正确性，而是说服性。③ 换言之，裁判理由论证呈现的不仅是裁断结果的正确性，亦含及说服、接受之旨意。

裁判理由论证是法官多年审判经验、司法裁判和论证技术的运用。裁判文本为裁判理由论证研究提供了丰富的实践资料。我国对裁判文书的新要求不仅是改进裁判文书的制作技术，而且是深入对国家的相关法律制度、法律理念等层面的探及。通过对我国各审级人民法院裁判文本的研读，考察影响裁判理由论证的相关因素，归结出我国

---

① ［荷］伊芙琳·T. 菲特丽丝：《法律论证原理——司法裁决之证立理论概览》，张其山等译，商务印书馆2005年版，第3页。

② ［荷兰］范爱默伦、［荷兰］荷尔森、［荷兰］克罗贝、［荷兰］维赫雅、［荷兰］瓦格曼斯：《论证理论手册》，熊明辉等译，中国社会科学出版社2020年版，第18~23页。

③ 焦宝乾：《逻辑与修辞：一对法学研究范式的中西考察》，载《中国法学》2014年第6期。

裁判理由论证的样态。由此，可以进一步探寻影响裁判理由论证的相关因素。司法机关对民事纠纷的裁断过程容易引起关联效应，从影响当事人诉求的表达方式、群体法治意识形态的型塑，扩展到影响社会法秩序的构建。

域外法系国家和地区民事裁判文本各有其不同的论证风格。通过对域外法系裁判论证的比较，归结影响裁判论证的因素。譬如，法律制度的形成方式、论证依据、论证路径、论证者的选拔和任用等。

裁判理由论证包含法律论证理论、裁判方法和论证技术，是一个涉及多学科的命题。裁判理由论证需要法官具备综合性、多学科的知识，是法律规范、论证技艺、情感等因素相互交织的司法成果。这就不难解释，大法官们凭借优秀的裁判文本而影响久远的缘由了。

民事裁判理由论证意在观点对立的双方当事人之间，通过对论证内容的选取，采用一定的论证结构，说服当事人接受论证的意见和观点。法官的裁判不仅涉及认知行为，而且涉及认知预定的法律状况，必然导致较高衡量参与论辩之日或者裁判涉及之人的合意。① 由此，通过裁判文本，展现出法官深厚的法理学识、内心的价值判断和修辞技艺。

三、研究的进路和观点

本书分上下两篇，共九章。上篇以论证理论为基础，探讨了民事裁判理由论证中涉及的相关理论问题，提出了民事裁判理由论证的要素、民事裁判理由论证的结构，民事裁判理由论证的合理性以及民事裁判理由的效力。下篇以我国民事裁判文书为考察文本，探讨了各审级人民法院民事裁判理由论证的情形，归结出我国民事裁判理由论证的样态，从立法上、制度上分析影响我国民事裁判理由论证的因素。

---

① ［德］乌尔弗里德·诺伊曼：《法律论证学》，张青波译，法律出版社 2014 年版，第 8 页。

同时，对域外法系国家和地区民事裁判文书的论证予以对比。据此，提出完善我国裁判理由论证合理性的路径选择，力图在法律论辩和司法现实之间获取某种联结。

第一章、第二章和第三章探讨了民事裁判理由论证的范畴、论证的要素和论证的结构。主要涉及民事裁判理由论证的含义、论证的事项、论证参与者、论证结构等基本内容。民事裁判理由论证的要素是指构成裁判理由论证不可或缺的事项。主要有民事裁判理由论证的参与者（论证者和受众）、民事裁判理由论证的依据、裁判理由论述的程序、裁判理由论证的修辞性。论证结构是向人们展示论证内容的排列组合。它包含形式逻辑的论证结构和辩证逻辑的论证结构。提出民事裁判理由的论证结构主要有法律形式逻辑、归纳论证、新修辞学理论、阿列克西的理性论证理论、麦考密克的演绎证立理论模式等。

第四章探讨了民事裁判理由论证的合理性。它以论证评估标准为理论基础，阐述了民事裁判理由论证合理性的判断依据。主要涉及民事裁判理由可接受性，民事裁判理由论证关联性，以及民事裁判理由论证充分性。

第五章探讨了民事裁判理由的效力。民事裁判理由效力关涉对裁判理由论证内容的选取，影响后诉和生效裁判之间的关联。通过对英美法系国家民事判决效力的分析，提出判决理由范围的多样性和复杂性决定了判决理由效力的复合性，包括约束性效力、劝说性效力、争点效力。大陆法系国家和地区判决理由的效力有判决理由抵销的既判力、参加性效力、判决理由争点效力、判决理由的审级效力，由此提出我国可视民事判决理由论证的内容，分为拘束力、证明力和参照力。

第六章是对我国民事裁判理由论证样态的分析。本章以案由为据选取了部分第一审、第二审和再审裁判文本，考察判决理由和裁定理由论证的事项，归结出民事判决理由的范围指向，事实认定和法律适用的分立，法律规范的适用和民事案由、审理法院级别相关，适用法律规范的差异等样态。

第七章探讨了我国民事裁判理由论证样态的效应及缘由。司法机关裁断纠纷的过程可引起“涟漪”效应，主要有影响当事人诉求的表达方式，群体法治意识的型塑以及社会法秩序的构建。影响裁判理由论证的缘由有：民事法律规范内在的逻辑结构、司法逻辑（三段论）论证结构的预设和限定、我国裁判文书的样式规定、法律的形式理性和个案实践价值判断的张力、法律规范适用中的不确定性、关联制度对裁判理由论证的影响，等等。

第八章是对域外两大法系民事裁判论证的考察。英美法系判决论证没有固定的模式。初审法院对判决的论证较为简略，能够“上升”为判例的案件甚少。上诉审法院的判决更为关注法律争议，论证内容较为详尽，展现出法官独特的法律认知、思维方法等，呈现出裁断判决结论的脉络。作为裁判的依据有先例、制定法。英国严禁参考委员会报告书、咨询委员会报告等，制定法的全称、前言、章节标题等内部资料，可被用来解释法条用语。

大陆法系国家和地区民事裁判从事实和法律两个方面论证理由。民事法律规范成为法官论证理由的起点。根据要件事实审查当事人的纠纷事实是否符合该法律规范，根据举证责任判断当事人的主张能否成立。上诉审法院对理由的论述没有统一的形式，更多涉及对法律规范适用的分析。民事法律规范、判例、专家学说的观点成为论证的依据。两大法系民事裁判的论证受本国法律规范的形成、审级制度和法官选拔制度的影响。

第九章提出了我国民事裁判理由论证合理化的路径选择。从理念维度，把民事裁判理由的可接受性作为论证裁判理由之指导原则。在判决理由制作中引入对“可接受性”的考量。民事判决理由可接受性是一种围绕受众而构建的论说方式。它注重对判决理由受众的说服，注重对论说效果的考察。民事裁判理由论证的合理性契合了判决理由可接受性，论证内容具备关联性和充分性，以此实现民事裁判理由论证的说服目的。从规则创制维度，完善裁判理由的范围，细化制作裁定理由的裁定，调整民事裁判文书的结构；规定对判决或者裁定错误的救济途径；判决遗漏诉讼请求的，可以更正判决的形式作出；提出对判决遗漏事实的完善规定；明晰裁判理由论证规范和作出裁判结果法律规范。从司法技术维度，视案件的种类、审级、疑难程度、受众设定裁判理由论证的模式及适用条件。对民事判决分类型和审级论证理由，对裁定分裁定事项和审级论证裁定理由，以取得说服之效果。

本书的主要观点：将民事裁判理由置放于论辩语境下展开论证。提出民事裁判理由论证包含论证要素、论证结构、论证合理性的判断等。民事裁判理由论证的要素关涉论证参与者、论证规范、论证的程序、论证的修辞等。民事裁判理由效力具有多重性，视论证的内容具有拘束力、证明力和参照力。我国民事裁判理由论证的形式化受民事实体法律规范的逻辑结构、司法三段论预设的限定，法律形式主义的品性和个案实践价值判断的张力、法律适用的不确定性以及裁判理由论证相关制度配置的缺失等因素的影响。通过比较域外法系国家和地区裁判论证的样态，提出裁判理由论证受审级制度、法律规范的生成和适用、法官选任制度及其个体价值观念等影响。民事裁判理由的论证旨在说服受众接受裁断结论。可以民事裁判理由可接受性作为裁判理由论证的指导原则，使裁判理由论证达至充分性和关联性。视民事案件的审级、案由、疑难程度、受众等因素，以司法三段论为基本论证结构，采用其他多种论证结构和模式证立裁判结论，使理论研究与司法实务有效结合。

上　篇

第一章　民事裁判理由论证的范畴

第一节　论　　证

一、论证的语义

在现代汉语中，论证在逻辑学中是指引用论据来证明论题的真实性的论述过程，是由论据推出论题时所使用的推理形式；论述并证明；立论的根据。①

在英美法中，论证（argument）包含三种意思：第一种是指一种形式，两个或者多个人表达不同意或者相互质疑对方的立场。第二种是指一种论述，通过提出一些事情为什么是真实的或者是不真实的，正确的或者错误的，好的或者坏的等理由来说服。第三种是说服的行为或者过程。②

在哲学中，论证是指任何一组命题，其中有个命题被宣称是自其他命题推断得到，而其他命题被当作支持该命题之真实性的基础。论证不仅仅是一群命题的集合，该群命题还必须有一个特定甚至是形式

---

① 中国社会科学院语言研究所词典编辑室：《现代汉语词典》（第七版），商务印书馆2016年版，第859页。

② ［美］布莱恩·加纳：《布莱克法律词典》（第十版），Thomson West出版社2014年版，第128页。

的结构。①

在形式逻辑中，论证是由断定一个或一些判断的真实性，进而判断另一个判断的真实性。② 论证是由陈述所组成的一个序列，其中最后一个陈述（结论），可能是从其他陈述（前提）中推出的。“可能”一词拓宽了论证的定义，从而使它既包含好的论证又包含坏的论证。③ 好的论证是指真的陈述，而坏的论证则是指论证的内容为假，是假的陈述。

在论辩领域，即语用—辩证理论中，论证包含广义的论证和狭义的论证。广义的论证是 argumentation，指争论、辩论。在法律中，指论证。全面而完整地以论据支持论点。④ 狭义的论证是 argument，指争论、辩论、论证；理由、论据。⑤ 比尔兹利的《实用逻辑》认为，论证是至少包括两个陈述的论述（discourse），其中一个被断定是另一个的理由。⑥ 论证是由一组能够表达思想内容的命题所组成，提出命题的目的是维护有争议的立场。⑦

论证，是指举出理由（证立或证成）支持某种主张或者判断。任何（包括法律上的）正确性标准的寻求都必须要经过论证。这种论证表现为对规范性命题的整理或证成过程。⑧

论证对事物的认知具有重要的作用。论证是为了说明一个论点。作为论证根据的那些事实必须是真实的。论证者通过严密和严谨的论

---

① ［美］鲁格罗·亚狄瑟：《法律的逻辑》，唐欣伟译，法律出版社 2007 年版，第 33 页。

② 金岳霖主编：《形式逻辑》，人民出版社 2006 年版，第 280 页。

③ ［美］罗伯特·罗德斯、［美］霍华德·波斯伯赛尔：《前提与结论——法律分析的符号逻辑》，杜文静译，中国政法大学出版社 2015 年版，第 4 页。

④ ［德］乌尔弗里德·诺伊曼：《法律论证学》，张青波译，法律出版社 2014 年版，第 190 页。

⑤ 薛波编：《元照英美法词典》，北京大学出版社 2013 年版，第 92 页。

⑥ 武宏志、周建武、唐坚：《非形式逻辑导论》，人民出版社 2009 年版，第 112 页。

⑦ ［荷兰］范爱默伦、［荷兰］荷尔森、［荷兰］克罗贝、［荷兰］维赫雅、［荷兰］瓦格曼斯：《论证理论手册》，熊明辉等译，中国社会科学出版社 2020 年版，第 2 页。

⑧ ［德］罗伯特·阿列克西：《法律论证理论——作为法律证立理论的理性论辩理论》，舒国滢译，中国法制出版社 2002 年版，第 7 页。

证去说服受众接受论证的内容。同时，在论证中需要运用正确的推理形式。推理形式的正确性保障论证结果符合逻辑规律。人们根据论证的文本和内容，接受预设的论证观点。

推理（reasoning），在逻辑学上是思维的基本形式之一，是指由一个或几个已知的判断（前提）推出新判断（结论）的过程，有直接推理、间接推理等。① 推理是根据逻辑学的法则，从已知事实（前提）推断出结论的过程，是根据一个或一些判断得出另一个判断的思维过程。② 作为推理根据的判断，是前提。由前提得出的判断，则是结论。推理是由两个或者两个以上的判断组成的判断。③

推论（inference），是指（动）用语言的形式进行推理；（名）经推理所得出的结论。④ 根据其释义，推论可以指一种经推理所得出的观点，亦可指推理的过程，此时，推论等同于推理。

由此可知，论证是指对结论的证明过程。论证的前提是在冲突的语境中，有一个结论。通过论说的过程，实现对结论的证明。在论证的过程中，可以运用推理等方式来消除冲突，以证明结论。论证是一个辩证的过程，而推论是单向的，是从前提推出结论。论证的前提是支持结论，否则就是在错误地进行推理。这种论证为谬误。论证包括两个方面，即论证的过程和结果。论证的过程意指论证是一种旨在消除意见分歧的复杂性和交互性的行为。论证的结果指的是由一组旨在维护争议立场可接受性的命题组成的。⑤

---

① 中国社会科学院语言研究所词典编辑室编：《现代汉语词典》（第五版），商务印书馆 2005 年版，第 1385 页。

② 金岳霖主编：《形式逻辑》，人民出版社 2006 年版，第 138 页。

③ 金岳霖主编：《形式逻辑》，人民出版社 2006 年版，第 139 页。

④ 中国社会科学院语言研究所词典编辑室编：《现代汉语词典》（第五版），商务印书馆 2005 年版，第 1385 页。

⑤ [荷兰] 范爱默伦、[荷兰] 荷尔森、[荷兰] 克罗贝、[荷兰] 维赫雅、[荷兰] 瓦格曼斯：《论证理论手册》，熊明辉等译，中国社会科学出版社 2020 年版，第 6 页。

二、论证的特点

1. 论证存在于有争议或者分歧的主体之间的交流或者对话中。如果主体意见一致或者赞同、认可对方言说的话语，则不发生论证的过程和行为。

2. 论证是一种逻辑推理活动。论证者通过提出新的命题来证明自己的观点或者意见，也即是说，对自己提出的命题承担证明责任。它不是要求对方作出承诺或者许诺，而是通过理性的推论活动，维护自己的立场。

3. 论证是期望听众接受自己的观点。其目的是说服受众接受自己的立场，方法是让受众了解自己遵守了彼此认同的合理评判标准。[①] 论证是一种对话交流的过程，而非单向的推论。主体之间存在观点的交锋和对话。受众之间并非盲目地遵从，而是通过共同认可的评判标准参与论证过程。

三、论证的构成

论证是用某个结论的理由去说服对方接受该主张。广义的论证是修辞的和辩证的。也即是说，论证不仅是一个推论的过程，还涉及论证的主体、论证的接受者（受众）、论证的语境、论证的内容等。狭义的论证则是指前提和结论之间的推演关系，即推论。论证是由论题、论据和论证的方式组成。我们所讨论的论证是指广义的论证。约翰逊提出，将论证置于广阔的论辩语境来概念化。论辩实践包括论辩过程、从事该实践的主体（论证者和他人）以及作为产品的论证本身。论辩实践是构建、表达、批评和修正的社会文化活动。[②] 一个论证是一个语篇。它以文本的形式展现支持它的理由，以说服他人接受

---

① ［荷兰］范爱默伦、［荷兰］荷尔森、［荷兰］克罗贝、［荷兰］维赫雅、［荷兰］瓦格曼斯：《论证理论手册》，熊明辉等译，中国社会科学出版社2020年版，第5页。

② 金岳霖主编：《形式逻辑》，人民出版社2009年版，第313页。

这个论点。论证体现出论辩的过程。故此，论证的构成包括论证的参与者、论证的事项和论证的结构。

论证参与者。论证参与者是指参与论证活动的主体，包括论证者和反对意见者（即接受者）。在论证中，论证者和接受者彼此相互依存，论证者不能脱离接受者而存在。论证者使用某种形式，譬如文本，表现出论证的思想。论证者通过论证的文本达到说服他人的目的。论证的内容是由论证者所选择的。论证接受者即为论证的受众，论证是向谁作出的，则会影响论证的技术和论证目的的实现。论证者和论证的受众之间意见相互对立，二者相互依存而存在。不存在脱离论证者的接受者。

论证的事项。论证发生在意见对立的主体之间。论证的事项可能是评价性的，亦可能是描述性的。论证的内容包含双方辩论的观点。论证以一定的结构形式呈现，论证和批判性回应都受到讨论论证程序规则的制约。①

论证结构。论证结构是指论证者为证明其观点，对论证内容所采取的搭配形式和文字安排。在论证理论中，理由之间不同的组合方式构成了有助于维护立场的不同论证结构。② 展示论证结构不仅对理解论证者如何证明他们的观点是必要的，而且是评估这些论证的先决条件。③ 论证结构有助于人们清晰地理解语篇内容，实现论证的目的。基于不同的理论研究视角，论证结构呈现出各异的排列组合方式。譬如，形式逻辑是从逻辑视角来选择论证结构。

论证理论是一门综合性的学说知识，可以视作独立的跨学科研究。它兼顾逻辑、修辞、论辩三个方面，由哲学、逻辑学、语言学、

---

① ［荷兰］范爱默伦、［荷兰］荷尔森、［荷兰］克罗贝、［荷兰］维赫雅、［荷兰］瓦格曼斯：《论证理论手册》，熊明辉等译，中国社会科学出版社 2020 年版，第 5 页。

② ［荷兰］范爱默伦、［荷兰］荷尔森、［荷兰］克罗贝、［荷兰］维赫雅、［荷兰］瓦格曼斯：《论证理论手册》，熊明辉等译，中国社会科学出版社 2020 年版，第 21 页。

③ 武宏志、周建武、唐坚：《非形式逻辑导论》，人民出版社 2009 年版，第 379 页。

话语分析、修辞学、心理学、法学等相关学者们共同推进发展。① 学者们从不同视角研究论证的相关理论问题，提出了多种论证学说，由此呈现出不同研究进路的论证事项、论证目的以及论证构造。②

第二节　民事裁判理由

在我国，民事裁判包含民事判决、裁定、决定、命令等。民事判决是指人民法院对当事人的民事纠纷和非讼案件审理之后对实体问题所作的裁断。判决一旦发生法律效力，非经法定程序不能改变判决的内容。民事判决书应当写明判决结果和作出该判决的理由。

民事裁定是指人民法院对民事诉讼中的程序性事项所作的权威性的裁断。民事裁定主要解决诉讼进程中的程序性问题，亦涉及对少数实体性问题的处理。我国民事诉讼法规定了裁定适用的范围。③ 裁定书应当写明裁定结果和作出该裁定的理由。

民事判决和裁定解决的诉讼事项不同，立法对判决书和裁定书的规定亦有所不同，故而分开阐述判决理由和裁定理由。

一、民事判决理由

我国 1991 年 4 月 9 日第七届全国人民代表大会第四次会议通过的《民事诉讼法》第 138 条规定，判决书应当写明：(1) 案由、诉讼请求、争议的事实和理由；(2) 判决认定的事实、理由和适用的法律依

---

① ［荷兰］范爱默伦、［荷兰］荷尔森、［荷兰］克罗贝、［荷兰］维赫雅、［荷兰］瓦格曼斯：《论证理论手册》，熊明辉等译，中国社会科学出版社 2020 年版，第 29 页。

② 相关学说观点详见本书第三章。

③ 参见《民事诉讼法》第 157 条第 1 款之规定，即裁定适用的范围有不予受理；对管辖权有异议的；驳回起诉；保全和先予执行；准许或者不准许撤诉；中止或者终结诉讼；补正判决书中的笔误；中止或者终结执行；撤销或者不予执行仲裁裁决；不予执行公证机关赋予强制执行效力的债权文书；其他需要裁定解决的事项。

据；（3）判决结果和诉讼费用的负担；（4）上诉期间和上诉的法院。判决书由审判人员、书记员署名，加盖人民法院印章。

我国2012年8月31日第十一届人大常委会第二十八次会议通过修正的《民事诉讼法》第152条规定，判决书应当写明判决结果和作出该判决的理由。判决书内容包括：（1）案由、诉讼请求、争议的事实和理由；（2）判决认定的事实和理由、适用的法律和理由；（3）判决结果和诉讼费用的负担；（4）上诉期间和上诉的法院。判决书由审判人员、书记员署名，加盖人民法院印章。修订后的判决书明确了判决理由的内容，强化对判决理由的制作。

民事判决理由是指法官在民事判决书中对其认定当事人争议事实的论述和适用法律规范的解释，以及根据所认定的案件事实和适用的法律规范得出判决结论的证立过程。理由具有强弱的维度。较强的理由胜过较弱的理由。①

民事判决理由包含以下三个方面的内容：

第一，对案件事实的认定。

众所周知，法官只能对当事人的诉求作出判决。法官将当事人发生纠纷的生活事实转化为具有法律意义的事实是其作出司法判决的基础。法官对案件事实的认定，受当事人提出事实主张的限制，不能超出当事人诉求的范围来认定案件事实。法官在认定案件事实的过程中，根据证据规则来获得内心对事实的确信。其将这种对事实判断和认定的过程即心证的过程展现于判决书中，以获得当事人各方对争议裁断结果的认同。

第二，对法律规范的适用。

规则之治是法治国家在行政管理、司法裁断等活动中所必须遵循的一个基本原则。无论是大陆法系还是英美法系国家，均要求法官在

① ［英］约瑟夫·拉兹：《实践理性与规范》，朱学平译，中国法制出版社2011年版，第14页。

判决书中论证其作出判决结论的法律依据。随着新科技的发展，社会中不断出现新的纠纷类型和种类，立法具有的抽象性和滞后性特点，使法官在适用民事法律规范时需要对其进行阐释，以说明其选取该法律规范的理由和依据。

第三，判决结论同法律事实和适用的法律规范之间的逻辑关联性。

对判决结论的逻辑证成是判决理性化的标志，也是判决获得普遍接受的基础。成文法国家通过预设的法律规范借助演绎推论的逻辑方法实现对判决结论的证成。我国民事实体法律规范的结构要求法官按照司法三段论的模式，实现对判决结果的证立。换言之，判决结果、认定的事实和适用的法律规范之间的逻辑关系大多是演绎推论。①

民事判决载明判决理由是程序公正的应有之义。民事判决理由展现了诉讼的运行状态，以及当事人之间利益对立和辩论的过程。它承载着说服败诉者与获得社会民众认可之功能、限制法官滥用自由裁量权之功能、创立法律规范之功能、创制具有约束力的社会规范等功能。②

二、民事裁定理由

我国1982年《民事诉讼法（试行）》和1991年《民事诉讼法》规定了民事裁定适用的范围和可以上诉裁定的种类。③ 2012年《民事诉讼法》修订时增加了民事裁定书应当写明裁定结果和作出该裁定理由的规定。裁定书由审判人员、书记员署名，加盖人民法院印章。口头裁定的，记入笔录。④ 这是对裁判文书改革在立法层面的回应。裁

---

① 参见王合静：《民事判决理由研究》，法律出版社2016年版，第14~18页。

② 参见王合静：《民事判决理由研究》，法律出版社2016年版，第23~32页。

③ 参见1982年《民事诉讼法》第122条之规定，1991年《民事诉讼法》第140条之规定。

④ 参见2012年《民事诉讼法》第154条之规定。

定书写明裁定理由是对当事人诉权的保障。

民事裁定理由是指法官作出裁定结论的依据，包括认定的事实和理由，适用的法律和理由，以及根据认定的事实、适用的法律规范推论出裁定结论的逻辑形式。民事诉讼法对裁定的适用有明确的法律规定。同判决理由相比，裁定理由在内容和形式上较为简单。

民事裁判书载明裁判理由是为了告知当事人和社会民众法院作出裁定结论的依据。民事裁判理由是民事裁判文书的核心。通过裁判理由的论证，说服当事人、法律共同体和社会民众接受司法机关的裁判。

第三节　民事裁判理由论证

司法机关裁断民事纠纷案件是在辩论主义的场域下进行的。双方当事人相互提出主张并提供证据，法院居中裁判。法官证立其作出裁判结论的过程，即为裁判理由的论证。论证的意图旨在表明裁断结果是公正的和正当的。

一、民事裁判理由论证语义

前已述及，论证是指引用论据来证明论题的真实性的论述过程，以及由论据推出论题时所使用的推理形式，亦指论述并证明。论证的前提是存在观点冲突的双方。如果把论证当作论辩来看，作为达到某个目标或完成特定目的的过程进行审查，从各种视角包括逻辑的、心理的、社会学的和道德的，使受众接受论辩的内容。①

民事裁判理由论证是指司法机关通过裁判理由证立裁断结果的过程，旨在以理由说服当事人接受裁判结论。裁判理由论证影响着当事人对裁判结论的接受和履行，亦关乎社会民众对裁判的接受和司法权威。

---

① 武宏志、周建武、唐坚：《非形式逻辑导论》，人民出版社2009年版，第328页。

在民事诉讼活动中，存在诉求和主张对立的双方当事人。在现代司法理念的制约之下，裁判文书载明裁判理由不仅仅是法院告知当事人裁断纠纷的结果，更为重要的是，告知当事人作出裁断纠纷的过程。通过展现作出裁断结论的理由，公开所适用的诉讼程序，实现程序正义和裁断结果的公正。

民事裁判理由论证是一种实践的论辩活动。它不仅以法律规范为裁判依据，而且涉及对正义、道德、公平等价值理念的判断。民事裁判理由论证并非仅是讲求形式的有效性，亦是含及说服当事人接受裁判的活动。论证的前提是从裁判的可接受性出发，探及裁判理由的论说和证明。

民事裁判理由论证是由一个文本或者以语言为载体构成。它包含裁判理由论证的参与者、裁判理由论证的事项（事实认定的内容，法律适用的理由等）、论证结构、论证标准等。裁判理由的论证旨在从社会维度、当事人维度，论说裁判理由，实现司法裁判解决民事纠纷的目标。民事裁判理由论证包含民事判决理由论证和民事裁定理由论证。

裁判理由论证具有一定的形式。裁判理由论证由裁判理由论证参与者、裁判理由论证事项和裁判理由论证结构组成。

二、民事裁判理由论证参与者

民事裁判理由论证参与者是指和裁判理由论证相关的主体。一般而言，裁判理由论证参与者包括裁判理由论证的主体、裁判理由论证的接受者即受众。

民事裁判理由论证的主体为职业法官。我国《民事诉讼法》规定，裁判文书由审判人员、书记员署名，加盖人民法院印章。[①] 裁判文书的制作者为审理案件的法官。也即是说，参与过案件审理的法官

---

① 参见《民事诉讼法》第155条第2款、第157条第2款之规定。判决书由审判人员、书记员署名，加盖人民法院印章。裁定书由审判人员、书记员署名，加盖人民法院印章。

（审判人员）才能制作裁判文书，成为裁判理由论证的主体。我国人民法院审理案件的组织形式有独任制和合议制。独任制是指由一名法官审理案件，并作出裁判的制度。合议制是指由三人以上单数的审判人员组成合议庭审理案件，并作出裁判的制度。合议制是人民法院审理案件的基本审判组织形式。在裁判文书上署名的法官是合议庭的成员。法院以合议庭的形式对外公布裁判结果。合议庭的成员亲历案件的审理活动，充分知晓当事人双方的辩论意见，形成了裁断结论。裁判理由论证的实践性较强，需要法官多年职业经验的累积。由职业法官论证裁判理由，以实现论证的旨意。

民事裁判理由论证的接受者即受众为当事人、法律职业者和一般社会民众。首先，民事裁判理由的论证是向当事人说明裁断结果的正当性。无诉即无审判。在民事诉讼中，启动诉讼程序的主体为原告。原告为了解决其民事纠纷，向人民法院提起诉讼，请求审理并作出对其有利的裁判。人民法院依照法定的程序审理该纠纷并依法作出裁断。当事人是法院裁断结果的直接承受者，特别是败诉的一方当事人。法官对裁判理由的论证旨在解决冲突，通过理由说服败诉方接受裁断结果。

其次，法院作出的裁判，需要接受法律职业者和法学研究者的监督。裁判理由能否证立裁判结论，需要接受上级法院的监督，亦接受其他法律职业者的评判。裁判文书公开制度，为司法民主和公开提供了制度保障，亦为法学研究提供了实践途径。通过对裁判文本的研究，保障适用法律的统一和正确。

最后，裁判理由论证普泛的受众是社会一般民众。在一些涉及社会公共利益、引领社会道德的案件中，裁断结果为人们所广泛关注。裁判理由能否支持裁断结果，需要接受社会民众的评判。生效裁判文书具有宣扬社会主义核心价值观，引领社会主义法治观念的功效。法官在论证裁判理由时，需对社会公平、公正、秩序等价值观念进行衡量，引领社会民众法治观念和社会主义道德观念。裁判的引领功效是司法治理的重要途径。

民事裁判理由论证的受众是分层级的。首先最直接亦是最重要的受众是和其利益紧密相关的当事人，说服当事人接受尤为重要；其次是法律职业者和法学研究者；最后是一般的社会民众。在案件涉及社会公共利益和公共道德时，对裁判理由的论证则需要考量社会民众的接受。

三、民事裁判理由论证事项

民事裁判理由论证事项是指裁判理由论证者通过裁判理由的内容来说服受众的事项。裁判理由包含法院认定的事实及理由，适用的法律规范及理由，以及根据认定事实和适用的法律规范推论出裁断结果的关联形式。民事裁判理由论证的事项有认定的事实及理由，适用的法律规范及理由。

论证认定的事实及理由。认定的事实是指法官对当事人之间争议的民事案件事实的判断，亦称法律意义上的事实，即法院对当事人之间争议的事实审理之后，根据证据规则等所确认的事实以及根据确认的事实依据法律规范所形成的作为裁判结论的要件事实。对法律事实的论证，涉及对当事人提交证据的分析判断，采纳和不采纳证据的理由，在认定证据的基础上，推演出所认定的事实。当事人之间无异议的事实，则不需要论证。认定的事实和无异议的事实构成作出裁判结论的事实依据。

论证适用的法律规范及理由。法官在裁断民事纠纷案件时，阐释所适用的法律规范及理由。其在选择具体的法律条文时，结合案件事实，运用一定的解释方法述明选取这些法律规范的理由。适用的法律规范包含民事实体法律规范和民事程序法律规范。

四、民事裁判理由论证结构

结构是指各个组成部分的搭配和排列；建筑物承重部分的构造；组织安排（文字、情节等）。[①] 民事裁判理由论证结构是指法官在论证裁判理由时，对其各个组成部分的搭配和安排所采用的形式。换言之，法官按照一定的结构形式来组合和排列裁判理由的内容。

民事裁判理由有特定的结构。法官根据裁判理由的事项（事实认定和理由，适用的法律和理由），即理由去论证其观点即裁判结论。在大陆法系国家和地区，民事裁判理由的论证结构通常为司法三段论。

法律形式逻辑，即司法三段论，是一种以逻辑学的原理作为法官推断判决结论的证立模式。它以形式逻辑为基础，将其推论的原理运用在法官对判决结论的证立上。法官根据认定的事实和适用的法律规范，即可推论出裁判结果。大陆法系法典式的立法模式预先设定了法律规范适用的逻辑形式。成文法律规范的内在结构决定了司法三段论是法官证立裁判结论的主要模式。

但是，司法三段论并非唯一的证立模式。立法的滞后性和生活事实的复杂性、多样性，使得法官在裁断纠纷时会出现法律规范缺失、相矛盾或者冲突的情形。此时，形式逻辑因其推论缺失大前提而无法适用，需要运用其他的证立模式来论述裁判理由。

在论辩语境下，民事裁判理由的论证旨在说服当事人接受裁断结果。裁判理由的论证结构除司法形式逻辑外，可引入佩雷尔曼的新修辞学理论、阿列克西的理性论证理论、麦考密克演绎证立理论、德国哲学家和社会学家哈贝马斯的理想协商情景论证理论等。[②] 由此，民事裁判理由的论证不限于单一的论证模式，而是需视案件情形和适用的法律规范来选用适宜的论证结构。

---

① 中国社会科学院语言研究所词典编辑室：《现代汉语词典》（第七版），商务印书馆2016年版，第666页。

② 笔者对裁判理由的论证结构在第三章中有专门介绍。

第二章　民事裁判理由论证的要素

在汉语词典中，要素是指构成事物必不可少的因素。[①] 它是构成事物或者现象必不可少的单元。通过对某一事物或者现象要素的分析，可以更为深入完整地认知该事物或者现象。

民事裁判理由论证要素是指构成裁判理由论证不可或缺的事项。一个有效的论证包含论证主体、受众、论证的依据、论证的语境、论证技术等。民事裁判理由论证是在冲突的当事人之间，通过论证内容，证明裁断结果的正当性和合理性。因此，民事裁判理由论证的要素含及民事裁判理由论证参与者、论证依据、论证的程序、论证的修辞等。

第一节　民事裁判理由论证参与者

民事裁判理由论证参与者是指和民事裁判理由论证相关的主体，包括法院、当事人及其诉讼代理人。民事裁判理由论证参与者可分为民事裁判理由的论证者和民事裁判理由的接受者。

一、民事裁判理由的论证者

民事裁判理由的论证者即裁判理由的论证主体。民事裁判理由的

---

① 中国社会科学院语言研究所词典编辑室：《现代汉语词典》（第五版），商务印书馆2005年版，第1587页。

论证主体是指法院审理案件的审判人员。在不同审级的法院，论证裁判理由的审判人员有所差异。

在我国，第一审人民法院审理和裁判案件的组织形式有独任制和合议制。独任法官审理案件作出的裁判，论证的主体为独任法官。合议制由三名以上单数的法官和陪审员或者法官组成合议庭审理案件。那么，作出裁判的主体是参与审理案件的合议庭成员。职业法官具备多年积累的裁判制作经验以及深厚的法律素养，由其来论证裁判理由有利于得到当事人的接受。

第二审人民法院审理和裁判案件的组织形式有独任制和合议制。第二审对不服第一审简易程序判决或者裁定提起上诉，经当事人同意的，可以适用独任制。论证的主体为独任法官。第二审和再审人民法院由职业法官组成合议庭来审理案件。合议庭法官是裁判理由的论证主体。他们直接参与对上诉案件和再审案件的审理并作出裁判。第二审和再审对裁判理由的论证与第一审裁判理由论证的内容和事项较为不同，裁判理由承载了更多的说服效果。由此，第二审和再审法官需具备较强的裁判论证能力。

在英美法系国家，裁判理由论证者为法官。由一名大法官起草判决意见书，持赞同意见的法官署名，持反对意见的法官论述其不同的判决理由。英美法系国家决定判决结论的方式是多数法官意见制，即以大多数法官的判决意见作为案件的结论。判决意见书中展示多数法官的判决理由，亦展示不同意见法官的判决理由和结论。持不同意见的法官分为两种情况：一种是同意案件的判决结果，但是不同意大多数法官的判决理由，于是需要在判决书中展示他们的论证理由；另一种是既不同意案件的结论，也不同意案件的判决理由，这时就需要法官在判决书中记载不同意见的法官对案件的论证理由和结论。[①]

大陆法系法院审理案件实行独任制和合议制。合议制实行的是参

---

① 参见王合静：《民事判决理由研究》，法律出版社2016年版，第97页。

审制，由职业法官和参审员组成。初审法院以独任制和合议制的形式来审理民事纠纷案件。在上诉审中，由职业法官组成合议庭来审理案件，作出裁判。裁判理由论证主体为参与案件审理和作出裁判的法官。法院判决对外以合议庭一致的形式表示裁断结果。法官之间即使有不同的声音，亦不会展现在裁判文书上。

二、民事裁判理由论证的受众

民事裁判理由论证的受众是指接受裁判结论的主体，换言之，裁判结论为哪些人员所接受。裁判理由论证主要是向接受论证结论的人员提出的，接受者的态度和观点影响论证内容的充分与否。裁判理由论证的受众和裁判理由的受众有所差异。

接受民事裁判理由论证的主体主要是当事人及其诉讼代理人。论证的前提是存在民事纠纷对立的双方当事人。在辩论原则的约束下，法官需对其作出的裁判论证理由，以说服当事人接受法院的裁断结果和内容。

我国第一审人民法院民事裁判理由论证的受众为当事人，主要是败诉的一方。判决理由论证主要是获得原告和被告对裁判结论的认同，特别是获得败诉一方当事人对裁断结果和内容的接受。第一审民事裁定理由论证的受众和判决不同，大多数裁定理由论证的受众为当事人，但有些裁定没有受众，譬如，补正笔录的裁定，申请撤诉的裁定。

我国第二审人民法院裁判理由论证的受众包括上诉人、被上诉人、第一审人民法院。上诉人不服第一审裁判提起上诉的，裁判理由论证的受众视裁判结论有所不同。第二审维持原审裁判的，裁判理由论证的受众为上诉人；第二审撤销或者改变原审裁判的，裁判理由论证的受众为被上诉人和原审法院。

再审法院裁判理由论证的受众为再审申请人、被申请人、作出原生效裁判的人民法院和人民检察院。再审裁判理由论证的受众和裁判结论相关联。再审裁判维持原审裁判的，裁判理由论证的受众是再审申请人。再审裁判撤销、改变原审裁判结论的，裁判理由论证的受众是被申请人和原审法院。如果是人民检察院抗诉引发再审的，若再审裁判维持原审判决，受众是人民检察院和申请当事人；若再审裁判改变或者撤销原审裁判，受众是被申请人和原审法院。

裁判理由的受众包括当事人、原审法院、人民检察院、法律职业共同体和一般社会民众。裁判理由受众比裁判理由论证受众的范围较为宽泛。裁判理由的论证旨在获得对立双方当事人的接受，同时，证立裁断结论的合理性。论证的内容和论证的形式得到当事人的认可和接受。换言之，在论证裁判理由时，考量了当事人接受的效果。裁判理由的内容需接受法律职业者和社会民众的监督和评判。裁判文书上网制度，给法律职业者和法学研究人员研究裁判文书和相关法律制度提供了便利。社会民众对裁判的评判，影响到司法权威和司法的公信力。裁判理由的论证是一种动态的论述和证明过程，强化了对论证内容的选择和编排，意欲说服当事人接受裁断结果和履行裁判义务。

第二节　民事裁判理由论证的依据

民事裁判理由论证依据是指法官论证裁判理由的根据，也即法官在证立裁判结论时所适用的规范和依据。民事裁判理由论证依据包括直接作为裁断结果所依据的法律规范，亦含及增强论证效果而适用的依据。主要有民事法律规则、民事法律原则、法院的判例和案例、民事政策和习惯、道德观念、法的原理和法学著作等。

一、民事法律规则

民事法律规则（范）是司法机关裁决民事纠纷时所适用的法条数

量最多，最重要的法律依据。

法律规则是规定法律上的权利、义务、责任的准则、标准，或是赋予某种事实状态以法律意义的指示、规定。[①] 法律规则是由立法机关制定或者立法机关授权制定的，旨在规范或者调整人们之间权利义务关系的规则。法律规则具有可预测性、导引性和规范性。它为人们设定了行为模式和后果。对违法行为进行惩罚，是法律规则的一个重要面向。法律规则具有“法律语句”的语言形式。[②]

法律规则由一定的逻辑结构组成，包含事实构成要件和法律后果。事实构成要件是指能够引起法律关系产生、变更或者消灭的法律事实或者行为。法律规则分为行为规则和裁判规则。行为规则旨在调整人们的行为。裁判规则要求裁判法律上争端之人或者机关，为裁判标准进行裁判。[③] 行为规则是指引人们社会行为的规范和准则。裁判规则本身没有科以裁判义务，而是授予司法权力，并将特殊地位赋予那些说明何种义务已被违反的司法宣告。把授予权力作出权威性决定的次级规则称为裁判规则（rules of adjudication）。除了指定谁是裁判者之外，此种规则也界定了裁判者必须遵循的程序。[④] 当人们违反法律规范，承受一定的法律后果时，适用的是裁判规则。裁判规则含有行为人所承受的法律责任。

民事法律规则是指法官在裁决民事纠纷时所适用的法律规则，包括民事实体法律规则和民事程序法律规则。它是法官确证案件事实的判断依据，亦是法官作出裁判结论的根据。民事法律规则是论证民事裁判理由的主要依据。

民事裁判规则含有事实构成要件和法律后果。裁判规则是义务性

---

① 张文显主编：《法理学》（第五版），高等教育出版社 2018 年版，第 116 页。

② ［德］卡尔·拉伦茨：《法学方法论》，商务印书馆 2004 年版，第 132 页。

③ 黄茂荣：《法学方法与现代民法》，法律出版社 2007 年版，第 141 页。

④ ［德］哈特：《法律的概念》（第三版），徐家馨、李冠宜译，法律出版社 2018 年版，第 155 页。

规则。义务是自己行为之应然。谁负有义务，谁就有义务去作为或不作为。[①] 譬如，《中华人民共和国民法典》（以下简称《民法典》）第122条规定，因他人没有法律根据，取得不当利益，受损失的人有权请求其返还不当利益。该条规定属于裁判规则。当事人违反该法律规定时，需要返还其得到的不当利益。

民事裁判规则可以由一个或者几个法律条文构成。一个法律条文不能完全涵括事实要件和法律效力时，需要两个或者多个法律条文连接起来形成一个完整的法律规范，作为适用法律的依据。譬如，我国《民法典》第109条、第120条的规定。

法官在论证裁判理由时，可以选用行为规则以增强裁判理由的说服效果。适用裁判规则作出裁断结果，阐述适用裁判规则的理由。

民事程序法律规则是法官解决民事纠纷所依据的程序规范。它规定了当事人、法院以及其他诉讼参与人进行诉讼活动以及其他活动所遵循的步骤和依据。法院在审理当事人民事纠纷时依据《民事诉讼法》的规定作出裁判。生效的裁判具有法律效力。民事裁定的裁判依据主要是民事诉讼法律规则。

二、民事法律原则

民事法律原则是指那些在特定的法文化中对于法律问题的解决具有重要意义的基本观念。法律原则是保证法律规则体系协调一致和完整同一的指导思想，具有抽象性和模糊性的特点。法律原则和法律规则不同，其没有明确具体的适用范围，也不像法律规则那样有明确的逻辑结构。但是，法律原则是指导和制定法律规则的标准。它们具有类似的、对理解起引导作用的功能。法律原则的稳定性较强，而法律

① ［德］卡尔·恩吉施：《法律思维导论》（修订版），郑永流译，法律出版社2014年版，第18页。

规则的改变则容易得多，“天下有定理而无定法”①。

法律原则和法律规则的区别在于，第一个特性是“程度”：相对规则而言，原则较为广泛、一般或不具体。第二个特性是原则或多或少都清楚地指向某种意向、目标、权利或价值，因此就某个观点来说，原则被视为一种值得去追求、去坚持的事物。从某个观点来看，原则具有广泛性以及可欲性（desirability）这两个特性，所扮演的是说明性及证立性的角色。第三个特性是原则具有非决断性。规则在适用规则的人的推理当中，以一种“全有或全无”的方式运作。②

英国学者尼尔·麦考密克认为，原则是更具一般性的规则，是一项规则或若干规则的“合理化”表达。原则的功能在于使那些规则合理化。原则和规则是相互作用的。原则支持规则、排除规则、限定规定，并可为经受住了后果主义论辩检验的新裁判规则提供证明等。③

美国学者德沃金认为，法律原则通过自身的协调反映了我们的道德情感，使法律获得了道德特征和道德权威。正是这种由法律原则所给予的道德特征，给予了法律特别的权威，也给予了我们对法律特别的尊敬。④

民事法律原则是民事法律中最基本和最重要的原理性规定。譬如，我国《民法典》第 7 条规定的诚实信用原则，《民事诉讼法》第 13 条第 2 款规定的处分原则。法官在裁决民事纠纷案件时并不预先适用法律原则，而是在符合一定的条件之时才能适用，以弥补和解释法律规则之空缺。法官在裁判民事案件时，遇到民事法律规则出现漏洞

---

① （清）王夫之：《读通鉴论》卷六《光武》，舒士彦点校，中华书局 1975 年版，第 368 页。转引自张文显：《法理学》（第五版），高等教育出版社 2018 年版，第 121 页。

② ［德］哈特：《法律的概念》（第三版），徐家馨、李冠宜译，法律出版社 2018 年版，第 332~333 页。

③ ［英］尼尔·麦考密克：《法律推理和法律理论》，姜峰译，法律出版社 2005 年版，第 235 页。

④ ［美］罗纳德·德沃金：《认真对待权利》，信春鹰、吴玉章译，中国大百科全书出版社 1998 年版，中文版序言第 21 页。

或者法律规则相互冲突时，适用法律原则；适用法律规则显然违反更高一级的正义观念或者违反社会道德时，则适用法律原则。譬如，对公序良俗原则的适用。

民事法律原则是对法律规则适用的补充。在刚性的法律规则不能适应灵活、多变的社会关系时，适用法律原则进行补充则是必要的。法律规则的制定具有一定的滞后性。它在适用的过程中，面对环境和政策的变化，原则的宽泛性和抽象性可用以调整和维护法律的连续性，维护法律体系的统一性和法律的权威。法律原则是法官在没有具体法律条文规定时作出裁判结果的法律依据。法律原则属于裁判规则。

在确定相互冲突的原则的适用时，则常常要对冲突的原则所承载的价值作出权衡，对相互冲突的原则必须进行衡量或平衡，以确定某些原则比其他原则具有更大的“分量”。[①] 在适用法律原则时，必须遵守一定的规则：第一，只能适用法律原则，禁止适用道德原则、政治原则等非法律原则。第二，法律规则优先适用。适用法律原则例外。第三，充分说明理由。司法者承担了（至少是部分地承担了）立法者与司法者的双重职能，适用原则有相当的主观性。适用者有义务向社会和当事人说明理由。[②] 适用法律原则时，尤为需要法官论证适用的理由。这是由原则的模糊性、涵括性和包容性的特质所决定的。

三、法院的判例和案例

判例和案例是法院长期审理案件的经验总结。英国学者劳埃德认为，判例制度从来都是法律制度中的命脉所在，在普通法中尤为重

---

① 张文显：《法理学》（第五版），高等教育出版社 2018 年版，第 121 页。

② 张文显：《法理学》（第五版），高等教育出版社 2018 年版，第 123 页。

要，在现代民法体系中亦不遑逊色。①

大陆法系和英美法系国家法院的判例承载着不同的效力和效果。但不可否认的是，判例构成了法官在裁判案件时参照或者引用的对象，是法院裁判规范不可缺少的组成部分。

英美法系实行先例约束制度。先例是法律原则在长期的实践中形成的。对具有约束性的先例，法官要严格遵照执行。对判例的适用是“同样的情形同样的对待”这一古老的法律原则在审判中的体现。当然，如果法官在审理案件时出现了同先例中的事实有重大不同的情况，法官也可抛弃先例而独自作出判决。这种情形在美国审判中的表现尤其明显。美国的法官把判例更多地看作实现社会政策的一种策略。

在大陆法系，判例尽管不是官方正式的裁判规则，但是，判例在大陆法系实际上也起着法官适用法律依据的功效，支持法官参照判例裁量同类案件。大陆法系国家，属于成文法制国家，对法律的适用以演绎推理三段论为主。判例法的适用则是以归纳推理为主的适用。二者在适用法律的基本方法上存在一些差异。但是，法院的司法判例在指导下级法院审理类似案件，保障法律适用的统一性方面具有重要的作用。在一些大陆法系国家，判例亦成为判决理由论证的直接依据。②如果下级法院的法官在相似案件中作出的裁判不同于上级法院的裁判，他们则要承担被上级法院撤销的风险，因而，下级法院的法官在审理案件时一般还是愿意参照上级法院的判例。大陆法系的司法虽然没有明确确定判例在审判实践中的地位，但是这些判例实际上发挥着约束的价值，特别是在约束法官自由裁量权方面，判例的类似价值作用更为明显。这也是大陆法系近年来逐步重视判例的缘由。

---

① ［英］丹尼斯·劳埃德：《法理学》，M. D. A. 弗里曼修订，法律出版社 2007 年版，第 507 页。转引自高尚：《论司法判例在成文法国家的适用空间——以德国对判例的演绎推理“二重需求”为例》，载《社会科学战线》2020 年第 5 期。

② 德国的民事判决理由可以将案例作为法官引用的依据。

法院判例不同于法条中的开放性文本，在确定接受该判例的方法上并无具体的限制，也没有独一无二的可遵循的方式。但是，从判例中抽离出的规则，无论其权威性如何，均可为法院的裁判提供法理上解决个案的最佳选择，而且也是社会保持持续性统一的依据。[①]

截至2021年3月13日，我国最高人民法院发布了27批共156个指导性案例。最高人民法院在2010年11月26日发布了《关于案例指导工作的规定》。[②] 该规定共10条，规定了典型案例发布的机关、程序、标准、效力，这标志着我国对案例指导的适用有了明确依据。最高人民法院于2015年6月2日发布了《〈最高人民法院关于案例指导工作的规定〉实施细则》。[③] 该细则对指导性案例的引用作出规定。譬如，第9条规定，各级人民法院正在审理的案件，在基本案情和法律适用方面，与最高人民法院发布的指导性案例相类似的，应当参照相关指导性案例的裁判要点作出裁判。第10条规定，各级人民法院审理类似案件参照指导性案例的，应当将指导性案例作为裁判理由引述，但不作为裁判依据引用。也就是说，指导性案例可以作为裁判理由论证的依据，但是不能作为裁判结果的法律依据。

我国人民法院发布的指导性案例属于裁判理由论证依据。法官在裁判理由中可以引用指导性案例，对比案件的事实和适用的法律规范，来论证其作出裁判的依据，增强裁判结论的正当性，说服当事人接受裁判理由。指导性案例是指导法官作出裁判的参照性案例，以保障适用法律的统一。但是，它不具有强制适用的效力。法官即使没有适用司法判例亦不会受到惩戒措施。

四、民事政策和习惯

政策是指国家或者政党为实现一定历史时期的路线而制定的行动

① 参见王合静：《民事判决理由研究》，法律出版社2016年版，第50~51页。

② 参见《人民司法》2014年第6期。

③ 参见《人民司法》2015年第17期。

准则。根据政策适用的领域，可将其分为公共政策和法律政策。

公共政策（public policy）是指被立法机关或者法院视为与整个国家和社会根本相关的原则和标准，该原则要求将一般公共利益与社会福祉纳入考虑的范围。[①] 在英美法系，公共政策可作为裁判依据。法官对当事人签订的合同或者纠纷进行审查，如果违反公共政策，可排除对具体法律规则的适用。这里的公共政策主要是指不包含于法律中的政策和惯例。法官对公共政策的适用起着审查当事人的私人行为或者利益是否同国家、社会利益相冲突的功效。

法律政策是指“体现在法律运行过程（首要是立法、执法和司法环节）和法律部门的公共政策上，或者说是指被整合进法律的公共政策上”。[②] 其不仅指导立法活动，而且亦指导司法运行的过程。法律政策因其调整的法律关系不同，可将其分为民事政策、刑事政策、行政政策等。这些政策对法官裁判案件起着引导或者参照的效果。政策作为裁判规范的组成部分，同法律规范相比较，它的适用受到一定的限制。譬如，我国《民法通则》（已废止）第 6 条规定，民事活动必须遵守法律，法律没有规定的，应当遵守国家政策。在上述法律适用期间，政策可以作为裁断纠纷的依据，即可以作为裁判结果的依据。它属于法律化的政策。但是，我国《民法典》颁布后，取消了适用政策的规定。

在我国，政策作为法院审理民事案件裁判依据的规定，经历了一个不断变迁的过程。在《民法通则》颁布之前，国家政策居于主导地位，法院在审理民事案件时，适用相关民事政策的规定。随着我国法律规则制定的完备，国家政策对法院的指导作用日渐削弱。我国于 1986 年 4 月 12 日第六届全国人民代表大会第四次会议通过的《民法通则》中，考虑到当时中国的国情和社会的实际情形，保留了对国家

① 薛波编：《元照英美法词典》，北京大学出版社 2013 年版，第 1117 页。

② 胡仁平：《法律政策学的研究路向》，载《当代法学》2001 年第 5 期。

政策的适用。

但是，我国于2017年3月15日通过的《民法总则》第10条规定，处理民事纠纷，应当依照法律；法律没有规定的，可以适用习惯，但是不得违背公序良俗。《民法总则》的规定取消了适用国家政策的依据，转而适用习惯。我国于2020年5月28日通过的《民法典》第10条规定，处理民事纠纷，应当依照法律；法律没有规定的，可以适用习惯，但是不得违背公序良俗。《民法典》沿用了《民法总则》的规定。修改后的立法取消了适用政策的规定。据此，国家政策不能成为作出裁判结论的依据，但是，政策可以成为论证裁判理由的依据。政策具有灵活性、及时性、易变性等特点。对于一些在指导实践中适用效果良好的政策可以经过法定程序上升为法律，成为法院的裁判规范。

习惯是论证裁判理由的依据（规范）。在法律规定缺失时，可以成为作出裁判结论的依据。习惯是指在长时期里逐渐养成的、一时不容易改变的行为、倾向或社会风尚。[①] 习惯（custom），意指习俗、惯例，指经过长期实践和使用所形成的为历代民众所肯定认可的惯常做法，它在人们的日常生活中一直保持效力，并以不成文的形式对人们的日常生活行为产生一定的拘束力。

习惯在原始社会是主要的行为规范。随着私有制的出现、国家的形成和法律的产生，习惯逐渐让渡其调整社会和民众行为规范的地位，但是其作用并未消亡。在现代社会，习惯仍然扮演着重要的角色，存在于社会的方方面面。譬如，生活习惯、交易习惯等。

习惯具有普遍性。它是人们自发地、经久地实施某种行为举止。同时，习惯的适用具有地域限制的特性。某一地域的习惯未必会得到其他地方的接受。由习惯调整的行为具有暂时性，这种调整的关系随

① 中国社会科学院语言研究所词典编辑室：《现代汉语词典》（第五版），商务印书馆2005年版，第1458页。

着时间的流逝逐渐发生变化。

在英美法中，习惯需符合确定（certainty）、合理（reasonableness）、周知（notoriety），被认为是具有法律约束力的条件。习惯具有两个方面的意义，习惯的内容会成为当事人间契约内容的蕴涵条款。允许当事人在法庭上主张并证明有某一习惯的存在，请求法官采纳。①

我国一些法律中规定了习惯作为法律调整的内容。

我国《民法典》第10条规定了可以适用习惯，但是不得违背公序良俗。第289条规定，法律、法规对处理相邻关系有规定的，依照其规定；法律、法规没有规定的，可以按照当地习惯。这是习惯地域性的表现。当地习惯可以用来作为适用相邻关系纠纷的裁判依据。对当地习惯，法官可以根据当地的历史习惯风俗，作出妥当的解释，有一定的自由裁量权。将地域性作为考量因素，突出当地习惯的法律解释功能，有利于更好地解决相邻纠纷。② 除在立法层面对习惯的规定外，在司法解释中亦认同民间习俗，将其作为裁判纠纷的依据。③

习惯和法律的不同之处在于法律规范的适用具有统一性。法律命令具有至高效力的属性。它自主决定它的领域范围，也决定受它约束的人们的类别。④ 法官在论证判决理由时，可以引用习惯以增强论证内容的说服性。习惯属于民间法，是社会千百年沿袭下来的指导人们生活和社会交往的行为规范，它已融入人们的思想。法官在裁断民事纠纷时，引用的习惯需符合现行法律的规定。适用习惯已成为民法典

---

① 王泽鉴主编：《英美法导论》，北京大学出版社2012年版，第128~129页。

② 孙宪忠、朱广新主编：《民法典评注（物权编2）》，中国法制出版社2020年版，第268页。

③ 譬如，2020年12月29日颁布的《最高人民法院关于适用〈中华人民共和国民法典〉婚姻家庭编的解释（一）》第5条规定，当事人请求返还按照习俗给付的彩礼的，如果查明属于以下情形，人民法院应当予以支持：（1）双方未办理结婚登记手续；（2）双方办理结婚登记手续但确未共同生活；（3）婚前给付并导致给付人生活困难。适用前款第2项、第3项的规定，应当以双方离婚为条件。

④ ［德］施塔姆勒：《正义法的理论》，夏彦才译，商务印书馆2012年版，第135页。

的条文规定。习惯既是裁判理由论证的规范，亦是作出裁判结果的法律规范。

2009 年发布的《最高人民法院关于裁判文书引用法律、法规等规范性法律文件的规定》未提及政策和习惯在裁判文书中引用的顺位。论证者在论证裁判理由时，可根据编排内容的需要，确定引用的法律规范、政策、习惯、道德等先后顺序。引用具体的法律条文时，则需要按照裁判文书的引用规定确定它们的顺位。

五、道德观念

在社会生活中，正式的法律规则尚未形成，对纠纷的解决更多依赖的是平等、公正等朴素的道德观念，而这些道德观念对裁判规范的形成无疑起到了示范性的功效。

什么是社会道德？道德是社会意识形态之一，是人们共同生活及其行为的准则和规范。道德通过社会的或一定阶级的舆论对社会生活起约束作用。[①] 道德一词，在汉语中可追溯到先秦思想家老子所著的《道德经》一书。老子说："道生之，德畜之，物形之，势成之。是以万物莫不尊道而贵德。道之尊，德之贵，夫莫之命而常自然。"[②] 道和德指的是自然界的运行规律。

道德观念所认可的义务和责任，在不同的社会中会有不同的差异。在同一个社会中，也会因为不同的时代而有所差异。当社会的发展已经区分开道德和法律时，社会道德则会要求公民承担某些义务和责任。法律是最低的道德。道德在人们的观念、意识成熟时亦会上升为成文的法律。道德具有内在性，法律具有外在性。道德作为内化于人们观念形态的规范，约束和调整人们的日常行为和意识。

道德隐含于法律规则之中。道德具有可变性和时代性，一个时期

---

① 中国社会科学院语言研究所词典编辑室：《现代汉语词典》（第七版），商务印书馆 2016 年版，第 269 页。

② 李湘雅：《道德经》，人民文学出版社 2006 年版，第 154 页。

和一个时代，道德所具有的观念是不同的。道德具有群体性，不同群体的道德观念存在认知上的差异。成为裁判理由论证的道德规范则是当下居社会主流的道德观念。

法官在审理和裁判民事案件时，不可避免地会受到其所生活的社会道德观念的影响，这些影响左右着其对民事纠纷的裁断。法官依据其心目中的道德观念来证立裁判结论。把社会道德作为论证裁判理由的依据，能够增强民事裁判的说服力，使当事人接受裁断结论。对英美法系国家的法官而言，这种影响甚为显著。他们对“善”和“正义”的追求往往可以使其逾越既定的成文规则而成为裁量案件时永恒的道德目标。“除了法官的人格外，没有其他东西可以保证实现正义。”①

我国《民法典》第 8 条规定，民事主体从事民事活动，不得违反法律，不得违背公序良俗。第 10 条规定，处理民事纠纷，应当依照法律；法律没有规定的，可以适用习惯，但是不得违背公序良俗。“不得违背公序良俗”是法官处理民事纠纷案件所遵循的一项原则。公序是指公共秩序，良俗是指善良风俗，国家和社会发展所需要的一般道德。公民在进行民事行为时，要遵守社会道德。违反社会道德的行为，国家是不予认可的。同时，在没有法律规定转而适用习惯时，也不能违背国家的公共秩序和社会道德。由此可见，社会道德成为法官判断社会民众实施民事行为效力的一个标准。

法官在裁判民事案件时，受其所生活的社会道德的影响。他心中的道德观念影响着对纠纷事实的判断、对法律规范的选取，指引着其对案件的裁决。在婚姻、家庭、继承纠纷案件中，道德是法官论证裁判理由的重要依据。道德规范成为法官解释法律规范、立法目的、立法精神的依据。

法官引用社会道德规范论证裁判理由时没有限制，但若成为裁判

① 转引自［美］本杰明·卡多佐：《司法过程的性质》，苏力译，商务印书馆 1998 年版，第 6 页。

结论的依据，则需符合特定的条件，也就是说，法律规范中含有道德元素的法条可以成为裁判依据。没有法律条文的依托，单纯的道德规范是不能成为裁判的直接依据的。

六、法的原理和法学著作

原理是指带有普遍性的、最基本的、可以作为其他规律基础的规律；具有普遍意义的道理。[①] 法的原理则是指关于法的普遍性的、基本的、属于规律性的内容。法的原理即为法理。

法理是一个有多种含义的语词。主要有：1. 法之道理，是指法律或者法律体系背后恒定不变、超越时空、具有普遍意义的东西，属于法的规律性、本质性因素。2. 法之原理，关于法的学理、学说。张文显教授认为，主要是指法学家对法律的各种学理性说明、解释和理论阐发。3. 法之公理，即与正义、良善、信念、公德、共同价值等相关联的公理。法理还有其他的含义，法之条理、法之原则、法之美德、法之价值、法之理据、法之条件和法之理论。[②]

作为论证裁判理由的法的原理，有法的道理、原理和公理这三种含义。它们是作为法律条文背后蕴含的观念、规律、价值追求及正当性依据。[③] 法官在论证裁判理由时，为了增强说服效果或者阐释法律条文中的立法精神，可以引用法的原理作为论证的依据。引用法的原理旨在体现对公平、正义、权利、秩序等价值的追求，对人民基本权利的保护，符合人们在长期的社会生活中所形成的朴素的正义观念。对正义的理解，正如博登海默所说的，“正义有着一张普洛透斯似的

---

① 中国社会科学院语言研究所词典编辑室：《现代汉语词典》（第五版），商务印书馆2005年版，第1675页。

② 张文显主编：《法理学》（第五版），高等教育出版社2018年版，第31~33页。

③ 张文显：《法理：法理学的中心主题和法学的共同关注》，载《清华法学》2017年第4期。

脸，变幻无常、随时可呈不同形状并具有极不相同的面貌”①。可见，对正义的解读需放置于具体的案件和特定的语境中。

法的原理不能直接作为裁判结论的依据。在现代，各个国家一般不承认法理是具有直接法律效力的法律渊源，但却具有说服力意义上的法律渊源。② 作出裁判结论的依据是明定的法律条文。法的原理可以成为论证适用法律的基本原则或者精神的依据。民事法的基本原则具有概括性、抽象性、包容性的特点，给法官作出裁判提供了适用法律的解释空间。譬如，《民法典》第 8 条规定。引用法的原理审查判断适用的法律规范是否正确和公正，可使裁判结论更为合理和正当，得到当事人的接受，更为全面地保护人们的民事权利。

学说乃法律学者对法律的解释、习惯的认知及法理的探求的间接表示，虽非法源，但居于重要的地位。③ 学科领域中法学家、知名学者的教材或者专著中的权威观点和学理性的解释可以用来证立裁判结论的合理性。他们对某个问题进行长期深入的研究，已得到学界普遍认可。法官在论证某个观点或者适用法律规范的理由时引用学者著作中权威性的观点和解释，可以获得法律职业共同体的认可，说服当事人和诉讼代理人接受其观点。这些对法律所做的学理性的说明和解释虽不具有法律效力，但是可以成为论证裁判理由的依据。我国《最高人民法院关于加强和规范裁判文书释法说理的指导意见》第 13 条规定，运用法理及通行学术观点论证裁判理由。

民事法律规则、民事法律原则、法院的判例和案例、民事政策和习惯、法的原理和法学著作可以作为论证裁判理由的依据。法官引用裁判理由论证的依据旨在证立裁判结论的正当性，增强裁判理由对当事人的说服效果，使裁判理由和结论具有可接受性。

---

① ［美］博登海默：《法理学：法律哲学与法律方法》，中国政法大学出版社 1999 年版，第 252 页。

② 张文显主编：《法理学》（第五版），高等教育出版社 2018 年版，第 32 页。

③ 王泽鉴：《民法思维：请求权基础理论体系》，北京大学出版社 2009 年版，第 150 页。

第三节 民事裁判理由论证的程序

程序为司法机关审理和裁断当事人之间的民事纠纷提供了诉讼的场域。程序表现为规范认定和事实认定的过程。[①] 程序规范的法定性和明确性为法官证立裁判结论提供了依据。换言之，论证是在一定程序规则的指引下展开的。论证的目的旨在消除冲突和对立，使受众接受论证者的观点和意见。

司法机关作出的裁判是在程序的进行中逐步形成的。程序的公正能够保障裁断结果的公正，并吸收当事人对裁判结果的不满，从而接受裁判。论证裁判理由旨在实现裁断结论的正当性，并以此说服当事人接受裁判结论。裁判理由论证的事项包括作出裁断结果的事实依据和法律依据。

诉讼程序形成了认定事实的依据。程序的存在为参与诉讼的主体提供了论辩规则。法官对纠纷事实的认定，即"根据已知证据推论未知事实的回溯性推理活动"。[②] 两大法系国家设定了不同的程序论辩规则，引导审判者作出符合原初状态的事实认定。在辩论主义的约束之下，法院的裁判须在当事人主张的范围之内作出。当事人在诉讼程序的保障之下，通过提出主张、提供证据、相互辩论等一系列诉讼活动，影响并推动裁断结果的形成。法官必须实际地参与了法庭辩论活动，听取当事人的陈述意见，作出对案件的裁断。在论证认定的案件事实时，遵循证据规则、逻辑规则以及经验法则等，依据内心的判断，阐述采信和不予采信证据的理由、证据和事实之间的关联性等，并运用一定的修辞方法，说服当事人接受其认定的法律事实。

---

① 季卫东：《法治秩序的建构》（增补版），中国政法大学出版社 2014 年版，第 15 页。

② 吴宏耀：《诉讼认识论纲——以司法裁判中的事实认定为中心》，北京大学出版社 2008 年版，第 5 页。

论证所适用的法律规范及理由是法治国的必然要求。诉讼程序中的辩论主义保障着当事人、法官对法律的适用和立法者对法律的制定具有相似性，其最终目的是“如何在每个案件中尽其可能地通过一个恰当的规则来满足正义和社会效用的要求”。① 论证适用的法律规范是适用法律平等原则的体现。无论当事人具有何种身份、地位，在解决民事纠纷的过程中都平等地适用法律规范，保障同类案件适用同样的法律依据，承受同样的裁判结论。大陆法系的制定法模式决定了法官论证裁判理由时以法律规范作为论证的起点。法官在适用法律的过程中应当保障当事人的程序参与权，允许当事人对法官看不见的内心作业展开法律讨论，或者允许当事人与法官讨论以便使法官的自由心证公开化，从而使当事人对法律适用过程产生影响。②

司法者须以文本的形式论述其作出裁断结果的思维路径，证立裁断结果的公正性和合法性。诉讼程序承担着为司法机构消解裁判案件事实模糊不清的作用。就实质正义方面的问题无法达成一致时，有关决定只要符合程序要件就被认为是妥当的，正是在这样的意义上，程序的正统化作用才凸显出来。③ 由此，在一定程度上，程序亦作为测量社会不满的程度并加以疏导和救济的一种装置。④ 人们对司法机关的裁断结果提出异议时，程序的经过则为其提供了接受结果的依据。程序的法定化，为法官论证裁判理由提供了指引。

诉讼程序的目的和功能是形成裁断结果。司法机关按照法定的程序阶段、步骤来进行诉讼活动，直至裁断结果的形成。法官对裁判理由的论证意在以程序的公正保障当事人的实体权利，实现法官裁断纠

① ［美］本杰明·卡多佐：《司法过程的性质》，苏力译，商务印书馆1998年版，第74页。

② 刘学在：《辩论主义的根据》，载《法学研究》2005年第4期。

③ 季卫东：《法律程序的形式性与实质性》，载《北京大学学报（哲学社会科学版）》2006年第1期。

④ 季卫东：《法治秩序的建构》（增补版），中国政法大学出版社2014年版，第30页。

纷的合理性，说服当事人和其他的社会主体接受程序的正当性所产生的裁判结论。由此，通过完整而合理的程序规范，法院的裁判获得了正当性，并具有了不可推翻的效力保障。程序的进行使司法机关的裁断结果以外化的标准得到接受。这种接受不仅是当事人的接受，而且亦是社会各方主体的接受。

程序对裁判理由论证的内容形成制约，但是，亦需考量论证裁断结果的实质内容。在无数个案中，判决是且必须是根据具体的价值考量，而不能是根据形式的准则。法官要在具体案件中决定法律上的是与非，就必须考虑多种目的，考虑各种情势约束和实际选择。法官对这些因素的考量，并在判决理由中对此给予充分的阐释，以符合社会民众对个案中伦理价值的实现。查明真相、得出判决的程序越合理，则理性的当事人越赞成审理结果。人们能理解程序及判决理由，他们就更有可能接受解决其争执的判决。[①] 程序规则的确定性使他们在裁决纠纷时能够给出普遍化的裁判规范，这是对具体判决进行证立的基础。

诉讼的过程化使裁判理由的论证具有可预见性、逻辑性和确定性。裁判理由展现裁断结果的形成过程，“更容易得到当事人的认同，提升诉讼制度使用者对裁判过程及其结果的信服度、接纳度”。[②]

第四节　民事裁判理由论证的修辞性

一、修辞的语义

修辞是指修饰文字词句，运用各种表现方式，使语言表达得准

① ［美］迈克尔·D. 贝勒斯：《法律的原则——一个规范的分析》，张文显等译，中国大百科全书出版社1996年版，第36页。

② 刘学在：《辩论主义的根据》，载《法学研究》2005年第4期。

确、鲜明而生动有力。① 亚里士多德把它定义为，在任何给定情形下，具有专门说服手段的能力。② 修辞学的功能在于说服他人接受自己的观点。

修辞能够拉近观点相对立的主体之间的距离。其意在通过修饰语言，实现语言所表达的目的、效果。言说者通过修辞技艺，运用语言的情感力量，丰富、润饰其观点，使对立的主体产生共同的认知，从而取得说服对方之效果。

修辞是一种言说的技术，关注论说的风格和论述的技巧。其目的在于说服听众理解和接受语言的内容。修辞最主要的作用是把听众引向对结论的回应。根据适用的主体和目的不同，可以把修辞分为法律修辞、文学修辞、道德修辞等。中国古代的判决重视对修辞的运用。在一定意义上，古代中国的判官大都是由文学造诣宏富、文章水平颇佳的文人担当，如彪炳史册的白居易，不但是文学家，而且是杰出的政治家和优秀的“判官”。他流传至今的著名判词——《百道判》，也以骈体文写就，其中就闪烁着修辞的光辉。③

二、民事裁判理由论证的修辞

裁判理由论证是通过对裁判理由的论述和证明过程以说服当事人和社会一般民众接受司法机关的裁断结果。裁判理由论证不仅是逻辑的，亦是修辞的。修辞学作为超越形式主义与现实主义之争的一种新视角，将法官解释为一种论辩代理人。④ 修辞被广泛地运用在法律论

---

① 中国社会科学院语言研究所词典编辑室：《现代汉语词典》（第五版），商务印书馆 2005 年版，第 1532 页。

② ［荷兰］范爱默伦、［荷兰］荷尔森、［荷兰］克罗贝、［荷兰］维赫雅、［荷兰］瓦格曼斯：《论证理论手册》，熊明辉等译，中国社会科学出版社 2020 年版，第 133 页。

③ ［唐］白居易：《白居易集·卷 67，判》（第四卷），中华书局 1979 年版，第 1378～1423 页。转引自谢晖：《论法律的修辞命题和逻辑命题——制度性修辞研究之四》，载《法学评论》2014 年第 3 期。

④ 焦宝乾：《逻辑与修辞：一对法学研究范式的中西考察》，载《中国法学》2014 年第 6 期。

证中。在论证裁判理由时，运用修辞能够增强论说效果，说服受众接受裁断结论。

1. 修辞的事项

民事裁判理由论证的修辞是一种法律修辞。法律修辞是指司法机关在进行司法活动时，为实现法律的说服效果和社会效果而使用的修辞方法。法律修辞和其他修辞相比，具有不同的风格和目的。法律修辞适用的主体为司法者，论述的依据是法律规范。运用修辞旨在通过法律规范的适用说服受众，实现法律效果和社会效果。法律修辞使用的文字严谨、客观和准确，避免夸张、多义的语句。

形式逻辑在裁判理由论证中存在形式化的缺陷，由于其机械性、形式化的特点，受到了人们的质疑。一个法律人甚至会发现形式逻辑学是“毫无意义和徒劳的：它复杂的和技术性的机制仅仅在阐明已知的东西，而没有为建构足以解决新问题的法律方法……这一创造性任务提供实质性帮助”。[①] 修辞的效果在于弥补裁判理由论证形式化的缺陷。波斯纳说，在某些听众面前，哪怕是拥有最精确的知识也不容易让他们因我们的言辞而产生确信。修辞家必须用“每一个人都有的概念。……用非正式逻辑，再借助共同的知识把一些证据同听众的先前观念连接起来，以此来推进他的论证，达到说服目的”。[②] 在论证的过程中，选择合适的语词和字句对实现说服的目的至关重要。

语言的主要功能有信息性、表达性、指令性。[③] 法官论证认定的事实及理由时，需客观地判断和评价双方当事人提交的证据，选用的语词符合客观、准确和严谨的特点，不宜使用拟人、夸张等手法，以当事人能够理解的方式获得他们对事实的接受。尽管将法律规则适用

① ［英］杰弗里·塞缪尔：《法律认知论和方法》，Ashgate 出版社 2003 年版，第 71 页。转引自焦宝乾：《逻辑与修辞：一对法学研究范式的中西考察》，载《中国法学》2014 年第 6 期。

② ［美］波斯纳：《超越法律》，苏力译，中国政法大学出版社 2001 年版，第 584 页。

③ ［美］欧文·M. 柯匹、［美］卡尔·科恩：《逻辑学导论》，张建军、潘天群、顿新国译，中国人民大学出版社 2014 年版，第 85 页。

于案件事实具有不确定性，但是在裁判文本上，法官对证据的判断和对案件事实的认定，具有唯一性。法院根据理性的规则和原则以及听证或审理时提供的信息，以晓畅的语言作出判决。① 具有不同专业背景和知识的群体在阅读裁判文本时能够产生基本相同的认知。

法官论证适用的法律规范及理由时，使用专业的法律术语、概念等语词，对它们的解释应完整、准确，避免出现对法律规范理解的歧义。法律思维的特点是客观性和严谨性。有学者认为法律语言具有模糊性，需要解释和说明。威廉姆斯在其名著《语言与法律》一书中指出，“条文的语言，构成法律或多或少总有不明确之处，语言的核心部分，其意义固甚明确。但越趋边缘则越模糊”。② 法律规范的是社会普遍的现象，具有抽象性。法条结构具有一定的开放性和包容性。法律规范的语言和法官在裁判文本中所使用语言的目的不同，规范的对象亦不同。裁判理由关涉对法律权利义务的划分，法律责任的界定，应力求准确、恰当。在论证适用的法律规范时，运用合适的解释方法对其加以阐释。对法律论证的修辞旨在说服受众接受其所选用的法律规范，并接受适用该法律规范的理由。在论证适用的法律原则、法律价值时，语言的情感色彩较为强烈，语词或质朴、或热烈则会影响当事人和社会公众的接受。

2. 修辞的逻辑性

裁判理由论证合乎逻辑性。逻辑是指合乎理性。裁判理由的逻辑性是指法官对判决理由的论证，需以合乎理性的方式作出，使判决理由的语言具有意义。司法判决的语言也主要是逻辑的语言，且逻辑的方法和形式使每一个人心中对确定和安宁的那种渴望得到满足。在修辞学中，论辩的常用方法主要有演绎和归纳。

---

① ［美］迈克尔·D. 贝勒斯：《法律的原则——一个规范的分析》，张文显等译，中国大百科全书出版社 1996 年版，第 36 页。

② 罗士俐：《法律语言本质特征的批判性分析——准确性、模糊性抑或严谨性》，载《北方法学》2011 年第 4 期。

演绎推理的方法主要是三段论，而归纳则是从具体到一般。大陆法系国家和地区受其制定法体系的影响，司法者在作出裁判结论时主要使用的是演绎法，即以三段论作为证立判决结论的基础。法官在裁断纠纷时，需查明符合大前提的案件事实，即可根据法律规范，推论出裁决结果。这种传统三段论的演绎推理模式能够保障法官依照法律规则行事。在英美法系国家，法官对判决理由的论证主要是归纳。法官通过对先例和本案的事实进行比对和归纳，以发现适用的法律规则和裁断结论。在一些疑难案件中，法官运用非形式逻辑方法来论证裁判理由。它以可接受性为论证的原则，弥补形式逻辑的形式化缺陷。裁判理由的逻辑性，意在通过法官对案件事实的认定和对判决结果的证立以符合人们接受的一般逻辑法则，以表明法官作出的裁判不是感性的、恣意的，而是合乎理性的。合乎理性的裁判是正当的裁判，易于为人们所接受。

3. 受众

修辞意在对裁判理由受众的考量。司法者向社会公众证明其作出裁判的合法性和合理性时，修辞影响着对法律的价值判断。修辞可以弥补法律的空缺，实现对实质正义的追求。在关涉社会普遍利益的民事案件中，以社会民众普遍的道德或者接受的价值观念作为选择依据，来证立裁判结论。法官对裁判理由的论证视受众的差异选择不同的语词和论证形式。当然，修辞的运用旨在获得当事人的接受，但是并不意味着迎合当事人。裁判结论的证立应以合法性为基础，不能抛却合法而一味追求可接受。由此，裁判理由论证以合法性为原则，而后依凭修辞技艺达至合理性，实现修辞的目的。对不同审级裁判理由的论证，视其受众的差异运用不同的修辞方法，以实现论证之功效。

4. 语境

在论证中，对话的语境影响论证者目的的实现。对话者以拥有对相关问题所分享的知识称之为“语境”。每个人都拥有这种知识，且每个人都知道对方知道某些或某种事情，而对方更知道他对此是知道的。语境就是知道对方知道这种知识。演说者和听众共同的知识，建立了某种情势。[①] 语境涉及对价值、信念、情感等判断的认知。

裁判理由是特定的制作主体在特定的时间和特定的条件之下对某个法律问题的判断性思考。对同一案件事实而言，不同时空之下的法官则会对其作出不同观点的价值判断。裁判理由的论证除了符合当时的法律规范之外，更重要的是应当符合居主导地位的社会伦理道德的价值观。而这种价值观念不是一成不变的，而是随着社会的发展和人们意识形态的变化在改变。

裁判理由论证的内容在不同的语境中具有不同的证立效果。在不同的语境之下，每一时期案件的裁判理由都可能有很大的改观，这缘起于各个时期各种利益之衡量和主流价值观之差异。[②] 在英美法中，法官对先例案件裁判规则的认识会随着时间而改变。裁判理由在根本上是可争论的，所涉及的诸种价值往往会随时间发生变化。[③] 对裁判理由论证内容的考量，需要放置于当下法规范的社会形态之中，且不具有绝对的相似性。论证者所使用的语词能够得到受众普遍的理解，二者间具有共同性，且对法律规范的适用相一致，符合居社会主导地位的价值观。

通过修辞的运用，使受众接受裁判论证的内容，增强人们对法院裁断纠纷的信赖感，从而提升司法机关的公信力，有利于裁判义务的实现。

---

① ［法］米歇尔·梅耶：《修辞学原理》，向征、史忠义译，中国社会科学出版社2016年版，第70页。

② 参见王合静：《民事判决理由研究》，法律出版社2016年版，第56页。

③ ［英］尼尔·麦考密克：《法律推理与法律理论》，姜峰译，法律出版社2005年版，第217页。

第三章　民事裁判理由论证结构

一些国家法律规定，法官负有责任对其裁判进行证立。[①] 在民事纠纷中，裁判者通过一定的结构形式论证裁判理由，推论出裁断结论，以示其作出的裁断是正当的、合理的，旨在说服当事人接受裁判结论。

第一节　论证结构的一般解读

论证结构是指理由之间不同的组合方式。展示论证结构有助于理解论证者是如何证明他们的观点和说服受众，实现论证的旨意。

学者们从多个视角对论证结构进行了研究，提出了不同的论证结构进路。主要的论证结构有演绎论证、归纳论证、图尔敏的评价性论证模式、新修辞学理论以及其他的非形式逻辑等。

一、演绎论证

演绎论证是论据与论题之间有必然关系的论证。其论证方式为演绎推理形式的论证。[②]

演绎推理是形式逻辑的一种。形式逻辑不考虑思维的内容，思维的发展。它关注的是思维形式方面的知识。演绎推理是前提和结论之

---

① 譬如，《德意志联邦共和国民事诉讼法》第 313 条之规定。《德意志联邦共和国民事诉讼法》，谢怀栻译，中国法制出版社 2001 年版，第 76~77 页。

② 金岳霖主编：《形式逻辑》，人民出版社 2006 年版，第 288 页。

间有必然性联系的推理。演绎推理的有效性指的是形式的有效性，并不要求前提为真。

演绎论证是把演绎推理的逻辑形式运用于对命题的论证。换言之，演绎论证的要素是命题，命题用语句表达，命题非真即假。在演绎中，被用作证据或理由的命题是前提，用论证手段从前提得出的命题是结论。[①] 譬如，如果 P，那么 Q，P，则 Q。P 为真时，Q 必然也为真。演绎推论讲求形式有效性。它的结论是运用正确的逻辑规则从前提的形式性推演出结论。演绎推论欲获得结论为真，则必须以推论的前提是真命题为条件。

三段论由大前提、小前提和结论组成，由三个性质判断组成，其中两个性质判断是前提，另一性质判断是结论。三段论可以是正确的推理形式，亦可以是不正确的推理形式。若想得出正确的结论，则需遵循三段论规则。第一，三段论只能由三个性质判断。就主项和谓项说，只能保护三个不同的概念。第二，中项至少要在一个前提中周延。第三，在前提中不周延的概念，在结论中都得周延。第四，从两个否定前提中不能得出结论。[②]

二、归纳论证

归纳论证是论据和论题之间有或然关系的论证。其论证方式为归纳推理的论证。

归纳推理一般说是由个别的事物或现象推论出该类事物或现象的普遍性规律的推理。简而言之，归纳就是从个别到一般的推理。归纳推理的前提是一些关于个别事物或者现象的判断，而结论是关于该类事物或者现象的普遍性判断。[③] 在归纳推理中，前提和结论之间的关系并不是必然性的，而是一种或然性的关系。也就是说，作为归纳推

① 武宏志、周建武、唐坚：《非形式逻辑导论》，人民出版社 2009 年版，第 111 页。
② ［美］鲁格罗·亚狄瑟：《法律的逻辑》，唐欣伟译，法律出版社 2007 年版，第 75 页。
③ 金岳霖主编：《形式逻辑》，人民出版社 2006 年版，第 211 页。

理前提的内容为真，但是，归纳出的结论未必一定是真。譬如，黄豆是圆形的，绿豆是圆形的，红豆是圆形的，因此，所有的豆类都是圆形的。

归纳推论一般是通过比较、分类、综合等方法，对事物或者现象作出普遍的判断。归纳法是人们在长期实践中，通过对个别事物的比较、分析，总结经验而得出的普遍性的结论。实践是检验认识真理性的唯一标准，人们应用归纳法所得到的认识，能够达到思想所预期的结果，这就证明了人们的认识是正确的，而且也证明了归纳法是得到正确认识的有效工具。①

归纳论证的特点在于它的论据是某些特殊的场合，论题是一般的原理。归纳推理是一种或然性的关系。归纳论证得出的是普遍性的结论。这就要求论据具有普遍性。人们需要对现象进行大量的观察，收集充分的数据，得出的结论才能可靠。如果数据有所遗漏的话，则会影响到归纳推理的可靠性，当然，也会影响到结论的说服效果。归纳推理的主要方法有比较、分类、分析与综合。比较是对两种或者两种以上的事物进行对比，找出其共同点和差异点。归纳论证的结论具有或然性。归纳论证取决于所选取的样品的数量和范围的广度。如果能穷尽所选取的样品，以归纳的形式进行论证所得出的结论则具有正当性。

在英美法系国家的判决中，归纳论证是其常用的一种论证方法。这是由其先例制度所决定的。法官在判决书中运用大量的先例，通过事实比对，推论出裁判意见所使用的一种论证形式。

三、图尔敏的评价性论证模式

图尔敏在对形式逻辑的论证方法提出批评之后，提出了一种对法律

① 金岳霖主编：《形式逻辑》，人民出版社2006年版，第214页。

论证的新模式，称之为“评价性推论”（evaluative Schlufolgerungen）。[①] 该“评价性推论”模式属于非逻辑证明模式。他认为，运用法律类比对一项主张的证立，是一种按照固定模式依次进行的各个步骤组成的程序。在运用法律程序时，表明了论证的可接受性并不依赖于逻辑的有效性。图尔敏的论证采用了实例研究，认为论述的充分性不取决于形式逻辑的有效性。图尔敏试图运用论证模式表明规范论证是普遍可接受的，而不是逻辑的有效性。图尔敏认为对一项主张的证立是一种按固定顺序依次进行的各个步骤。

图尔敏认为其论证的形式适用于法学、伦理学等所有论证领域中，所以，在一定程度上，论述的可接受性在场域上是永恒的。但是，其在具体的适用范围上则各有其实质上的依据，在对证据 D、保证 W、支持 B 确定标准时，是以人们普遍接受的评价为依据，而这种评价则含有主观道德性判断的元素，不易被固定和明确化。该论证结构可以适用于法官对法律规则明确、简单的案件的证立。如果在复杂的案件中，需要对法律规则作出解释或者对案件进行定性时，该论证模式没有明确的标准和固定的论证形式而受到人们的质疑。[②] 证立非演绎模式即图尔敏的推论模式。

第二节　民事裁判理由论证结构的主要理论

民事裁判理由论证结构是指法官在论证裁判理由时，对其各个组

---

① ［德］罗伯特·阿列克西：《法律论证理论——作为法律证立理论的理性论辩理论》，舒国滢译，中国法制出版社 2002 年版，第 105~109 页。［荷］伊芙琳·T. 菲特丽丝：《法律论证原理——司法裁决之证立理论概览》，商务印书馆 2005 年版，第 39~45 页。吴宏志：《论证的图尔敏模式——兼评国内若干论著的误释》，载《华南师范大学学报》2003 年第 5 期。

② 王合静：《民事判决理由研究》，法律出版社 2016 年版，第 79~80 页。

成部分的搭配和安排所采用的形式。换言之，法官在论证裁判理由时按照一定的结构形式来组合和排列其内容。学者们期望司法活动像自然科学活动一样，能够从理论上严密地、逻辑自洽地证立裁断结果，从不同的进路形成法律论证理论。在民事裁判的制作中，适用于裁判理由论证结构的理论主要如下。

一、法律形式逻辑

法律形式逻辑，即为司法三段论，是一种以逻辑学的原理作为法官推断裁断结论的证立模式。它以形式逻辑为基础，将其推论的原理运用在法官对裁判结论的证立上。形式逻辑对法律论证起着基础性和实践性的作用。在形式逻辑中，限定了由前提推出结论的条件。形式逻辑也具有实践上的重要性，它提供了一种分析和评价法律论证形式向度的批评性工具。[①] 运用形式逻辑进行推理较少涉及价值判断，关涉前提的真和假。

形式演绎推理是一种三段论法。一个完整的三段论是定言三段论法，定言三段论是论证的核心。定言三段论法包含三个定言命题；有三个词项；每一个词项恰好出现在两个命题之中。通常认为，法官在作出裁判结论时，其运用的论证结构为三段论，即法律规范为大前提，案件事实为小前提，裁判结果为结论。

如果 P，那么 Q。　　　　大前提

P，　　　　　　　　　　　小前提

那么 Q。　　　　　　　　结论

譬如，如果动物给他人造成了伤害（P），则动物的所有人或者管理人需要承担赔偿责任（Q）（法律规范为大前提）。

A 的动物给 B 造成了伤害（P）（案件事实为小前提），

---

① ［荷］伊芙琳·T. 菲特丽丝：《法律论证原理——司法裁决之证立理论概览》，张其山、焦宝乾等译，商务印书馆 2005 年版，第 36 页。

那么，A 需要对 B 进行赔偿（Q）（判决结果为结论）。

这种传统的三段论的演绎推理模式能够保障法官依照法律规则行事。但是，作为推理的大前提必须为真命题，且预先加以规定。如果前提命题发生错误或者不存在，则不能根据此形式达到论证合理的标准。因此，这种法律三段论的论证模式是基于对所有的纠纷都预设有调整其关系的法律规范的存在，且这种法律规范具有内在的逻辑结构，能够据以识别其大前提。

法官在裁断民事纠纷时，需要查明符合大前提的案件事实，即小前提，便可根据法律规范，推论出法律规范中的责任后果，即裁判结论。司法三段论证立模式的提出，是为了限制法官滥用司法权，从而实现判决的理性化，以约束法官创制法律的权力。

但是，法官在使用以形式逻辑为基础的证立模式时，常常被看作自动售货机，即只要把案件事实投进去，生产出的直接就是成品。这种严格机械式的司法阻碍了法官对案件裁判结果的主动认识，引起了人们对它的批判。人们发现，依赖三段论式的论证模式推出的结论并非完全为真。在形式逻辑推论中，还存在对作为推论大前提法律规范的认知问题。如果没有预先确定的法律规范，则无法适用此模式。于是，学者们不断地对其进行改造，以求发展出在其不能适用之情形下，如何适用法律方法，以弥补形式逻辑证立方法的缺陷。有的学者认为，通过法律三段论推导结论是无意义的，提供不了对结论的证立。它是对结论的证明而非论证。① 三段论作为论证图示意味着具有决定性作用的是前提证成结论；而如何获得和证立前提，是另一个问题。②

在事实认定过程中，亦可能需要使用演绎推理规则。这时，作为

① ［德］乌尔弗里德·诺伊曼：《法律论证学》，张青波译，法律出版社 2014 年版，第 22~23 页。

② ［德］乌尔弗里德·诺伊曼：《法律论证学》，张青波译，法律出版社 2014 年版，第 25 页。

推理的大前提需是真命题。论证的结构在形式上是合乎逻辑的，但是，推出的结论并非正确。譬如，所有人的头发是白的，张三是人，所以，张三的头发是白的。在演绎推理中，结论一定是从前提中推导出来的，不存在其他的情形。这符合逻辑学的知识。

尽管司法三段论存在一些缺陷，但是，大陆法系国家和地区受其制定法体系的影响，司法者在作出裁判结果时仍然是以形式逻辑三段论作为其证立的基础。大陆法系国家民事实体法律规范的结构预设了证立判决结果的三段论模式。不过，学者已然认识到法官在适用法律的过程中含有法官个体性的判断认知，因而提出，其对作为大前提之法律规范适法的过程即为对其诠释的过程。换言之，法官在说明适用法律规范的过程中，对法律条文进行必要的诠释，从而灵活地渗入法官对案件事实在个体法律意义上的认知和判断。通过对形式逻辑缺陷的修补，司法三段论仍为大陆法系主要的法律思维方式和证立判决结果的方法。

大陆法系国家和地区对裁判理由的论证以司法三段论作为主要的论证结构。这是由其制定法的传统所决定的。尽管司法三段论存在前提不确定性等缺陷，但是，尚没有哪一种论证方法能够代替司法三段论。

二、佩雷尔曼的新修辞学理论

佩雷尔曼（Chaim Perelman）的新修辞学不同于传统的法律逻辑学的方面在于添加了辩论的技术，注重论辩说服过程中的各种要件技巧，注重听众对论辩命题的接受。通过持不同观点听众的对话、辩论，尽可能在各种不同意见的听众中争取最大限度的支持。佩雷尔曼认为，新修辞学的目的不是要取代或替换形式逻辑，而是要把它加进论证（推理）领域。[①]

---

① ［德］罗伯特·阿列克西：《法律论证理论——作为法律证立理论的理性论辩理论》，舒国滢译，中国法制出版社2002年版，第197页。

佩氏理论中最引人注目的观点是把接受论证的对象即“听众”作为构建其论辩体系的核心。听众是演讲者希望通过其论辩接受其观点的群体。他把听众分为三个层面意义上的人员，即普遍性听众、特殊听众、特定听众，其中，佩氏理论最为关切的是普遍性听众(universal audience)。他把那些能够为普遍性听众所接受的法律价值作为论证的前提。他认为，普遍性听众的接受是论证合理性与客观性的标准。但是，获得所有人的认同也是不可能做到的。普遍性听众的认同不是一个事实问题，而是法律问题。[①] 佩雷尔曼认为论证对特定听众是说服的，对普遍性听众是确信的。对特殊听众有效力的论证具有说服力，获得普遍性听众遵从的论证具有确信力。听众的反应影响论证的质量。[②] 听众是佩雷尔曼新修辞理论的核心。听众对论辩观点的接受程度是检验论证好坏的依据。

在其著作《正义五讲》中，他提出如下要求：“你必须这样行为，就好像你是一位法官，其判决理由必须提供对所有的人都有效的原则。”在谈及法律论证时，他认为，“对裁判的证明不是形式上的证明。那种认为裁判只是给出将案件事实归于一个法律规则的形式证明已经过时了。在具体案件中，如果法律规则的含义不清楚，法官必须对其加以解释。对某种特定解释的选择尽管从来都不是强制性的，但常常是根据价值衡量的，即衡量什么才是最为公正、法律上正确的裁判”。[③] 因而，他关注到法律论证的受众，关注到法律论证中的价值判断。新修辞学对疑难案件的裁判具有重要的价值。在法律规范缺失或者不明确时，法官无法根据形式逻辑作出裁断结论。公平、道德、正义等价值则成为法官论证裁断结论的依据。

---

① ［德］罗伯特·阿列克西：《法律论证理论——作为法律证立理论的理性论辩理论》，舒国滢译，中国法制出版社2002年版，第202页。

② 蔡广超：《佩雷尔曼的普遍听众》，载《延安大学学报（社会科学版）》2014年第1期。

③ ［荷］伊芙琳·T. 菲特丽丝：《法律论证原理——司法裁决之证立理论概览》，张其山、焦宝乾等译，商务印书馆2005年版，第50页。

佩雷尔曼从修辞学的角度谈论论证，论证的目的是获得听众对观点的接受。新修辞学将给局限于演证技术或按照演绎规则的必然证明和归纳的传统逻辑提供一个补充工具；它加上了论辩的技术，是一种对实践推理的分析不可或缺的价值判断的逻辑。[①] 他指出："在法律领域，通常（与发生于形式系统中的情形相反）法官必须同时作出一个决定并为其提供证成。……甚至当法律乍看上去似乎包含着一个漏洞、自相矛盾或歧义时，法官必须援引法律推理的技术来解释这个系统，以便找到一个解决方案并为其提供证成。"[②]

佩雷尔曼的新修辞学根据听众的反应来判断论证的合理性。衡量论证合理的标准是看它是否有效说服了目标听众。[③] 受众接受裁判结论的前提是接受理由。通过接受理由，来说服其接受裁判结论。当然，在论证裁判理由时，采用何种模式，佩雷尔曼则无论及。他从受众的接受角度考量论证的优劣，对裁判理由论证的接受具有重要的参照价值。他的理论在实践中不能单独使用，可以结合其他的论证方式运用。

三、阿列克西的理性论证理论

阿列克西（Robert Alexy）的理性论证理论是以普遍理性论辩理论为基础而形成的。它从产生之日起就引起了学界的关注，赞同和批评者皆有之。阿列克西的理论是程序性理论。它的核心问题是选择和证立规则，保障结论的正确性。[④] 阿列克西的理性论辩理论把对判决

---

① 武宏志、周建武、唐坚：《非形式逻辑导论》，人民出版社2009年版，第212页。

② 蔡广超：《佩雷尔曼新修辞学的非形式逻辑属性》，载《湖南科技大学学报（社会科学版）》2018年第1期。

③ ［荷兰］范爱默伦、［荷兰］荷尔森、［荷兰］克罗贝、［荷兰］维赫雅、［荷兰］瓦格曼斯：《论证理论手册》，熊明辉等译，中国社会科学出版社2020年版，第31页。

④ ［德］乌尔弗里德·诺伊曼：《法律论证学》，张青波译，法律出版社2014年版，第88页。

结果的证立分为外部证立和内部证立。① 内部证立处理的问题是判断能否按照逻辑法则从前提法律规范中引导出判决结果，其实质是司法三段论的变形。阿列克西认为内部证成须遵从下述规则：

（1）（x）（Tx→ORx）

（2）Ta

（3）ORa　　（1），（2）

“x”是有关自然人或者法人域的个体变项，“a”是指个体常项，如某一专有术语。“T”是任一复合的语词，类似于法律规范中的事实构成要件，但是阿列克西将事实构成比拟为人（格）的属性。“R”为任一复合语词，为同“T”相区分，故将其列为“R”，表达的是规范主体需要做什么。

根据阿列克西的理论，如果要进行内部证成，根据前述法律证立之规则，需引入一条普遍性的规范。判决必须至少从一个普遍性的规范连同其他陈述逻辑地推导出来。这两个规则是可普遍化原则的具体化。但是，该结构式不能解决更为复杂的问题。如果对“a”是否为“T”产生疑问，则必须提出某个规则，对该问题作出决定。需要尽可能多地展开逻辑推导步骤，以使某些表达达到无人再争论的程度，即无人对争议再提出疑问。所以，应尽最大可能陈述逻辑的展开步骤［如下图（1）—（5）］。

（1）（x）（Tx→ORx）

（2）（x）（M^1x→Tx）

（3）（x）（M^2x→M^1x）

……

（4）（x）Sx→M^nx

① 相关内容参见［德］罗伯特·阿列克西：《法律论证理论——作为法律证立理论的理性论辩理论》，舒国滢译，中国法制出版社2002年版，第274~302页。［德］乌尔弗里德·诺伊曼：《法律论证学》，张青波译，法律出版社2014年版，第90~93页。

（5）Sa

（6）ORa（1）—（5）

但是，在对不能从制定法引申出来的前提进行证成时，则引入了外部证立。

外部证立是指对作为内部证立的前提是否正确的证成，解决的是对作为证立前提的选取的问题。外部证立的对象是对内部证立所适用的各个前提的证立，主要包括对实在法规则，经验命题，既非经验命题亦非实在法规则前提的证立。对不同前提的证立需要运用不同的证立方法。

阿列克西将对规则证立的逻辑结构定义为：

（1）（x）（x→ORx）　　　　（R）

（2）（x）（Mx→Tx）　　　　（W）

（3）Ma

（4）ORa　　　　　　　　（1）—（3）

"R"是指法律规范，"W"是指在确定法律规范时所使用的语词规则。

由（1）规范"R"和（2）语词使用规则"W"，就得出具体的规范"R"。

（2）（x）（Mx→ORx），"R"则称为"通过 W 对 R 的解释"。此证立规则亦适用于对非规则和非经验性命题的证立。在"W"对"R"的解释中，主要通过对语词的解释规则来实现法律规范的确定。阿列克西使用的语词规则有语义学解释、发生学解释（与立法者的意图相吻合）、历史解释、比较解释、体系解释（整体性的论述）和目的论解释。在对经验命题的证立时需要进行合理的推测。

阿列克西的理性论辩理论为实现对判决结果证立的理性思维提供了理论上的范式，是至今较为完整的一种证立方式。自从他的证立方法被引入我国以来，在法理学的研究领域引起了诸多关注。当然，阿列克西的理性论辩理论亦受到一些学者的反对。有学者认为，“阿列克西的理想是试图为强化司法程序和司法判决的正当性贡献些什么，但他对现实的司法过程并不十分了解，他没有从事法律实务的经验，在他的作品中也看不出他对法律实务有什么兴趣。他提出并讨论的问题来自其他学者的作品，而不是来自法律决策者的困惑”。① 阿列克西所提出的理性论辩理论尽管不能完全为法官在进行法律适用的过程中所采用，但是，他所提出的如何在确定作为推理前提的法律规范时所适用的一些解释方法，则可以为我国法官在审判过程中对法律进行解释或者填补法律空白提供指导。对裁判的合理性以及对裁断结果的证立和普遍的实践论辩方法有所差异。它受社会法秩序的限制。

四、麦考密克的演绎证立理论模式

麦考密克（Neil MacComick）吸收了阿列克西的外部证立方法，将其运用到其演绎证立和次级证立。② 他提出的演绎证立即初级证立（也即第一层级的证立）的模式为“如果 P，那么 Q”，“P，则 Q”。在对第一层级的证立中，判决借助法律规范和案件事实进行证立。作为判断前提的“P”，则为一般普遍适用的法律规则，此时，对规则的适用没有任何的歧义。对“Q”案件事实的获得则是依据证据规则的判断而形成的。麦考密克接受了哈贝马斯对疑难案件和简单案件的划分。在初级证立中，则是针对简单案件而言。在简单案件中，当事人不存在适用法律规则的难题，他们需要提供证据证明案件事实，然后通过演绎推理即可得出判决结论。在适用法律规则时，需要对其进行解释。如果涉及疑难案件，则需要对作为裁判规则的“P”进行解

---

① 桑本谦：《法律论证——一个关于司法过程的理论神话》，载《中国法学》2007 年第 3 期。

② ［英］尼尔·麦考密克：《法律推理与法律理论》，姜峰译，法律出版社 2005 年版，第 49~62 页。［荷］伊芙琳·T. 菲特丽丝：《法律论证原理——司法裁决之证立理论概览》，商务印书馆 2005 年版，第 73~92 页。

释或者选择适用，即裁判规则可能是相互冲突的两个规则或者不是作为普遍适用的预定规则（法律原则、道德、经验法则等），此时即需要第二层级的证立。他认为，在疑难案件中，法官拥有较大的裁量权。他们将判决立基于自认为妥当的理由上①，原则论辩和后果论辩交互使用完整地论证判决结论。②

麦考密克的次级证立（第二层级的证立）主要是在裁判规则模糊不清时的证立。在次级证立中，他提出了一些确定裁判规则的方法：

第一，后果主义的论辩方式。在后果主义的论辩方式中，法官对裁判规则的选取主要是从“常识”“正义”“同法律原则一致”以及“公共政策”等标准进行评价。后果主义论辩模式所关注的是不同的判决方式带来的后果和影响如何。后果主义论辩模式本质上是评价性的，它关注的是后果的可接受性。

第二，协调性的论辩方式。这种论辩方式需要符合法律规则之间相互协调的要求。所谓“协调”，意指不同的法律规则之间只有联结在一起通盘考虑才有意义。在协调性的论辩方式中，通过原则论证和类推论证的方式保持法律的融贯性和完整性。就原则论证而言，当适用一项规则较为含混或者模糊时，则需要借助原则来对其加以解释。在法律制度内部，各种规则间需具有一种协调关系。在理解过程中，既需要理解立法文件和判例规则的真意，又需要将自己的观念和价值融合于既有的语义。在类推论证中，最为重要的是保持法律制度内部价值间的协调。③ 原则论证和类推论证并不是界限分明的。法官依凭正义和公平来进行推理和作出判决时，需要受判决中法律理由的限制和约束。这些理由可以看作对法律规则、原则和政策的阐释，从而判

---

① ［英］尼尔·麦考密克：《法律推理和法律理论》，姜峰译，法律出版社 2005 年版，第 240 页。

② ［英］尼尔·麦考密克：《法律推理和法律理论》，姜峰译，法律出版社 2005 年版，第 190 页。

③ ［英］尼尔·麦考密克：《法律推理与法律理论》，姜峰译，法律出版社 2005 年版，第 149~151 页。

断判决结论是不是正当的。

在麦考密克的论证模式中，融贯性和协调性论述确定了法律可能性的范围，然后，根据后果主义的论证作出裁断。后果主义的论述依赖于融贯性的论述。不仅要预测后果，而且要评价后果。①

麦考密克的演绎证立理论仅是针对第一层级提出了演绎的模式，在第二层级的证立中讨论了对裁判规则的选取标准，但是却不能按照演绎证立的模式归结出一种基本的格式变量。因而，他对第二层级裁判规则的证立仍然是模糊和抽象的。他所提出的后果主义的论辩方式、协调性的论辩方式在裁断疑难案件时具有一定的参考和启发性意义。

五、哈贝马斯的理想协商情境模式

德国哲学家和社会学家哈贝马斯（Jürgen Habermas）的论证理论认为不能局限于从逻辑—语义学的角度，主张合作的理论形成程序的理想要求。以理想协商情境为论辩者通过论证而有效建立的共识提供条件。这种共识是论证获得普遍性接受的基础。他区分了三个层次交往的理性：作为结果的逻辑论证层次、作为程序的对话论证层次和作为过程的修辞论证层次。②

在论证的逻辑层面，他提出任何言说者不得自我矛盾。在程序的对话层面，寻求合作达成合意。在过程的修辞层面，论证性协商必须借助一定的规则。他认为只能以商谈的方式，通过论辩来实施论证过程。哈贝马斯运用图尔敏的论证结构，将事实通过规则对规范加以证立。论证结构体现了对论证结果的逻辑性。③

---

① ［德］乌尔弗里德·诺伊曼：《法律论证学》，张青波译，法律出版社2014年版，第112页。

② ［荷］伊芙琳·T. 菲特丽丝：《法律论证原理——司法裁决之证立理论概览》，商务印书馆2005年版，第63页。

③ ［德］乌尔弗里德·诺伊曼：《法律论证学》，张青波译，法律出版社2014年版，第84~85页。

论辩原则是核心原则。哈贝马斯认为，所有的潜在论辩参与者必须有同等的机会来应用交往的言语行为，以便他们能够随时启动论辩，并且通过言说与反诘、提问与答辩持续下去。

法律程序保证有约束力的裁决可以在有关行为冲突的规范中达成。哈贝马斯重视程序在解决纠纷，达成共识中的重要性。认为可以通过程序的制度化设计，创设理想的言谈情境，获得公正的结果。

哈贝马斯提及两种论述形式，通过规则来对价值判断或义务判断进行证成；通过引证其满足需求的直接后果与间接后果来对规则进行证成。他提出了可普遍化原则。假如某个规范满足需求的后果可以被全体的任何一个个体所接受的话，那么它就是可普遍化的。① 以可普遍化原则来判断论证的目的和功能。

哈贝马斯的观点强调了商谈在处理纠纷中的重要意义，但是认为只要给双方当事人提供相互协商的机会和空间，通过反复商讨，法官作出的裁判即能为他们所接受，这在现实中得以实现是有一定难度的。纠纷双方受其利益的限制，司法机关受诉讼资源的约束，不可能将其作为普遍的论证基础，显然不具有普遍的现实性。

上述简要地列举了一些证立裁判结论的论证理论和方式，即裁判理由证立裁判结论可以运用的论证结构。这些论证结构包含了形式逻辑的推论方式，亦包括实践论辩理论中的一些论证结构。面对生活中复杂多变的案件事实，从理论上设计一种论辩规则供裁判者在司法决策时参考，看来是难以完美自洽的。尽管从理论上看，学者们提出的各种法律证立图式在某些方面上存在瑕疵，但是我们不能否认它们对裁判者在司法实践中裁断案件的指导价值。

我国属于成文法制，法官论证裁判理由的结构主要是司法三段论。但是，一种证立方式不能应对司法实践中可能出现的民事纠纷。

---

① ［德］罗伯特·阿列克西：《法律论证理论——作为法律证立理论的理性论辩理论》，舒国滢译，中国法制出版社 2002 年版，第 166 页。

司法三段论存在推论形式上的一些缺陷。当大前提缺乏确定性时，则无法满足证立的要求。在关于什么是法律或道德上正确或接受之事的商谈中，严格的形式逻辑规则必须为一种更加灵活的论证观念让步。[①]实践论辩的一些论证结构则可以弥补形式推理的不足。说服和可接受成为论证的目的和功能。法律论辩理论为法官证立裁断结果提供了形式上的导引和理论上的依据。

民事裁判理由的论证是在对立的当事人之间寻求一致的观点，作为解决冲突的方法。裁判理由论证满足了当事人对裁断结果接受的需求。此时，为了实现裁判理由论证的合理性，法官可以视案件的具体情形，采用上述一种或者几种证立方法，使得其对裁判理由的论证能够得到当事人和社会民众的普遍接受，使得裁判结果具有正当性。

① 雷磊：《新修辞学的基本立场》，载《政法论丛》2013年第2期。

第四章　民事裁判理由论证的合理性

在现代社会，司法裁判的功能趋向多元化。司法裁断纠纷的功能不仅是定分止争，亦承担维护社会秩序之任务。裁判理由不仅向当事人证明裁断结论的正确性，而且负有说服当事人接受裁判结论之旨意。司法机关对当事人之间纠纷的裁断，不仅合法亦需合理。由此，裁判文本从记载裁判理由转向论证裁判理由。论证是一种说服性的，以接受为先导和目的的论说过程。那么，如何判断一个命题论证的质量呢？

第一节　论证的标准

标准是科学、技术和实践经验的总结。论证是指对观点或者主张给出理由。论证有正确的、充分的或者错误的、不充分的等情形。如欲获得一个正确的论证，则需要遵守一定的论证规范。在逻辑学中，论证者在论证观点时要遵循基本的论证规范，以使其论证能够成立，即论据能够证明论题。论题是一个真命题，得到反对者（受众）的接受。一个有效的论证是指形式有效和论证内容有效。形式有效则是指符合论证的逻辑规律。

论辩理论纳入了形式逻辑和辩证逻辑（非形式逻辑）。形式逻辑包含两种论证方式，即演绎推理和归纳推理。在辩证逻辑中，有图尔敏的实质逻辑、佩雷尔曼的新修辞学等。根据论证的意图、形式和内容，论证达到有效的程度需符合三个标准，即可接受性、关联性和充分性。论证的标准涉及前提的真或者可接受性、前提和结论之间的关系、论证内容。可接受性关注的问题是前提是否为真，可能为真，或在某种程度上是值得相信的。相关性关注的是论证的前提和结论是否相关。充分性指的是前提是否足以支撑结论。非形式逻辑学家大多持这个标准。①

一、形式逻辑论证的标准

在形式逻辑中，一个好的论证是真的论证，是有效性的论证。论证是由论题、论据和论证形式组成的。在论证中，要求论题必须明确，且论题必须为真。否则无法找出论据和论证的形式。在论证的过程中，不能改变论题，不能把原来需要论证的判断转换成另一个判断。论据应当是确知为真的判断。对于论证方式，则要求论据必须能正确地推论出论题。② 在形式逻辑中，论证有效的评估是以前提为真，论证为真的判断。形式逻辑评估的标准是有效性，即前提和结论之间的推演关系。

对形式逻辑论证的评估，即判断论证的形式有效与否。但是，有效性作为论证评估的标准存在一定的局限性。形式逻辑评估标准形式的有效性不能保障内容的正确性。譬如，在归纳论证中，黄豆是圆的，绿豆是圆的，红豆是圆的，……，所有的豆子都是圆的。这个命题在形式上是有效的。但是，结论并非为真。一是有效的论证不一定是好的论证。二是有效的论证在论证实践中很容易达到。三是有效性很难解释，在实际论证中，针对某一观点往往既有支持也有反对它的好论证。③ 这个命题在形式上是有效的。但是，结论并非为真。

---

① ［荷兰］范爱默伦、［荷兰］荷尔森、［荷兰］克罗贝、［荷兰］维赫雅、［荷兰］瓦格曼斯：《论证理论手册》，熊明辉等译，中国社会科学出版社2020年版，第33~34页。

② 金岳霖主编：《形式逻辑》，人民出版社2006年版，第292~297页。

③ 孙岩：《论证评估理论探析》，华东师范大学2006年硕士学位论文，第9页。

在实践论辩领域，形式逻辑的真指的是形式的有效性。前提即使不为真，形式是有效的，则结论也是有效的。

二、实践论辩论证的标准

为了克服形式逻辑论证评估的这些缺陷，论证转向了实践。讲究语境，是逻辑向实践转变的基本内容之一。在不同的学科中，好的论证的标准和面向有所不同。譬如，修辞学提出了以听众为核心的论证。依戈维尔（Trudy Govier）之见，论证评估就是评估论证的前提以及前提与结论之间的联系方式。在其看来，如果一个论证的前提合理可接受（rationally acceptable），前提为结论提供合理的支持，则这个论证令人信服（cogent）。[①]

20 世纪 70 年代，约翰逊和布莱尔一起提出了论证评价的“RSA 标准”：相关性（Relevance）、充分性（Sufficiency）和可接受性（Acceptability）。一个论证的前提必须满足三个标准。相关性是指前提和结论之间是否存在一个适当的真实的关系；充分性是指前提是否给结论提供了足够的证据；可接受性是指可能或者因其他方式是可信赖的。[②]

一个好的论证是达至其目标的论证。论证的目标是理性说服。因此，一个好的论证是理性说服他人接受结论的论证。[③] 获得他人的接受，也就是获得受众的接受。论证的好坏和论证的受众、论证的语境以及论证的内容相关联。论证的内容符合充分性和相关性之要求。一般而言，论证的评估标准有可接受性、关联性和充分性。

1. 可接受性

论证是在反对者和说服者之间发生的。论证者为了说服反对者

---

① 转引自蔡广超：《佩雷尔曼新修辞学视域下论证评估研究》，载《当代修辞学》2018 年第 5 期。

② 武宏志、周建武、唐坚：《非形式逻辑导论》，人民出版社 2009 年版，第 91 页。谢耘：《论辩充分性——析当代论证评估理论的一个新维度》，载《学术研究》2019 年第 3 期。

③ 武宏志、周建武、唐坚：《非形式逻辑导论》，人民出版社 2009 年版，第 563 页。

（受众）接受其观点或者意图而展开论证。接受是论证者进行论说过程的目的。一个论证是否优良，论证的目的能否实现，是论证评估中的一个衡量依据。可接受性是反对者接受论证的前提。论证者通过一定的论证图式，使反对者接受论证结论。

实践论辩逻辑是以可接受性作为思维的目的和论证的标准。一些学者列举了可接受性的条件，这些条件包括不同的内容。譬如，布莱尔和约翰逊将模范对话者共同体作为前提可接受性的判定标准。模范对话者或许被视为作出可靠客观判断的必要条件。戈维尔列举和分析可接受前提的种类有：从子论证得到有力辩护的前提；得到其他辩护的前提；已知先验真的前提；公共知识；证言；恰当的权威；暂且可接受性的前提。①

论证的可接受性是指前提的可接受性。可接受性主要是指对言说或者论辩内容的认同或者认可。影响可接受的要素有言说者、论辩的听众、论辩的规则、论证的结构、论证的情景、言说者和听众的协商和沟通等。在不同的研究领域，影响可接受性要素的配置会有所差异。欲实现可接受性的目标，则需在所涉领域对这些要素加以合理的设定。②

2. 关联性

关联，是指事物相互之间发生牵连和影响。③ 在论证理论中，论证的前提、结论以及论证形式之间具有内在的相关性。论证相干（关）性是指对有关问题所采取的立场的支持或反对，它是论证的“证明潜力”（proof-potential），即论证支持或反对论点的力量。④ 关联性要求论证内容和论点有关，或者是正相关（支持论点），或者是

---

① 武宏志、周建武、唐坚：《非形式逻辑导论》，人民出版社2009年版，第572~576页。

② 王合静：《民事判决理由可接受性研究》，法律出版社2017年版，第14~15页。

③ 中国社会科学院语言研究所词典编辑室：《现代汉语词典》（第七版），商务印书馆2016年版，第478页。

④ 武宏志、周建武、唐坚：《非形式逻辑导论》，人民出版社2009年版，第598页。

负相关（反对论点）。关联性并不要求论证内容即论据对论点的支持或者证明达到充分性的程度，仅要求论据和论点有某种关联。如果和论点没有相关性的内容，则不能出现在论证中。如果论证者所使用的材料违背了论证相关性规则，那么论证则是无效的。

约翰逊认为，相干性表现为5个突出特性。第一，相干性是基本的。它并不明显出现于论辩过程，而是作为否定性约束在背后运作。第二，相干性具有可变化的内在条件。相干性具有可变的性质。第三，相干性是程度问题。同一前提对两个结论的相干程度不同。第四，相干性具有语境性。在一种情形下，前提和结论之间具有相关性，在其他情形中，则未必具有联系。第五，相干性是辩证的标准。相干性本质上不依赖于真。布莱尔认为，论证相关性的正当理由不必是特殊类型的陈述，它是一个功能概念，既可以是一般的，也可以是特殊的陈述。沃尔顿认为，将相干性置于更广阔的辩证语境中来观察。评估论证中的成分相干或不相干的基本因素是论证的论题。前提和结论的相干性有两种。其一，主题内容的相干性。其二，提供证据的相干性。对话类型和对话主题的具体情况在判断相干性时是最重要的。①

对论证相关性的判断取决于论证的类型。如果是法律论证，法律规范是判断是否相关的依据。如果涉及道德、价值、伦理的论证，则和公平、正义、利益衡量等指向相关。一个论证文本，可以由多个子论证组成。子结论是下一个论证内容的前提。对相关性的判断不以真为依据。法律中的相关性比其他情景中的相关性更为严格。它包括论证中陈述的信息内容和论证的受众之间存在某种关系。论证的内容可以证明结论是真实的，亦可证明结论是不成立的。根据论证理论，相关性是必需的。

---

① 武宏志、周建武、唐坚：《非形式逻辑导论》，人民出版社2009年版，第600~604页。

3. 充分性

充分性是指论证需要有充足的理由，即前提对结论的证明程度。论证者尽可能详尽地论述其观点和理由以说服对方。说服对方接受论证者的意见和观点，则需要论证的材料达到一定的质量和数量。质和量是论证内容充分性的表现。

欲使反对者（受众）接受论证的内容，则要求论证内容达到充分性和相关性的程度。拉尔夫·约翰逊将论辩的充分性标准分为两个层面，首先是“指定问题”（The Specification Problem），即论证者的论辩性义务是什么？其次是“论辩优越性问题”（Dialectical Excellence）。约翰逊在对充分性的理解中引入了修辞听众的概念。他认为论证者必须回应与论证相关的“标准反对意见”（The Standard Objections），还应回应听众想让他回应的意见。[①] 约翰逊和布莱尔认为，充分性指的是论证者引用适当类型和数量的证据支持结论。也就是说，充分性包括两个方面，论证中的证据类型是否足够；证据的范围是否适当。[②] 论证内容的范围在类型上或者种类上要广泛。论证内容能够证明论证的结论。语境亦影响论证内容的充分性。在一种论证情景中，论证的内容可能是充分的，但是在其他的情景中，论证的材料可能是不充分的。由此，在论证时，要指明论证是在什么样的语境下展开的，论证的背景是什么。

充分性表明论证的证据无论是从数量上还是从质量上都能够支持结论。在法律论证中，论证的充分性和纠纷案件的性质有关。在不同的情景之下，判断充分性的标准是不一致的。譬如，在刑事案件中，论证达到充分性的标准是排除合理怀疑。在民事案件中，论证的充分性表现为证据对案件事实的证明达到高度的盖然性。

在判断文本的论证是否达至充分性程度时，则需要结合论证的语

---

① 参见谢耘：《论辩充分性——析当代论证评估理论的一个新维度》，载《学术研究》2019 年第 3 期。

② 武宏志、周建武、唐坚：《非形式逻辑导论》，人民出版社 2009 年版，第 575 页。

境加以考量。论证的充分性会随着具体论证内容所处的时间、地点的变化而改变。某一时期对某一观点的论证达到了充分的程度，并不必然意味着这种论证在其他时间点仍然具有充分性。对某一事物的认知会随着社会实践的变化和社会新技术的发展而发生改变。

人们对论证结论的普遍接受意味着论证内容的充分度高。如若对结论的接受程度低，则意味着论证充分性程度低。论证的内容和结论之间是一种较弱的关联性。

充分性是论证者在论证时应遵循的一项准则。检验论证者是否达到了充分性的程度，需要结合前已述及的一些要素进行判断。譬如，语境、证据的数量和关联性、接受性等，特别是对接受性的考量。论证的目的即是获得对方的认可。如果对方接受论证者的意见和观点，则可判断其实现了论证的意图。

第二节　民事裁判理由论证合理性的判断

合理是指合乎道理或者事理。[①] 在不同的研究领域，合理性的指向有所不同。在修辞学中，合理性依赖于交流共同体成员间的共识。在论辩理论中，学者们倾向于批判式的合理性哲学。[②] 在民事裁判中，合理性是指民事裁判理由论证所应达到的程度，即民事裁判理由论证符合法律规定，符合情理和事理。一个好的民事裁判理由的论证，是说服受众接受的论证。法官对其命题的证立体现了法律命题可接受性取决于证立的质量。法官的立场体现在其裁决中。他必须充分证立该

① 中国社会科学院语言研究所词典编辑室：《现代汉语词典》（第七版），商务印书馆2016年版，第524页。

② ［荷兰］范爱默伦、［荷兰］荷尔森、［荷兰］克罗贝、维赫雅、瓦格曼斯：《论证理论手册》，熊明辉等译，中国社会科学出版社2020年版，第629页。

裁决以使当事人、其他法官乃至整个法律界接受。①

有的学者认为，法律论证的标准有：论证的逻辑结构；规则取向；所引规则的合意能力；产生结果的理性。②

一、民事裁判理由可接受性

民事裁判理由的论证是期望通过对裁判理由的论述和证明，使当事人、法律职业者和其他社会主体接受裁判理由和裁断结果，从而使当事人自觉履行和实现裁判的内容。裁判理由的可接受性成为裁判理由论证考量的依据。

民事裁判理由可接受性是指和民事裁判相关的主体，即当事人、社会民众以及法律职业者对司法机关制作的裁判理由的认可、赞同和接纳。法官对民事裁判理由的论证旨在表明其作出的裁断结果具有正当性。当事人对裁判理由的接受度影响其对裁判结果的接受和履行。把裁判理由的接受作为裁判理由论证合理性的判断依据，从裁判理由受众之维度考量裁判理由论证的内容，有助于对民事裁判的接受和履行。

民事裁判理由的接受同裁判结论紧密相关。裁判者论证裁判理由意在展现裁断结果的正确性和合理性。一般而言，民事裁判受众对裁判理由的接受大多意味着其接受和认同司法机关作出的裁判结论。民事裁判理由主要是为当事人制作的，故而，民事裁判理由可接受性最重要的是需要得到当事人的认可和接受。诉讼程序的经过为裁判结论的形成起到了导向性的效果，缺乏公正的程序配置难以保障裁断结论的公正性。

换言之，裁判过程是否公正影响到当事人对裁判结论的接受。法

---

① ［荷］伊芙琳·T. 菲特丽丝：《法律论证原理——司法裁决之证立理论概览》，商务印书馆2005年版，第1页。

② ［德］乌尔弗里德·诺伊曼：《法律论证学》，张青波译，法律出版社2014年版，第11页。

官对裁判结论形成的过程公开在裁判文书中，即通过对裁判理由的论证，展现其作出裁断结果的思维路径。

民事判决理由包含对案件事实的认定，对适用法律规范的解释以及对判决结果的证立。由此，民事判决理由的可接受性即指判决的受众对以下三个方面的接受。

第一，对案件事实认定的接受。

事实认定是指法官对当事人之间过去发生的纠纷事实在法律意义上的证明。“事实上就是裁判者根据已知证据推论未知事实的回溯性推理活动。”[①] 对案件事实的认定是法官作出判决的基础。在事实认定部分，需说明纠纷事实转化为法律事实的过程和依据。认定的事实包括当事人无异议的事实和争议的事实。

民事判决理由可接受性首要表现为对案件事实认定的接受，亦为对法官认定案件事实的过程及认定依据的接受。法官对纠纷事实转化为法律事实的论证能够获得当事人和社会其他主体的认可。其在论证案件事实的过程中，受辩论主义原则的约束，须以当事人在法庭辩论中所主张的事实作为认定的依据，且以当事人在法庭中所提交的证据作为认定的基础，论述对当事人提交证据的判断过程，采信证据和不予采信证据的理由，以及认定的证据和根据证据认定法律事实之间的逻辑关联。也就是说，公开法官思维的判断过程。这是判决理由中事实认定部分获得当事人及其相关主体接受的程序性的保障。事实论证存在可接受性的维度，判决的说理论证强调可接受性。[②]

认定的案件事实和认定案件事实的依据（证据）之间具有关联性。认定的案件事实是根据证据推导出来的。法官对当事人提交的证据，需要论证采纳和不予采纳的理由。《最高人民法院关于民事诉讼证据的若干规定》规定，法官应论证认定证据的理由，以及根据证据

---

① 吴宏耀：《诉讼认识论纲——以司法裁判中的事实认定为中心》，北京大学出版社2008年版，第5页。

② 黄泽敏：《案件事实的归属论证》，载《法学研究》2017年第5期。

认定案件事实的理由。[①] 论述认定证据的理由是为了表明该观点成立的正当性。阐述不认定该观点的理由则是表明该观点不符合关联性的标准。论证的目的是要借助正、反双方批判性交流论证话语，从实质上或从实体上消除意见分歧。[②]

第二，对法律规范适用的接受。

对法律规范适用的接受是指法官对作为裁判依据的法律规范的选取和解释能够为判决受众所认可。适用法律是法官的权限，其不受当事人适用法律主张的限定。但是，法官需要论证适用法律规范的理由，以此说明适用法律规范的正确性。

法官对法律规范的诠释，含及其自身对法律规范、立法精神和立法目的的认知。在具体案件中，其根据认定的案件事实，选取和案件事实最相符合的民事法律规范。通过法律解释的方法，使案件事实契合于法律规范中的要件事实。这种诠释既包含一定的技术方法，亦包含法官自身对法律规范的价值判断。民事案件种类繁多，法官选择适用法律规范的过程亦各不相同。但是，论证适用法律规范的过程和理由获得受众的接受和认同，是论证的目标。

第三，对判决结论证立的接受。

对判决结论证立的接受是指判决的受众对论证者作出判决结果的逻辑证成的认同和接纳。立法传统和立法模式不同，影响到法官对裁断结论证立的形式。

法官对证立模式的选择影响当事人对裁断结果的接受。

---

① 参见《最高人民法院关于民事诉讼证据的若干规定》第85条规定：人民法院应当以证据能够证明的案件事实为根据依法作出裁判。审判人员应当依照法定程序，全面、客观地审核证据，依据法律的规定，遵循法官职业道德，运用逻辑推理和日常生活经验，对证据有无证明力和证明力大小独立进行判断，并公开判断的理由和结果。第88条规定：审判人员对案件的全部证据，应当从各证据与案件事实的关联程度、各证据之间的联系等方面进行综合审查判断。第97条规定：人民法院应当在裁判文书中阐明证据是否采纳的理由。对当事人无争议的证据，是否采纳的理由可以不在裁判文书中表述。

② [荷] 弗朗斯·H. 范爱默伦：《语用论辩学——一种论证理论》，熊明辉译，载《湖北大学学报（哲学社会科学版）》2017年第5期。

大陆法系国家和地区受其制定法体系的影响，法律规范的内在结构决定了司法者对裁断结果的证立形式主要是司法三段论。

法律形式逻辑，即为司法三段论，是一种以逻辑学的原理作为法官推断判决结论的证立模式。它以形式逻辑为基础，将其推论的原理运用到法官对判决结论的证立上。法官在作出判决结果时，以法律规范为大前提，案件事实为小前提，根据法律规范的构成，推论出法律规范含及的效力，即判决结果。法官对判决结果的证立和对法律适用的阐释，常常融合在一起进行论述，其界限并非分明。由于法律规范的滞后性和不圆满性，对于一些案件无法运用司法三段论进行推论时，则需要运用其他的证立模式。

形式逻辑在论证中的缺陷日益明显。以说服为基础的非形式逻辑进入论证学者的视野。运用非形式逻辑的方法，以听众为核心，构建论证的模式，使受众接受司法者的裁断结果。

总而言之，对判决理由的接受其实质为对判决理由三个组成部分的接受。判决理由可接受性包含对案件事实确证的接受，对法律规范适用的接受以及对判决结果证立的接受。

尽管当事人对判决理由的接受旨在促使当事人对判决结果的接受，但是，判决理由的接受具有其独自存在的价值。通过判决理由的接受，可以展现判决形成的过程是否公正，当事人的权利（诉讼权利和实体权利）是否得到了程序保障，法院是否公正地行使了审判权。通常而言，当事人接受了判决结果，也就意味着其接受了判决理由。在特殊情形下，譬如，在第二审程序中，当事人接受判决结果并非表明其接受了判决理由。第二审判决的效力决定了当事人必须接受判决结果。但是，如果当事人不接受判决结果，则一定是以不接受判决理由的形式表现出来的。当事人在第一审程序中不服第一审判决时，其上诉的理由表现为，原审判决认定的事实有错误或者适用法律规范有错误。对第二审程序判决结果的不服多表现为对第二审判决理由的不服。判决理由成为第二审程序和再审程序审理的依据。于此，对判决理由的接受与否可以成为判断第一审或者第二审判决结果是否合理的依据。①

法官对裁定理由的论证和对判决理由的论证大体相似。裁定理由的论证含及对案件事实的论证、法律规范的论证。根据法律规定，作出裁定结论。对裁定理由的接受是指对认定事实的接受和适用法律规范的接受。但是，有些裁定理由仅是告知当事人裁定的结果，譬如，申请撤诉的裁定，诉讼终止的裁定，不存在受众。

二、民事裁判理由论证关联性

民事裁判理由论证关联性是指裁判理由的内容和裁断结论之间具有某种因果关系。这种因果关系表现为裁判理由能够支持（推论）裁断结论。关联性有强弱之分，但它并不要求论证的内容对论点的支持或者证明达到充分性的程度。关联性可以是正相关的联系，即支持结论的联系，亦可是负相关的联系，即否定论证结论的联系。如若论证的内容违背了论证相关性规则，那么论证则是无效的。

在民事裁判理由中，法官认定的案件事实和适用的法律规范是法官作出裁判结论的原因（依据）。在适用法律规范明确的情形下，演绎推理论证结构是法官推演出裁判结论的逻辑证立形式。在涉及对法律规范的价值判断时，可以运用修辞、利益衡量等论证模式证立裁断结论。

裁判理由和裁断结论之间的相关性表现为论证裁判理由的事项和裁断结论之间具有某种联系。和裁判结论无关的事项不应出现在裁判理由中。由此，裁判理由论证的关联性如下：

第一，事实认定的关联性。

对案件事实的认定是法官作出裁断结论的基础，亦是适用法律规范的前提。当事人之间发生的纠纷事实枝节较多，法院在审理案件的

① 王合静：《民事判决理由可接受性研究》，法律出版社 2017 年版，第 15~21 页。

过程中，并不需要对当事人之间发生的纠纷事实一一查明。在对抗制的审判模式下，当事人基于自身诉求和身份的限制对案件事实的陈述差异较大。法官认定的案件事实需和裁断结论之间具有相关性。

案件事实是法院作出裁判结论的事实依据。法院根据当事人的实体请求权认定争议的案件事实，即法律事实。法律事实是指作为裁判基础的主要事实，亦是当事人承担法律责任的实体要件事实。要件事实是引起、变更和消灭民事法律关系的事实。法官认定的案件事实是指当事人之间发生、变更和消灭的民事纠纷事实。譬如，甲公司诉乙公司支付货款的纠纷。需要查明的要件事实有：甲、乙公司签订合同的事实，分别履行合同的事实，违约的事实等。认定的事实是当事人承担民事法律后果的事实，这些事实和裁判结论之间具有关联性。如果认定的事实不属于作为当事人请求权基础的要件事实，或者裁判结论不是根据认定的事实作出的，那么则不符合关联性的要求。

当事人实施了民事法律规范中的事实行为，则需要承受该法律规范的效力后果，即裁断结论。判断案件事实和裁断结论之间关联性的依据则是当事人实施的民事行为是否符合其提起诉讼所依据的民事实体法律规范，案件事实是否符合该民事实体法律规范中的要件事实。对此，则需要裁判者给予充分的论述。

第二，法律规范适用的关联性。

法律规范适用的关联性是指法官所适用的法律规范和案件事实、裁判结论之间具有某种连接因素。

案件事实和民事法律规范之间的关联表现于案件事实是适用民事法律规范的前提。查明案件事实是适用民事法律规范的基础。当事人依据民事实体法的请求权提出诉讼请求。法院则需对该请求权所依据的案件事实是否存在作出判断。正如拉伦茨所言，眼光在事实和法律之间流连忘返，使事实符合于法律规范，法律规范适合于事实。法官对确认的案件事实涵摄于法律规范之中的论述，呈现了二者间的关联性。换言之，法官需要论证认定的案件事实一一对应于法律规范中事实要件的构成要素。

裁判结论是法院对当事人的诉讼请求能否成立所做的司法判断。法官依据认定的案件事实和适用的法律规范推论出裁判结论。法律规范是法官审查当事人请求权是否符合法律规范要件事实的基础，亦是作出裁断结论的法律依据。法官根据该法律规范，判断当事人所实施的民事行为是否承受法律规范中的效力后果。由此，民事法律规范是判断案件事实和裁判结论之间是否具有关联性的依据。这是由法律规范内在的逻辑结构所决定的。

在疑难案件中，法官需要对适用的法律规范进行解释或者确定适用的法律规范。在此类案件中，对法律规范适用过程的论证关涉裁判结论的正当性，它可能成为此后类似案例的参照。人们正是通过法律论证来调整其在社会中的私法行为或者日常活动，诠释对公平正义的价值追求。

第三，论证结构和裁判结论的关联性。

一个文本的论证是由论证结构形成论证结论。法官对裁判理由的论证，亦是按照一定的论证结构推断出裁断结论的。

民事裁判理由论证的结构大多是演绎推理。大陆法系成文法的特点决定了演绎推理是裁判理由论证的主要结构。这种结构本身表明了裁断结论来自法律规范的内在逻辑构成。

在适用法律规范模糊或者需要确定适用的法律规范时，对原则、公平、正义等价值的判断则是以听众为核心的论证结构的呈现。麦考密克的后果主义论辩方式和融贯协调的论证模式有利于实现论证的目的。根据这些价值所作出的判断和由此推论出的裁判结论的连接则体现了论证的关联性。

演绎推理解决的是论证形式的有效性。如果形式有效，则不违反逻辑规律。作为推理的大前提为真，则结论为真，这能够满足逻辑推演的规律。但是，论证内容和结论之间是否具有关联性，是否达到充分的程度，演绎推理和归纳推理是无法解决的。如果论证内容达不到充分的程度，亦会影响裁判结论的正当性。

三、民事裁判理由论证充分性

民事裁判理由论证达致合理性，除了可接受性、关联性之外，还需要符合充分性。充分性是指法官对裁判理由的论证达到法律规定的程度，即为实现充分性之要求。

1. 认定事实的标准

法官论证认定的案件事实时，根据证据来判断当事人争议的案件事实。对事实的认定不仅需要满足关联性的要求，而且应达到充分性的程度。

前已述及，认定的案件事实和认定案件事实的依据即证据之间具有关联性。但是，认定案件事实的证据还需要达到充分性，即认定的证据需要符合一定的数量。审判人员认定的证据须符合程序规范，即当事人提交的证据必须经过开庭审理、公开举证和质证。法官在充分听取当事人的陈述之后作出判断。法官对证据的审查判断达到何种程度，可以认为案件事实已经被证明，达到对案件事实确信的程度。

在民事诉讼中，证明标准是指当事人对案件事实的证明使法官相信该事实为真的程度。此为法官认定案件事实所应达到的证明程度。案件事实是指作为裁判基础，且符合民事法律规范要件事实的法律事实。该事实必须是当事人在辩论中所主张的事实，是其所主张的民事请求权依据的生活中的事实，亦称主要事实。当事人对其所主张的事实负有提供证据加以证明的责任。故此，法官在论证认定的要件事实时，以双方当事人提交的证据为依凭。通过对当事人提交的证据的分析判断，达到法律规定的标准，则视为查明案件事实。由此可知，证明标准是帮助法官认定案件事实达致充分性的依据。

证明标准是指法官判断案件事实为真时所应当达到的心证程度或证明度。两大法系认定案件事实的证明标准不一。大陆法系国家和地区的证明标准是高度盖然性，英美法系国家认定事实采用的证明标准是盖然性。我们国家的证明标准则视认定事实的不同分为高度盖然性、盖然性和排除合理怀疑。

在大陆法系的德国，法官不受法定证据规则的拘束，根据自由确信来裁判某一事实的真伪。法官受思考法则、经验法则和自然法则的拘束。他不能仅仅采用一般的言说方式，必须是能够合理地理解说明确信的理由。违反这种说明理由义务可以被提起上诉。有时甚至触犯《德国基本法》第 3 条第 1 款规定的恣意禁止。[①]

在德国法下，法官不论在民法、刑法或公法上之争点都必须达到超越合理的怀疑（beyond a reasonable doubt）的心证，此一“超越合理怀疑”的标准仅有在法律明文的例外情形下才不适用。于此，除了一些明文的例外，德国的证明标准为“超越合理的怀疑”[②]。

大陆法系不区分民事案件和刑事案件的证明度。在两种案件当中，证明度必须达到在一般日常经验法则中已无怀疑且接近于真实的盖然性。[③] 大陆法系的法典中没有明确规定证明标准，长期沿用的是内心确信的标准。

在英美法系，学者摩菲（Murphy）认为，“证明标准是指卸除证明责任必须达到的范围或程度（extent or degree）。它是证据必须在事实审理者头脑里形成的确定性或覆盖性的尺度。是负担证明责任的当事人在有权赢得诉讼之前必须运用证据说服事实审理者的标准，或是他为获得有利于己的认定而对某个事实争议进行证明所应达到的标

---

① ［德］罗森贝克、［德］施瓦布、［德］戈特瓦尔德：《德国民事诉讼法》，李大雪译，中国法制出版社 2007 年版，第 835 页。

② 转引自黄国昌：《民事诉讼理论之新开展》，北京大学出版社 2008 年版，第 79 页。

③ 转引自黄国昌：《民事诉讼理论之新开展》，北京大学出版社 2008 年版，第 79 页。

准”。[1] 证明标准和证明责任相关联，承担证明责任的当事人需要运用证据说服法官所达到的标准。证明责任，通常指的是说服责任，即指当事人说服陪审团或者法官相信其所主张的事实是真实的。在民事案件中，英美法系的证明标准为盖然性占优势。根据认知能力、诉讼效益等因素的考量，当事人对案件事实的证明不要求达到百分之百的准确。真实被认为达到盖然性的标准。确切地说，盖然性占优势“只是意味着事实审理者斟酌全案证据后，必须能够说当事人主张的事实存在的盖然性大于不存在。如果盖然性对等，亦即是说审理者无法作出判断，负担证明责任的当事人将败诉”[2]。换言之，在诉讼中，负担证明责任的当事人对案件争议事实的证明（提供的证据）使事实审理者相信其达到盖然性占优势的程度。英美法系的证明标准与它所采用的陪审团审理、有造法权力的法官，当事人在对审构造下的公开运作相关。[3]

在我国民事诉讼中，对案件事实的认定标准即证明标准分为排除合理怀疑、高度盖然性和盖然性三种情形。排除合理怀疑是指法官对某些案件事实的认定达到确信无疑，也即是说，当事人提出的证据使对事实的认定达到确实存在的程度。这类标准适用于欺诈、胁迫、恶意串通事实的证明，以及对口头遗嘱或者赠与事实的证明。人民法院确信该待证事实存在的可能性能够排除合理怀疑的，应当认定该事实存在。对其他案件事实的证明，认为该事实的存在有很大的可能性（该事实存在的可能性高度大于不存在的可能性），可认定该事实的存在。这属于高度盖然性的证明标准。此外，还设定了一类标准，即盖然性证明标准。在消费者购买食品和药品造成损害的案件中，只要消

---

① 转引自齐树洁主编：《英国证据法》（第二版），厦门大学出版社 2014 年版，第 126 页。

② 转引自齐树洁主编：《英国证据法》（第二版），厦门大学出版社 2014 年版，第 133 页。

③ 黄国昌：《民事诉讼理论之新开展》，北京大学出版社 2008 年版，第 94 页。

费者能够证明食用食品或者使用药品受到损害，初步证明损害与食用食品或者使用药品存在因果关系，就能够获得人民法院的支持。[①]

判断对案件事实的论证是否达致充分性时，则考量论证认定的事实是否符合证明标准，是否达到当事人及其他社会民众所接受程度的真实。

2. 适用法律规范的标准（依据）

法律规范是法官作出裁断结论的依据。适用法律规范正确则确保裁断结果的正当和合理。法律适用是基于逻辑形式的一种评价，即以必要充分的理由构成去支持其所做成的法律判断。[②] 正确适用法律，要求适用的是有效的现行法律规范，能够从适用的法律规范中推论出裁断结果，且适用的法律规范体现出正义的价值理念。通过对法律规范的解释或诠释，呈现适用法律规范的正确性。

法律乃是确定性和不确定性的矛盾统一体。其确定性是指以成文法的形式，颁布了法律条文，引导社会民众的行为模式，并预示行为的法律后果。而法律的不确定性则是由众多因素合成，譬如，立法技术的限制、制定法的滞后和法律语言的模糊，均要求法官在适用法律规范的过程中对其进行一定的解释。

在适用法律的过程中，法官大都抛弃机械地适用法律条文的技术性方法，而认为对法律适用的过程即对法律文本诠释的过程。法官对法律文本的诠释包含一定的技术方法，亦包含法官自身对法律的价值判断。不同学者在论述法律规范的适用时，探讨了法律解释的方法。

---

① 参见《最高人民法院关于审理食品药品纠纷案件适用法律若干问题的规定》第5条规定：消费者举证证明所购买食品、药品的事实以及所购食品、药品不符合合同的约定，主张食品、药品的生产者、销售者承担违约责任的，人民法院应予支持。消费者举证证明因食用食品或者使用药品受到损害，初步证明损害与食用食品或者使用药品存在因果关系，并请求食品、药品的生产者、销售者承担侵权责任的，人民法院应予支持，但食品、药品的生产者、销售者能证明损害不是因产品不符合质量标准造成的除外。

② 王泽鉴：《民法思维——请求权基础理论体系》，北京大学出版社2009年版，第165页。

我国台湾地区民法学者黄茂荣将对法律解释的考量因素大体上分为范围性因素、内容性因素和控制性因素。就范围性因素而言，其包含文义因素和历史因素；内容性因素则包含体系因素和目的因素；控制性因素是指合宪性因素。[①] 王泽鉴提出法律解释的标准有法律文义、体系地位、立法史及立法资料、比较法和立法目的。[②] 德国法学家萨维尼认为对法律的解释应从语法、逻辑、历史和体系等角度来探寻法律的意义。[③] 拉伦茨认为法官在适用法规范的过程中，对法律进行解释需要依据的标准主要有语义标准、法律的意义脉络、历史因素、目的解释等。[④] 法律解释在于探究法律客观的规范意指，其主要方法有文义解释、体系解释、立法解释、目的解释、历史解释等。

法的语义解释是指按照法律文本字面语词的含义进行解释。对字面语词的理解如若没有相反的解释，通常即按照其一般所指的语义进行界定。在对法律的语义进行解释时，实质上是在对语词的各种含义进行选择、比较和衡量。

法的历史解释则是指法官在对法律文本诠释的过程中，按照法律的发展过程和法律的传统来探寻立法者的本意。

目的解释一般是在对法律文本进行语义解释仍不能获得确定的结果时使用的一种方法。它主要是指对法律语义的理解需要符合立法者制定法律时的本意或者制定法律的一般目的。

合法律性解释，有的学者称之为合体系性解释，是指对法律文本的解释应保持法律规范之间的统一性和逻辑上的自洽性。“对个别法律规范的解释应避免逻辑上的抵触，并尽量在各相互冲突的规范意旨

---

① 黄茂荣：《法学方法与现代民法》（第五版），法律出版社2007年版，第333页。

② 王泽鉴：《民法思维——请求权基础理论体系》，北京大学出版社2009年版，第173页。

③ 转引自［德］齐佩利乌斯：《法学方法论》，金振豹译，法律出版社2009年版，第60页。

④ 关于解释标准的详细论述可见［德］卡尔·拉伦茨：《法学方法论》，陈爱娥译，商务印书馆2003年版，第200~223页。

之间实现公平合理的平衡。”①

法官在裁断民事纠纷时，不论使用哪种法律解释方法，均应当维护法律体系的统一性和完整性。法律解释方法之间是否具有一种位阶关系或者先后关系，亦没有明确的依据。但是，不同的解释方法具有不同的功能。解释方法不同，会引起对术语理解的差异。在解释法律规范时，应依照一定的解释顺位，根据各种法律解释方法的目的和功能予以选取。譬如，语义解释是法律适用的基础。在采语义解释相矛盾时，可采体系解释的方法去探求法律规范的意义，以维护法律体系的统一性。文义、逻辑、历史、体系诸因素，不是凭己好任意选择，必须结合不同的活动使解释臻于完善。② 对法的解释应适用当前的社会价值、法律政策或者立法趋势。

但是，法院如果受理了一个尚无明确法律规定的民事纠纷案件，依照法官不能拒绝裁判的原则，即使法律没有规定，法官也必须对此纠纷作出裁判。拉伦茨将此种情形称为法律漏洞填补。只有在法律规范存在漏洞时才能行使此权利，目的在于避免司法权对立法权造成侵害。

法律漏洞是指关于某一个法律问题，法律依其内在目的及规范计划，应有所规定而未规定。③ 法律漏洞的填补其实质是法官在裁量个案时，行使创制法律的权利。对于法律漏洞的填补，基本采用类推适用、目的论的限缩、目的论的扩张、利益衡量、依据事物的性质或者法理补充等方式来进行对个案的裁量。

类推适用是指将法律文本中已规定的情形直接适用于法律未直接规定的案件之中，但是，法律规范业已规定的事物特征同待适用的案

① ［德］齐佩利乌斯：《法学方法论》，金振豹译，法律出版社 2009 年版，第 61 页。

② 王泽鉴：《民法思维——请求权基础理论体系》，北京大学出版社 2009 年版，第 191 页。

③ 王泽鉴：《民法思维——请求权基础理论体系》，北京大学出版社 2009 年版，第 197~198 页。

件具有相似性。在认定两种事物是否具有相似的特征时，其依据的标准为立法意旨。“立法意旨不仅可显示法律之适用的基础，而且显示出法律之伦理基础。”①

目的论的扩张则是指将一项法律文本扩大适用于法条字面中所未包含的其他案件的事实。类推适用和目的论的扩张之间的不同在于不以案型间的类似性为推论基础。目的论的限缩则是指根据立法的目的，将法律文本做小于其字面含义的理解，将原归属于法律文本之下的案件排除在其适用之外，以实现同样案件同样对待的原则。

利益衡量通常发生在个案中出现了原则冲突或者法律规范冲突之情形。一般原则为，位阶较高的法规范优先于位阶较低的法规范，同位阶的法规范则要考虑受保护的法益程度和受损害的程度。“利益衡量乃在发现立法者对各种问题或利害冲突，表现在法律秩序内，由法律秩序可观察而得之立法者的价值判断。”② 德国民法学家拉伦茨提出，“在保护某种较为优越的法价值须侵及一种法益时”，则需要考量“比例原则、最轻微侵害手段或尽可能微小限制原则”。③

依据事物的性质或者法理补充的方式是指在不能采用上述方式的补充方法时，根据事物的本质进行法的创制。“事物的本质”究竟指哪种具体的对象，目前尚无一致的见解。对事物本质的认识包含重要的个体的价值判断，但是需要符合对人的常理、常情、常识的认知。此处之法理则是指符合于法的基本的理念认识，符合于公平和正义价值的追求。

在对具体法律规范的选择和适用的过程中，亦不能脱离对案件事实的参照。法官在找寻出具体的法律规范之后，对个案的解释则需要结合法律规范中所包含的要件事实来进行。

---

① 黄茂荣：《法学方法与现代民法》(第五版)，法律出版社2007年版，第481页。

② 杨仁寿：《法学方法论》，中国政法大学出版社2013年版，第222页。

③ [德] 卡尔·拉伦茨：《法学方法论》，陈爱娥译，商务印书馆2003年版，第285页。

在英美法系国家，法官对法律的适用所遵循的是衡平法的准则，即法官对案件的裁判遵循的是对公平和正义的追求。法官事先并不拘泥于现有的法律规定，而是根据案件的事实来决定法律的适用。为了实现真正的公平和正义，法官可以不断地解释法律使之更适合于社会的变化。[①] 换言之，英美法系的法官可以根据案件的事实，调整法律的具体规定，使得对法律的选取符合于案件的事实。关于语义解释、目的解释和历史解释，基本上同于大陆法系对法的解释方法。

就实质性理由的解释而言，英美法系则不同于大陆法系，其适用的条件相对宽泛得多。实质性理由通常是指“对法律的选用更多的是从政治、经济、道德或者其他的价值目标考虑”[②]。英美法系的法官在裁断案件时受到严格的先例约束原则的限制。其在对适用的法律进行解释时，往往需要通过比对找出先前法官处理同类案件时所适用的法律依据。通过对案情的比照和分析，将原来案件所适用的法律推演到新的案件。如果制定法同先例的法律适用发生冲突，法官则并非一定要适用制定法，而是需要进一步探寻法律背后的公平和正义之精神，即取其古老的衡平法上的判断标准，作出判断结果。英美法系国家的法官在对法的发现过程中，并不拘泥于现有的法律规定，而是会从案件事实的自身出发去寻找判决的依据。在这一发现的过程中，需要呈现的是对案件之公平和正义的追求。实质性理由主要有利益衡量和后果主义论辩等方法。

利益衡量是指法官在对案件适用法律的过程中，面对多种利益和需要保护的情形时，考量权衡利益的大小、重要的程度等因素，从而决定保护的对象，选择适用的法律。利益衡量模式使得法官在配置实体权利时会更多地考量法伦理的因素，从而使得法官对利益的维护更高标准地符合于宪法对权利的保护。

---

① ［美］约翰·亨利·梅里曼：《大陆法系》，顾培东等译，法律出版社2004年版，第52页。

② 张志铭：《法律解释操作分析》，中国政法大学出版社1998年版，第118页。

后果主义论辩是指从判决的后果和长远影响来选择适用的法律规则。在英美法系国家，对这种论证方法的使用，主要是针对一些重要的开创性案例和宪法性判决。此外，还可以适用于涉及对相关性、解释和分类性问题定位的一般案例。

法官在选择法律时对法律文本作出解释或者填补法律空缺都是为了克服法自身所固有的缺陷，实现司法解决纠纷之功效和法治治理的政策之需求。①

裁判者对法律规范的选取需合乎立法精神、目的和原则性规定，满足对公平正义的价值判断，符合道德伦理的价值追求。法官运用不同的解释方法对其作出符合本案的认知，将其内心的判断过程展现于判决文本之中。

民事裁判理由论证的目标是说服受众接受裁断结论。接受裁断结论的前提则是接受裁判理由。裁判理由的可接受性、论证裁判理由的充分性、裁判理由和裁判结论的关联性影响着裁判理由论证的合理性。

---

① 参见王合静：《民事判决理由研究》，法律出版社2016年版，第75~76页。

第五章　民事裁判理由的效力

效力，是指事物所产生的有利的作用。[①] 民事裁判理由的效力是指裁判理由对法院、当事人以及其他主体所产生的作用。在不同的法系国家和地区，裁判理由的效力各不相同。裁判理由的效力影响裁判理由论证的内容，亦关涉后诉和裁判相关的内容，故此，有必要对裁判理由的效力加以探讨。

第一节　英美法系国家民事判决理由的效力

英美法系国家的学者对判决理由的认知不一，影响对判决理由范围的界定。判决理由范围的多样性和复杂性，决定了判决理由效力的复合性。

一、约束性效力

约束性效力是指判决理由对以后的类似案例所具有的约束力。这类判决理由是指抽象性的判决理由，即法律原则，它具有约束性的效力。法律原则来自法官对主要事实的选择。主要事实是法官作出判决结论的基础。[②]

---

① 中国社会科学院语言研究所词典编辑室编：《现代汉语词典》（第五版），商务印书馆2005年版，第1504页。

② ［美］亚瑟·古德哈特：《确定案件判决理由的要素》，载《耶鲁法律杂志》1930年12月。

判决理由是由主要事实构成的。忽视对事实的选择也就是对观点的选择。如果接受案件的判决结论而不接受事实观点，那么先例制度会变得毫无意义。[①] 换言之，先例的约束效力由事实和观点组成。如果仅有观点而无事实，先例制度则不能产生效力。

有学者将判决理由分为规范性判决理由和描述性判决理由。规范性判决理由是指规范性判断，需要我们从先例中抽取出具有法律意义的一种特定的判决理由，它是有约束力的判决理由。[②] 描述性判决理由是法院对其作出裁断结论的一种推论阐释。它涉及的是事实问题，说明目前的判决如何同以前的判决相联系。

规范性判决理由和描述性判决理由在某些范围内会重合。法院提出的在作为裁断基础的法律命题的规范性理由中，必然和描述性的判决理由相一致或者至少被包括在描述性判决理由中。[③] 规范性判决理由强调法官对裁判的法律适用问题。它和法律观点相联系，具有约束以后案件的效力。

先例中表达的法律规范，只有在它对于当时法律案件的判决是必要的时候，才有约束力，如果它当时被认为超出了法律规范可能是必要的，在这种意义上，不是一个对未来有权威的“判决理由”（ratio decidendi），……相反，是一个法官无权威的附带意见（obiter dictum）。[④] 当法院认为违背先例是正当的时，其可以不适用先例转而适用别的法律规则。

规范性判决理由的约束性并非一直存在。当它不适合现实情形

---

① ［美］亚瑟·古德哈特：《确定案件判决理由的要素》，载《耶鲁法律杂志》1930年12月。

② ［美］朱利叶斯·斯通奈特：《判决理由的理由》，载《现代法律评论》1959年第6期。

③ ［美］朱利叶斯·斯通奈特：《判决理由的理由》，载《现代法律评论》1959年第6期。

④ ［德］卡尔·恩吉施：《法律思维导论》，郑永流译，法律出版社2004年版，第227~228页。

时，其效果就会发生改变。

二、劝说性效力

判决理由部分的内容，除约束性效力外，亦存在劝说性效力。这部分内容，不是真正的判决理由，但具有说服的功效，被人们称为法官意见或附带意见，亦即顺便陈述的内容。① 法官的附带意见是为了劝说或者说明，是不具有约束效力的判决理由。法官在判决中引用其他法律辖区内的案例、学术论著等，具有劝说性效力。

在规范性和描述性判决理由分类中，描述性理由是法院对裁判结果推理过程的解释，是以社会学、历史学乃至心理学为基础的探究。从这种探讨中发现，无论正确与否是一个事实问题。描述性判决理由存在于多个方面。譬如，它表现在法官的语言行为或者存在于法官的全部行为之中。② 描述性的判决理由具有劝说性的效力。

先例中的判决理由部分是拘束性的，而隐含的论证性理由，则是不具有拘束性的附带意见。但是，有说服性的论证理由在某种程度上会产生重要影响。③

三、争点效力

在先例中，法官证立判决结论的内容即判决理由具有约束性效力和劝说性的效力。在普通的民事案件中，有关事实认定的内容具有争点效力。

争点效力是指一个争点已经在当事人之间全面诉讼，那么，关于争点的认定则具有法律约束力。在后诉中，法院则不会去考虑先前判

---

① ［美］博登海默：《法理学：法律哲学与法律方法》，中国政法大学出版社 1999 年版，第 547 页。

② ［美］朱利叶斯·斯通奈特：《判决理由的理由》，载《现代法律评论》1959 年第 6 期。

③ ［英］尼尔·麦考密克：《法律推理与法律理论》，姜峰译，法律出版社 2005 年版，第 215 页。

决的公正性，仅有的调查了解只是判断一个特定的争点是否属于一个在先前的诉讼中已经决定了的争点，以及该争点对该诉讼的决定是不是必需的。[①]

在民事诉讼中，争点（issue）是指诉讼中当事人争议的事项。争点包括事实争点和法律争点。事实争点是指当事人之间对影响实体法律关系认定有关的案件事实所发生的争议，亦是当事人之间通过证据所证明的事实。[②] 根据争点事实的范围不同，可将其分为一般争点和主要争点。一般争点是指当事人之间对纠纷有关的事实的争议。譬如，有关证据效力的争议。主要争点则是指对争点的判断影响到判决结论之情形。[③] 主要争点关涉法官对案件实体要件事实的判断，是法官作出判决的基础。

事实争点的确定有助于当事人缩小、撤回或者避免提出没有实体利益或程序利益的事实主张；有助于寻求收集证据的方向，因为产生法律效果的主要事实和与此相关的间接事实确定后，就明确了与此等事实有关联的证据范围。[④] 对事实争点的归结，可以过滤不必要的纠纷事实情节，指引查明案件事实的方向，确定所需的相关证据。

法律争点则是指和法律解释有关的案件事实的争点。它涉及法律问题，需要法院对此作出认定。[⑤] 有学者认为，法律争点包括（但不限于）先决性法律关系争议、抗辩权争议和法律规范适用争议。[⑥] 也即是说，法律争点并非仅指纯粹的法律规范适用的争议，而是含及和事实判断相关的涉及对法律规范解释的争议。

---

① 汤维建：《美国民事诉讼规则》，中国检察出版社 2003 年版，第 379 页。

② ［美］布莱恩·加纳：《布莱克法律词典》（第十版），Thomson West 出版社 2014 年版，第 959 页。

③ ［日］新堂幸司：《新民事诉讼法》，林剑锋译，法律出版社 2008 年版，第 499 页。

④ 赵泽君：《民事争点整理程序的合理性基础及其建构》，载《现代法学》2008 年第 2 期。

⑤ ［美］布莱恩·加纳：《布莱克法律词典》（第十版），Thomson West 出版社 2014 年版，第 959 页。

⑥ 丁宝同：《论争点效之比较法源流与本土归化》，载《比较法研究》2016 年第 3 期。

争点效力，亦称争点排除效力（issue preclusion）、间接禁反言（collateral estoppel），是指在当事人之间已经诉讼和判决的争点对以不同的诉因为根据的后诉所产生的约束性效力。[①] 争点效力旨在通过赋予最初法院对特定争点作出的认定所产生的约束力，使纠纷解决得以简化。如果争点得到实际诉讼和确定，那么，在当事人之间不能再次诉讼这个争点，即使是以不同的主张为基础所提起的诉讼。当事人之间发生的后诉，则受先前争点效力的限制。争点效力旨在维护法院判决内容的确定性，提高诉讼效率，防止后诉法院作出矛盾的裁决。

第二节　大陆法系国家和地区民事判决理由的效力

大陆法系国家和地区立法规定了民事判决的事项。判决理由的范围较为明确，其效力主要表现在两个方面：一是就生效判决而言，判决书所记载的判决理由对后诉所发生的影响。二是就确定（未生效）判决而言，判决书中的判决理由不完整时对判决自身的效力。具体而言，判决理由的效力如下。

一、判决理由抵消的既判力

就大陆法系而言，通说认为，判决理由不具有既判力。[②] 这是因为既判力是对诉讼标的的直接判断，法官在判决理由中对诉讼标的判断原因的分析，不具有既判力。判决结果具有既判力。判决理由具有既判力的例外情形是判决理由中关于抵消的认定。日本民事诉讼理论

---

① ［美］布莱恩·加纳：《布莱克法律词典》（第十版），Thomson West 出版社 2014 年版，第 318 页。

② 参见［日］新堂幸司：《新民事诉讼法》，林剑锋译，法律出版社 2008 年版，第 484 页。

中，判决理由不具有既判力。对当事人请求妥当与否的评价不产生既判力的效果。也即是说，作为请求判断前提的各个争点，其攻击防御方法只在本诉讼中有效，对此后的诉讼不具有约束效果。如果被告在诉讼中提出抵消之抗辩，判决理由中关于该抵消法律关系的认定，则具有既判力。当事人不得在后诉中提出和抵消相关的请求。[①] 日本学者兼子一认为“在主文判断之外的判决理由部分中所表述的判断没有既判力。这是对判决要解决的前提问题的判断。对作为主文判断前提的事实认定和法律适用不产生既判力。但是，在判决理由部分，对互相抵消抗辩有无理由的判断，作为例外产生既判力”。[②] 在对当事人行为是否构成抵消的判断上，判决理由具有既判力。学者小岛武司认为，判决理由成为后案的判断标准。故此，大陆法系国家和地区判决理由中关于抵消的判断具有既判力。

二、参加性效力

参加性效力是指辅助参加的效力，即辅助参加人不得主张被参加人在诉讼中提出的为法官的裁判不当。参加性效力发生在辅助参加人和被参加人之间，辅助参加人和对方当事人之间不发生参加性效力。[③] 参加性效力仅在辅助第三人参加诉讼时发生。辅助参加人和被参加人共同对败诉后果的判断承担责任。如果未结成共同的战线，则不发生

---

① 《日本民事诉讼法》第 114 条规定：确定判决，只限于包括在主文之内的有既判力。对于为相抵而主张的请求成立或不成立的判断，只对以相抵对抗的金额有既判力。

② ［日］兼子一、竹下守夫：《民事诉讼法》（新版），法律出版社 1995 年版，第 160 页。

③ 《德国民事诉讼法》第 68 条规定：辅助参加人在他对于主当事人的关系上，不得主张主当事人提出于法官的诉讼的裁判为不当；如果辅助参加人由于他参加时的诉讼程度，或者由于主当事人的陈述和行为，而不能提出攻击和防御方法时，或者主当事人因故意或重大过失不提出辅助参加人所不知的攻击防御方法时，辅助参加人可以主张主当事人进行诉讼有缺陷。第 74 条规定，第三人参加于诉讼告知人一方时，第三人对于当事人的关系，依照关于辅助参加的原则定之。第三人拒绝参加或不作表示时，诉讼即不顾第三人而继续进行。在本条各种情况下，对于第三人适用第 68 条的规定，但参加的时间改为因诉讼告知而可以参加的时间。《德意志联邦共和国民事诉讼法》，谢怀栻译，中国法制出版社 2001 年版，第 13~15 页。

参加的效力。[①]

辅助参加人协助被参加人与对方当事人进行了实际的诉讼活动，形成了判决的基础，因此应在一定范围内承受法院判断的约束。但是，参加效力只在被参加人和辅助参加人一方败诉时出现，法官在判决理由中对被参加人和对方当事人法律关系的判断拘束辅助参加人。这种拘束力要求辅助参加人不得在后诉中作出同其矛盾或者相反的主张。譬如，债权人向保证人提起的保证债务履行诉求的诉讼，债务人作为辅助参加人参与诉讼。在保证人败诉的情形下，保证人向债务人提起的后诉，债务人不得以债务不存在为由进行对抗。那么，判决理由中关于债务存在的判断对债务人产生拘束力。

参加性效力是基于参加人与被参加人败诉责任公平分担之理念，使参加人不得在后诉对其辅助的被参加人，主张本诉讼裁判不当。[②]本诉裁判不当的内容“不仅包含对诉讼标的的判断，亦包含攻击与防御方法之事实以及法律上的判断”。在后诉中，当事人不得提出同前诉裁判系争相同法律关系的事实认定或者关于事实认定的法律判断相矛盾的主张，法院亦不得作出同其相反的裁判。违反参加性效力，构成上诉或者再审的理由。

判决理由中关于辅助参加人和被参加人的法律关系的判断产生参加的效力，被参加人或者辅助参加人在后诉中不得提出与前诉判决理由相矛盾的判断和主张。

三、争点效力

日本学者新堂幸司认为，争点效力是指在前诉中，被双方当事人作为主要争点予以争执，而且，法官对该争点进行了审理并作出判

---

① ［日］高桥宏志：《重点讲义民事诉讼法》，张卫平、许可译，法律出版社2007年版，第303页。

② 黄国昌：《民事诉讼理论之新开展》，北京大学出版社2008年版，第273页。

断。当同一争点作为主要的先决问题出现在其他后诉请求的审理中，前诉法院对于该争点作出的判断所产生的通用力，即为争点效力。争点效力的后果在于，后诉当事人不能提出违反该判断的主张及举证，同时后诉法院也不能作出与该判断相矛盾的判断。① 争点效力主要规制于法院对案件事实的认定，旨在避免就同一事实的认定出现相互矛盾的状态。争点效力是为了弥补既判力对当事人的请求约束不足时而提出的一种效力。既判力仅约束当事人的诉求，而作为诉求判断基础的案件事实不受既判力的约束，但是受争点效力的约束。

争点效力的产生是基于双方当事人在诉讼过程中对争议的事实进行了充分的辩论和程序保障，承认法院对此争点作出的确认效力。这是程序公正的应有意旨。争点效力的认定应限于当事人对主要争点的确认。主要争点系指对民事实体法构成要件事实的争议。法院对主要争点的判断必须提供充分的程序保障，即历经当事人举证、质证等庭审活动，并且法院对其作出实质性判断。② 非主要争点则不予考量。如若一方当事人缺席法庭的审理活动，法院对案件作出的缺席判决中对事实的判断则不产生争点效力。

争点效力原则上发生于同一当事人之间，但是也会发生争点效力的扩张。类同于既判力的扩张，口头辩论终结后的继承人，实质上被视为当事人之人的扩张，譬如标的物的持有人，辅助参加人和对方当事人之间，而且亦发生在辅助参加人和被参加人之间。在辅助被参加人胜诉时，辅助参加人和被参加人之间发生争点效力，允许参加人利用本诉的后果做有利于自己的援用。③

当事人未对判决结果不服，而仅对判决理由中的判断不服，是否

---

① ［日］高桥宏志：《民事诉讼法：制度与理论的深层分析》，林剑锋译，法律出版社2003年版，第519页。

② ［日］高桥宏志：《民事诉讼法：制度与理论的深层分析》，林剑锋译，法律出版社2003年版，第522页。

③ ［日］新堂幸司：《新民事诉讼法》，林剑锋译，法律出版社2008年版，第570页。

允许提出上诉。就抵消抗辩而言，由于因请求债权自始不存在而驳回请求与因与反对债权抵消而驳回请求，这两者对于被告形成的实体利益是截然不同的，因此，即便对于驳回请求判决，被告亦可以对抵消的请求债权（受动债权）不存在之理由展开争议，并允许其提出请求债权自始不存在之主张，进而认可其上诉之利益。① 这就是说，尽管判决理由在双方当事人之间不产生拘束力。但是判决理由中的判断影响到当事人的实体利益，当事人可以就判决理由中关涉对其实体法律关系的判断提起上诉。

在当事人胜诉时，不具有争点的利益，也就不能提起上诉。辅助型的第三人与被参加人就争点的判断能否提起上诉？尽管他们对争点不服，但是获得了胜诉，获得了有利的既判力，所以，不允许其就争点判断提起上诉，也不产生争点效力。利害关系人的地位获得了保障，不存在上诉的利益。

四、审级效力

判决理由是判决文书中必要的记载事项。《法国民事诉讼法》规定，载明判决理由是法官的一项重要义务。未记载判决理由的，当事人可以向最高法院提起上诉。判决理由构成上诉理由的形式有以下几个方面：(1) 判决书中完全没有判决理由的。缺失判决理由影响到判决书的完整性，构成上诉的事由。(2) 判决理由说理不充分的。这主要是因为理由不充分或不准确使得最高法院无法对法律问题实行监督。② (3) 判决理由和判决主文相互矛盾的，即法官在判决书中对判决理由的论证和判决结果相互冲突的，构成上诉的重要理由。

《德国民事诉讼法》亦规定，裁判中未记载判决理由的成为绝对上告的理由。《意大利民事诉讼法》第 360 条规定，对争议的重要问

---

① ［日］新堂幸司：《新民事诉讼法》，林剑锋译，法律出版社 2008 年版，第 503 页。

② ［法］让·文森、赛尔日·金沙尔：《法国民事诉讼法要义》（下），罗结珍译，中国法制出版社 2001 年版，第 1325 页。

题的判决省略判决理由或者理由不足或者理由和判决结论自相矛盾属于法律错误。对于法律错误的，当事人可以直接提起第三审。

由此可知，大陆法系国家的立法十分重视判决文书中对判决理由的记载和论证。判决文书缺失判决理由或者判决理由论理不充分等构成上诉的事由。

五、判决理由参加性效力、争点效力和既判力的区别

参加性效力发生在辅助参加的诉讼中，包括共同诉讼的辅助参加，独立当事人参加和第三人辅助参加。在日本民事诉讼理论中，辅助参加有共同诉讼辅助参加和第三人辅助参加，但实务中一般不做区分。参加性效力发生在辅助参加人和被参加人具有共同的利益，且被参加人败诉时。

就普通诉讼而言，判决理由中对当事人之间争议的法律关系的判断，产生争点效力。在辅助参加中，被参加人胜诉时，其和辅助参加人之间关于争点的判断，辅助参加人可以将其作为对己有利的依据。争点效力发生在当事人双方对争议的事项进行了充分的攻击和防御时。如果当事人缺乏程序参与和对争点的利益维护，在判决理由中则不会产生争点效力。

在将既判力限定于主文判断的原则之下，对当事人而言，对于主文的判断，不论是争议还是不予争议，作为被赋予程序保障的结果责任，都要受到该判断的拘束。在当事人将前提问题作为主要争点展开争议的情形下，将该争议结果作为判断与之相关联其他请求的基础，毋宁说符合当事人公平之原则。① 既判力正当化的根据是诚实信用原则或者公平原则，构成其内容的双方当事人责任根源于当事人可以平等地展开争议的地位或权能；争点效力强调当事人现实地行使了这种地位或权能，并亲自创造了判决的基础。既判力的存在属于职权调查

① ［日］新堂幸司：《新民事诉讼法》，林剑锋译，法律出版社 2008 年版，第 495 页。

事项，而争点效力的存在，只有经当事人主张法院才可进行调查。[①]

争点效力和参加效力的区分主要在于争点效力以诚实信用原则为发生的根据，参加效力亦含有诚实信用原则的意旨，但是，参加效力更多地“以对当事人（被参加人或告知人）予以保护之实体法地位，而且其具有实施诉讼之机会，正是基于这一点，辅助参加人也应当分担当事人败诉的责任”。[②] 这几种效力是判决效力的表现形式。

第三节　我国民事判决理由的效力

一般来说，判决书包括认定的事实及理由和适用的法律及理由。[③]

我国立法层面没有涉及判决理由效力的相关内容，但司法解释中有判决理由效力的相关规定。我国曾在《最高人民法院关于适用〈中华人民共和国民事诉讼法〉若干问题的意见》（现已失效）第 75 条中规定，对发生法律效力的裁判所确认的事实，当事人无需举证。[④] 2002 年 4 月 1 日实施的《最高人民法院关于民事诉讼证据的若干规定》（已修改）第 9 条对此作了进一步的规定，即已为人民法院发生法律效力的裁判所确认的事实，当事人无须举证证明，但当事人有相

---

① ［日］新堂幸司：《新民事诉讼法》，林剑锋译，法律出版社 2008 年版，第 501 页。

② ［日］新堂幸司：《新民事诉讼法》，林剑锋译，法律出版社 2008 年版，第 570 页。

③ 2012 年《民事诉讼法》第 152 条规定，判决书应当写明判决结果和作出该判决的理由。判决书内容包括判决认定的事实和理由，适用的法律和理由。

④ 《最高人民法院关于适用〈中华人民共和国民事诉讼法〉若干问题的意见》第 75 条规定，下列事实，当事人无须举证：(1) 一方当事人对另一方当事人陈述的案件事实和提出的诉讼请求，明确表示承认的；(2) 众所周知的事实和自然规律及定理；(3) 根据法律规定或已知事实，能推定出的另一事实；(4) 已为人民法院发生法律效力的裁判所确定的事实；(5) 已为有效公证书所证明的事实。

反证据足以推翻的除外。[①] 根据《最高人民法院关于适用〈中华人民共和国民事诉讼法〉的解释》（以下简称《民诉法解释》）第93条规定，已为人民法院发生法律效力的裁判所确认的事实，当事人无须举证证明，当事人有相反证据足以推翻的除外。[②] 2019年10月14日通过的《最高人民法院关于修改〈关于民事诉讼证据的若干规定〉的决定》第10条规定，已为人民法院发生法律效力的裁判所确认的基本事实，当事人无须举证证明。当事人有相反证据足以推翻的除外。该规定和先前规定的不同之处在于生效裁判确认的是基本事实。基本事实是指对确定当事人主体资格、案件性质、民事权利义务等对判决、裁定的结果有实质性影响的事实。[③]

事实认定是判决理由的内容之一。司法解释的规定未直接针对判决理由的效力，而是涉及生效裁判文书中所确认的事实的效力。有学者称这种效力是指已确认事实的预决力。预决力是指已确认事实对涉及该事实的后诉法院、当事人的拘束力。[④] 生效裁判中确定的事实在后诉中可以免除当事人证明的效力，法院可以直接认定。对方当事人有相反证据的，可以推翻。

---

① 《最高人民法院关于民事诉讼证据的若干规定》第9条规定：下列事实，当事人无需举证证明：(1) 众所周知的事实；(2) 自然规律及定理；(3) 根据法律规定或者已知事实和日常生活经验法则，能推定出的另一事实；(4) 已为人民法院发生法律效力的裁判所确认的事实；(5) 已为仲裁机构的生效裁决所确认的事实；(6) 已为有效公证文书所证明的事实。前款 (1)、(3)、(4)、(5)、(6) 项，当事人有相反证据足以推翻的除外。

② 《最高人民法院关于适用〈中华人民共和国民事诉讼法〉的解释》第93条规定：下列事实，当事人无须举证证明：(1) 自然规律以及定理、定律；(2) 众所周知的事实；(3) 根据法律规定推定的事实；(4) 根据已知的事实和日常生活经验法则推定出的另一事实；(5) 已为人民法院发生法律效力的裁判所确认的事实；(6) 已为仲裁机构生效裁决所确认的事实；(7) 已为有效公证文书所证明的事实。前款第2项至第4项规定的事实，当事人有相反证据足以反驳的除外；第5项至第7项规定的事实，当事人有相反证据足以推翻的除外。

③ 最高人民法院民事审判第一庭编：《最高人民法院新民事诉讼证据规定理解与适用》(上)，人民法院出版社2020年版，第156页。

④ 江伟、常廷斌：《论已确认事实的预决力》，载《中国法学》2008年第3期。

一、民事判决理由效力的价值

1. 深化对判决理由理论的认知

判决理由的效力关涉判决理由的事项。判决理由包括认定的事实和理由、适用的法律和理由。法官对事实的认定影响此后和其相关的诉讼的判断，亦关涉后诉法院的裁断。判决理由的效力和大陆法系民事诉讼理论中既判力、争点效力、参加性效力等密切相关。对我国判决理由效力进行研究，可以深化对判决理由理论的认知，为完善民事判决理由关联制度提供依据。

2. 判决理由效力为判决理由论证提供依据

判决理由的论证和判决理由的效力相关。判决理由的效力影响法官对判决理由论证内容的选取。判决理由包含事实认定及理由、适用法律规范及理由。为了增强判决的说服力，法官在判决理由中引入情理和道德价值等内容。[①] 这些内容引起了一些争议，有的学者认为，“专业人士更应当最大限度避免道德好恶影响法律评判，以体现判决的公正与严谨。判决书当就事论事，道德规劝应附在判决书之外”。这些内容是否有必要，它具有何种效力，亦值得探讨。判决理由效力可为判决理由的论证提供依据和支撑，便于选择合适的论证内容和论证方法。

3. 判决理由效力关涉指导性案例的引用

2015 年 6 月 2 日最高人民法院发布了《〈最高人民法院关于案例指导工作的规定〉的实施细则》。该实施细则规定了指导性案例在判决中的运用。譬如，各级法院在审理案件中可以引用指导性案例的裁判要点，将指导性案例作为裁判理由引述，但不作为裁判依据引用。关联的问题是，裁判要点在判决理由中居于什么样的地位？裁判要点实

---

① 譬如，将“百善孝为先”“慈母手中线，游子身上衣”这些古训古诗引入裁判文书的论证说理中。

质上是从判决理由中抽象出来的法律规则。引用裁判要点是否要同时引用指导性案例中的相关案件事实？这些问题涉及对判决理由效力的界定。因此，判决理由效力影响到指导性案例在司法实践中的运用。

二、民事判决理由效力的定位

民事判决理由的效力影响判决理由内容的确定，亦影响判决理由论证的效果。我国民事判决理由的事项决定了判决理由的效力具有多维性。可视民事判决理由论证的内容，将其效力分为拘束力、证明力和参照性效力。

第一，拘束力。

判决理由的拘束力是指判决理由论证的内容对此后和其相关的案件所具有的约束效力，即法官不得作出同此论述内容相反或者相矛盾的判决。当事人不能提出和其参加的前诉判决中认定相矛盾的主张。判决理由部分能够产生拘束力的内容有：

（1）有关抵销的法律关系的判断

判决理由中对当事人提出为主债权抵销的事实认定及其法律关系的判断，具有拘束力。前诉的当事人在后诉中不能提出相反的主张。关于抵销的数额判断，具有既判力。

（2）无独立请求权第三人参加诉讼法律关系的判断

在第三人参加诉讼中，判决理由中就不承担责任的无独立请求权的第三人（辅助性第三人）和其辅助一方当事人之间法律关系的判断，具有拘束力。在后诉中，辅助人和被辅助人受前诉判决对其法律关系判断的拘束，不得提出相反的主张。

第二，证明力。

生效裁判中对主要事实的认定具有证明力。法官对该事实的认定是在充分保障当事人程序利益的基础上而形成的。也即是说，该事实的形成是当事人举证、质证和辩论的结果。故此，该事实具有证明的效力。判决文本的记载事项具有证明力，除非以相反证据证明判决的记载属于伪造，不过，这仅涉及法官亲自完成或确认的事由。[①]《德国民事诉讼法》第 314 条规定，判决书中记载的事实，关于当事人口头陈述的部分，可作为证据。这种证据，如果和法庭记录相矛盾，才能失去其证据力。

对于经过一定诉讼程序形成的裁判，其记载的法院认定的主要事实具有证明的效力。当事人和法院在后诉中不能作出同其相违背的认定。但是，法院对事实的认定不具有既判力，如果当事人持有相反的证据，能够推翻生效裁判中认定的事实的，那么该部分则丧失其证明力。

第三，参照性效力。

参照是指参考并仿照（方法、经验等）。[②] 参照性效力是指判决理由的内容对当事人、法院或者其他社会民众所具有的参考和依据之作用。

为了增强判决理由对判决结果的证立效果，或者增强当事人以及社会民众对判决的接受，法官引用劝说性或者指导性内容的论述，具有参照性效力。譬如，法官在判决理由中对社会传统道德、伦理、国家政策等的阐述。引用该内容的目的意在强化判决理由的说服性，以维护社会运行所需要的道德秩序和生活习俗。该部分内容不是对案件事实的认定，亦不是作出裁判结论的法律依据，其存在是为了增强判决理由的情感色彩，具有较为明显的道德引领特征，故而该部分内容对其他案件而言具有参照性的效力。

---

① ［法］让·文森、［法］塞尔日·金沙尔：《法国民事诉讼法要义》（下），罗结珍译，中国法制出版社 2001 年版，第 1097 页。

② 中国社会科学院语言研究所词典编辑室：《现代汉语词典》（第七版），商务印书馆 2016 年版，第 123 页。

第四节　我国民事裁定理由的效力

一、民事裁定的效力

民事裁定是指人民法院对民事诉讼进程中的程序性事项以及个别问题所作的权威性判定。它能够保障人民法院顺利进行诉讼活动，实现裁断民事纠纷的目的。基于研究范围的限制，此处讨论的民事裁定限于在诉讼进程中人民法院作出的裁定。

我国《民事诉讼法》第 157 条规定了裁定适用的范围。[①] 我国 2012 年《民事诉讼法》修订时，增加了裁定书应当写明裁定结果和作出该裁定理由的规定，旨在规范法官说明作出裁定的依据。《民诉法解释》第 93 条规定，已为人民法院发生法律效力的裁判所确认的事实，当事人无须举证证明，当事人有相反证据足以推翻的除外。[②]《民诉证据规定》第 9 条作了类似规定。由此，民事裁定的效力包括民事裁定的既判力和民事裁定理由的效力。

民事裁定是否具有既判力？既判力是指确定判决的判断被赋予的

---

① 参见《民事诉讼法》第 157 条之规定：裁定适用于下列范围：(1) 不予受理；(2) 对管辖权有异议的；(3) 驳回起诉；(4) 保全和先予执行；(5) 准许或者不准许撤诉；(6) 中止或者终结诉讼；(7) 补正判决书中的笔误；(8) 中止或者终结执行；(9) 撤销或者不予执行仲裁裁决；(10) 不予执行公证机关赋予强制执行效力的债权文书；(11) 其他需要裁定解决的事项。对前款第 1 项至第 3 项裁定，可以上诉。裁定书应当写明裁定结果和作出该裁定的理由。裁定书由审判人员、书记员署名，加盖人民法院印章。口头裁定的，记入笔录。

② 参见《最高人民法院关于适用〈中华人民共和国民事诉讼法〉的解释》第 93 条规定：下列事实，当事人无须举证证明：(1) 自然规律以及定理、定律；(2) 众所周知的事实；(3) 根据法律规定推定的事实；(4) 根据已知的事实和日常生活经验法则推定出的另一事实；(5) 已为人民法院发生法律效力的裁判所确认的事实；(6) 已为仲裁机构生效裁决所确认的事实；(7) 已为有效公证文书所证明的事实。前款第 2 项至第 4 项规定的事实，当事人有相反证据足以反驳的除外；第 5 项至第 7 项规定的事实，当事人有相反证据足以推翻的除外。

通用性或拘束力。终局判决一旦获得确定，该判决对请求之判断就成为规范今后当事人之间法律关系的基准，当同一事项再度成为问题时，当事人不能对该判断提出争议、不能提出与之相矛盾的主张，法院也不能作出与该判断相矛盾或抵触之判断。[①] 既判力是对诉讼标的作出的判断，产生既判力的裁判形式限于确定判决。传统观点认为，判决具有既判力，而裁定则无既判力。

在大陆法系国家，诉讼判决类似于我国的一些裁定。诉讼判决是否具有既判力，存在争论。诉讼判决具有（消极）既判力与诉的评价位阶理论逻辑相符，且并不侵害当事人程序与实体法上权益。但若以既判力正当性的判断标准加以检测，便会对是否任何诉讼判决均能产生既判力产生疑问。[②] 法国的临时判决没有既判力。譬如，依申请临时作出的裁定。有关案件的裁判权、诉的利益或者不存在当事人适格之判断，应当被认可既判力。故而这种诉讼判决具有排斥同一请求之后诉的效果。[③]

我国《民事诉讼法》第 127 条第 5 项规定，对判决、裁定、调解书已经发生法律效力的案件，当事人又起诉的，告知原告申请再审，但人民法院准许撤诉的裁定除外。根据该条规定，除准许撤诉的裁定外，其他的裁定和判决一样，具有既判力。但是，其他的裁定则需要具体分析，并非一概具有既判力。有学者认为，不予受理的裁定、对管辖权有异议的裁定、驳回起诉的裁定，终结诉讼的裁定具有既判力。[④]

既判力作用于判决主文。裁定的既判力作用于裁定主文，即裁定结果。具有既判力的裁定是指驳回诉讼要件的裁定，如果没有新情况

---

① ［日］新堂幸司：《新民事诉讼法》，林剑锋译，法律出版社 2008 年版，第 472 页。

② 李瑞雪：《论民事裁定的既判力——以纷争一次解决与程序保障的衡平为视角》，西南政法大学 2016 年硕士学位论文。

③ ［日］新堂幸司：《新民事诉讼法》，法律出版社 2008 年版，第 476 页。

④ 许少波：《论民事裁定的既判力》，载《法律科学》2006 年第 6 期。

或者新的事实，则不能再次起诉。在民事诉讼理论中，诉讼要件是指符合诉讼进行的必要条件，是诉的合法性的必要条件，整个诉讼法律关系有效产生的条件。[①] 诉讼要件包括当事人诉讼要件、法院管辖诉讼要件、诉讼标的的诉讼要件。如果当事人起诉不符合诉讼要件，法院则会作出不予受理、驳回起诉的裁定。这些生效的裁定具有既判力。如果没有新的事实，当事人不能再次起诉。

二、民事裁定理由的效力

我国《民诉法解释》第 93 条第 1 款第 5 项、《民诉证据规定》第 10 条第 1 款第 6 项规定，已为人民法院发生法律效力的裁判所确认的基本事实，当事人无须举证证明，当事人有相反证据足以推翻的除外。其他的则无和裁定理由效力相关的规定。民事裁定属于生效的裁判文书，其认定的事实具有免予证明的效力。换言之，民事裁定中认定的基本事实具有证明的效力。如果当事人持有相反证据，则会推翻其证明力。法官将重新认定该事实。

在英美法系，裁定适用于再诉禁止原则。它多用于第一次诉讼的判决非针对实体问题。在这种情况下，就这些争议的争点作出的决定以及在宣判过程中有必要进行决定的问题，对于以后相同诉因的诉讼具有约束力。[②] 部分裁定的争点具有争点排除效力。

裁定理由中的争点在后诉中具有排除对其再行争议的效力。其类似于判决理由中的争点效力。争点效力产生于当事人得到严格诉讼程序保障的法理。法官在审理案件时，为当事人提供了平等的对抗机会。故此，法院在裁判中认定的事实产生争点效力。

---

① ［德］康拉德·赫尔维格：《诉权与诉的可能性》，任重译，法律出版社 2018 年版，第 98 页。

② ［美］弗兰德泰尔、［美］玛丽·凯·凯恩、［美］阿瑟·R. 米勒：《民事诉讼法》，夏登峻、黄娟、唐前宏、王衡译，中国政法大学出版社 2003 年版，第 612 页。

我国的裁定有 11 种[①]，其中，具有争议的裁定具有既判力。那么，对裁定理由效力的探讨限于具有争议的裁定。基于裁定适用事项的特殊性，法院对裁定事项的审理采职权主义，其可以积极调查有关诉的合法性的事项。裁定认定的事实并非完全依凭当事人提供的证据和主张。因此，争点效力不适用于职权主义的审理方式。裁定认定的基本事实不适用争点效力。生效的裁判文书是由国家机关制作的，具有公信力。因此，裁定理由不具有既判力，亦不产生争点效力。它具有免予证明的效力。对生效的裁定文书，法院可依职权引用其相关内容。

① 参见我国《民事诉讼法》第 157 条之规定。

下 篇

第六章 我国民事裁判理由论证样态

对法的研究，不应拘泥于对法的静态的分析，亦应关注考察和检测法的实际运行、法的实际效力、法的实际作用和实际效果。[①] 裁判文本是司法机关依法审理案件和作出裁断结论的书面记载。它生动地展现了法官裁断民事纠纷的思维路径。通过对选取的民事裁判文本的研读，发现法律规范在司法实践中的适用状态；通过裁判理由论证的情形，归结民事裁判理由论证的样态。

第一节 民事判决理由论证

一、第一审民事判决理由论证

（一）第一审民事判决理由类型化论证

我国第一审民事判决书的主要结构表现为法院认定的事实、“本院认为”、判决依据。[②] 法官对判决理由的论证表现为事实认定、“本院认为”以及适用的法律规范。第一审民事判决理由论证受以下因素的影响。

---

① 张文显：《二十世纪西方法哲学思潮研究》，法律出版社 2006 年版，第 92 页。

② 本部分选取了 139 份第一审民事判决书。考察的案由涉及人格权纠纷、婚姻家庭继承纠纷、物权纠纷、合同纠纷和知识产权纠纷。审理的法院有基层人民法院、中级人民法院、高级人民法院和最高人民法院。本章所选案例绝大多数来自中国裁判文书网，https：//wenshu. court. gov. cn/。

1. 判决理由论证和民事案由的关联

民事案由影响法官论证案件事实的路径。譬如，在人格权纠纷、婚姻家庭继承纠纷中，根据民事案件事实发生的经过论述所认定的事实，以证据佐证。① 在物权纠纷、合同纠纷和知识产权纠纷类案由中，在论证认定的案件事实时先认定证据，根据认定的证据确证案件事实，或者认定事实并说明依凭的证据。②

"本院认为"部分论证的进路是：先对证据加以分析判断，归结案件争议焦点，阐述对争议焦点的判断及理由。争议焦点的内容关涉当事人对案件事实认知的分歧、对法律关系的认定、法律责任的承担、赔偿数额的计算等。

法律规范的适用和案由相关。大多数案例直接引用法律条文作为判决的依据。当案情复杂时，判决理由中会涉及对适用法律的解释。适用的法律是指作出判决结果的依据。有部分案例在判决书后附法律条文。

同一类案由判决理由的论证具有相似性。譬如，在知识产权和竞争纠纷案件中，对事实认定的论证进路表现为，判断当事人提交的证据，再根据认定的证据推论出案件事实。归结案件的焦点，根据相关的法律规范，论证被告行为的性质，即被告行为是否构成侵权，或者论证合同的效力，论述被告承担的责任等。

民事案由的不同影响到案件的繁简度，关联法官判断证据、认定事实的论说模式。就同一类型案由而言，判决理由论证的内容、论证的形式具有相似性。因此，对同一类案由判决理由的论证进行归纳，可以提升判决文本制作的效率。

---

① 参见山西省盂县人民法院（2015）盂民初字第456号判决书，载中国裁判文书网，https：//wenshu. court. gov. cn/website/wenshu/181107ANFZ0BXSK4/index. html? docId=3f6af8c202534b0aa16bbb415d89ba9e，最后访问时间：2022年7月6日。

② 参见贵州省高级人民法院（2016）黔民初194号判决书，载中国裁判文书网，https：//wenshu. court. gov. cn/website/wenshu/181107ANFZ0BXSK4/index. html? docId=dcdaedee46ea4ec993a4a85701756e73，最后访问时间：2022年7月6日。

2. 第一审认定事实及理由的论证

在所考察的判决文本之内，论证的进路表现为归结当事人一致认可的证据和异议证据，分析和判断异议证据，判断的理由有“来源合法，内容客观真实，与本案相关联”或者“具有真实性、客观性和合法性”等。当案件事实清楚时，直接论述作出判决结果的理由；当案情复杂时，则归结当事人争议焦点，并对其作出判断。争议焦点的内容涉及作出实体判决所需的事项。譬如，当事人的主体资格、当事人的责任划分、赔偿损失的计算。

3. 第一审判决适用法律规范的差异

在同一类案由或者在不同的案由中，就同一事项所适用的法律规范有所差异。

在事实较为复杂的案件中，法官引用法律规范论证作出裁断结论的理由，有的没有作为裁断结果的法律依据。换言之，作为判决理由论证的民事法律规范，没有完全被引用作为判决结果的法律规范。

第一审作为判决依据的法律规范的样态表现为，引用有民事实体法的条文，亦有引用民事实体法和民事程序法（民事诉讼法）的条文。有一些案例在判决书后会附法律条文。

4. 审理法院对判决理由论证的影响

不同级别的人民法院审理的第一审案件，对判决理由的论证存有差异。一般来说，中级人民法院和高级人民法院审理的第一审民事案件中，标的额大或者案情复杂，证据的种类较多，双方当事人对证据和事实的意见分歧较大。在论证判决理由时，注重对证据的认定、争议焦点的归纳和判断，论证适用法律规范的理由。基层人民法院审理的案件较为简单，论证认定的事实较为简略，亦较少涉及对适用法律规范的解释。

（二）对个案判决理由论证的考察

1. 甲市乙区房管局诉A公司、王某敏物权确认纠纷案[①]

案号：（2012）成民初字第682号

基本案情：原告房管局认为，A公司（第一被告）拆迁涉及原告直接管理的在某路1-41号，提某街19-45号规划红线范围内的国有公房，双方就拆迁安置补偿达成一致协议。1996年8月27日、1999年1月20日原告与第一被告分别签订了《拆迁国有直管公房产权调换协议》《拆迁产权调换协议》，共偿还原告非住宅面积2073.92平方米。上述协议还约定，第一被告应在1999年12月前办结置换房屋的产权证及手续。1999年6月25日，原告、第一被告对上述置换安置房屋的具体面积、楼层、位置进行现场确认并移交，此后由于原告内部改制等原因，导致该房屋闲置。2011年11月，原告向法院提起诉讼，请求确认位于甲市丙区某街68号某大厦第二层涉及334.5平方米、第三层整层、第四层涉及400.49平方米，共计约2073.92平方米的商业房屋归原告所有，并协助办理产权证书。该案经审理后，判决支持原告的诉求。

判决理由论证：该案判决书约17200字。

对事实的认定。判决书先论述对证据的判断，确认证据的真实性。分别从四个方面论证认定的事实。第一，原告与被告之间就拆迁安置确定双方权利、义务的事实。证据有《拆迁国有直管公房产权调换协议》，确认约定产权调换事宜。第二，被告实施拆迁安置及涉诉的事实。证据有1996年6月3日，原告（甲方）与被告A公司（乙方）签订的《拆迁补偿协议》；1997年7月2日，签订的《拆迁补偿协议书》。原告于1999年向甲市乙区人民法院提起诉讼，要求被告履行1996年6月3日签订的《拆迁补偿协议》，并支付补偿金150万

---

① 四川省成都市中级人民法院（2012）成民初字第682号民事判决书，载中国裁判文书网，ttps：//wenshu. court. gov. cn/website/wenshu/181107ANFZ0BXSK4/index. html? docId = f37ff68069ba4c0a99d4ca43239e8f43，最后访问时间：2022年7月6日。该判决书已生效。

元。第三，争议的房屋产权属变更及涉诉的事实。证据有 2011 年 4 月 29 日王某敏与 A 公司签订三份《房屋买卖合同》，丙区人民法院认定谭某、傅某购买了案涉大厦的商业用房，并判令双方继续履行合同，由 A 公司协助其办理过户手续。第四，当事人主体变更的事实。

归结本案的焦点，并对焦点进行评述。第一，对案件性质的认定。原告主张物权确认纠纷，在案件审理的过程中，原告变更诉讼请求为如不能确认讼争商业房屋的物权，则请求判令被告赔偿损失。被告认为是房屋拆迁安置合同纠纷，属于拆迁合同履行发生的争议。对该焦点的判断：物权确认纠纷是指就物权的成立、内容及物权的归属而产生的纠纷。根据《物权法》第 15 条的规定，合同约定是物权取得的一种方式。此案中双方约定原告应享有的产权面积及所在楼层位置明确，面积清楚，原告要求按照合同约定确认其享有的商业用房的权属，就原告诉讼请求而言，此案性质属于物权确认纠纷。第二，关于本案的诉讼时效。法院认为，此案是物权纠纷，原告的诉讼请求属于物权确认纠纷，而诉讼时效一般适用于债权请求权，被告主张超过诉讼时效的答辩意见于法无据，不予支持。第三，关于原告与被告拆迁产权调换协议履行情况的认定。法院在评价这一事实时，论述确认的理由和不予认定的理由。此外，法院就被告主张的不应计算的产权面积，根据证据加以认定。对被告应抵扣相应产权面积的答辩意见，说明了不予采信的理由。第四，关于原告诉讼请求的认定。原告主张返还讼争房屋，其中 1087.22 平方米的请求可以予以支持，在不能返还的情况下，原告主张按照现行市场价进行赔偿的请求，符合法律规定。第五，对被告王某敏是否承担责任的认定。现有证据无法证实有恶意串通损害原告利益的事实，在本案中不承担责任。

适用法律规范：《物权法》第 15 条、第 33 条、第 34 条、第 37 条（《民法典》第 215 条、第 234 条、第 235 条、第 238 条），《民事诉讼法》第 64 条、第 134 条第 1 款（现行《民事诉讼法》第 67 条、

第 137 条第 1 款)

论证结构：

确认案件事实 1（证据）、事实 2（证据）、事实 3（证据）、事实 4（证据）。

归结焦点：①案件性质。原告观点；被告观点→法院判断。

②本案诉讼时效。支持原告观点（物权确认纠纷）← 理由← 被告陈述不成立。

③原告和被告履行协议的行为←理由。

④原告的诉讼请求 → 部分支持。

⑤被告是否承担责任 → 第二被告不承担← 理由。

通过上述论证结构，展现认定的案件事实，形成裁判结论的思维路径。

2. 实业公司诉置业公司项目转让合同纠纷案[①]

案号：（2013）渝高法民初字第 00001 号

基本案情：原告实业公司与被告置业公司因项目转让合同发生纠纷，实业公司认为其已按照双方所签订的《重庆 A 别墅三期项目转让协议》（以下简称《项目转让协议》）履行了义务，而被告经多次催告，未完全支付款项，实业公司于 2012 年 12 月 27 日向重庆市高级人民法院提起诉讼，要求置业公司按照协议支付剩余转让款项 189750362.3 元，以及该款迟延履行期间的资金占用损失。本案判决被告置业公司向重庆实业公司支付项目转让款 189750362.3 元及相应资金利息，该资金利息按照中国人民银行同期同类贷款利率计算。该案经审理后，判决支持原告的诉讼请求。

判决理由论证：该案判决书约 12400 字。

认定事实。第一，原告将第三期在建工程项目公开挂牌转让。论

---

① 重庆市高级人民法院（2013）渝高法民初字第 00001 号民事判决书，载中国裁判文书网，https：//wenshu. court. gov. cn/website/wenshu/181107ANFZ0BXSK4/index. html? docId=1bea7ed65cbf4df5a46663806d9e685d，最后访问时间：2022 年 7 月 6 日。

述公告内容。第二，被告递交《产权受让申请书》《受让申请与承诺》……实业公司（原告）作为甲方与乙方置业公司（被告）签订了《项目转让协议》。为项目办理国有土地使用权变更手续。……项目款转让支付数额。第三，另查明，2009 年 12 月 15 日，甲方技术公司、乙方 A 实业公司、乙方 B 公司签订了《重庆 A 别墅三期项目收购协议》（以下简称《项目收购协议》），实业公司与 W 公司签订了《项目转让协议》。……后协商解除合同。经相关机关同意，原告将争议的在建项目转让给被告置业公司，由其独立开发建设。第四，查明置业公司成立的时间、发起人、股东变更的情形。有《项目转让协议》、项目转让《公告》、《交易结果通知书》、《重庆市国有土地使用权转让变更合同》、国有土地使用权证、销售不动产发票、《项目收购协议》等证据为证。

归结争议焦点。第一，原告是否适格；第二，需支付多少项目转让款；第三，项目转让款的付款条件是否成就；第四，是否应当支付迟延履行义务期间的损失。

在论证争议焦点时按照原告观点、被告观点以及法院观点的顺序，论述法院认定争议焦点的依据。譬如，关于原告的适格。论证的方式为：被告认为，本案争议项目的实际权利人系 B 公司，原告作为争议项目的名义持有人无权向其主张项目转让款，故实业公司不是本案适格原告。实业公司（原告）认为，置业公司在与实业公司签订《项目转让协议》时明知实业公司系该项目的合法持有人，……与事实不符。法院认为，实业公司作为本案争议项目的合法持有人，通过合法程序对本案争议项目进行出售。合法程序即置业公司通过参加重庆联交所的公开拍卖，与某公司签订了《项目转让协议》。置业公司认为实业公司不是适格原告的抗辩理由不能成立。法官对项目转让款的论证是，“本院认为……，因付款方及收款方均非《项目转让协议》的合同方，亦无项目转让方实业公司委托付款的证明，故不能视为置业公司支付本案项目转让款的行为。尽管实业公司开具了 5000 万元销售不动产发票，但在实践中根据双方交易习惯，可能先开具发票后付款，也可能先付款后开具发票。因此，在置业公司不能举示该 5000 万元所对应的付款凭据时，亦不能仅仅以实业公司开具了 5000 万元发票的行为而认定该司收到了该笔项目转让款”。

关于对转让款付款条件是否成就问题的论述。这涉及重庆联交所挂牌交易《公告》对受让方的要求第 6 条的规定，论述置业公司亦系认可并按照《公告》对受让方的要求第 6 条在履行义务。……《项目转让协议》第 2. 6. 4 条转让价款支付条款中约定，转让价款原则上在争议项目全部过户至 W 公司名下并办妥相关手续后，由置业公司按照约定的期限向实业公司支付。置业公司已经取得了本案争议项目的国有土地使用权，法院认为，根据挂牌交易《公告》，本案项目转让款的付款条件已经成就，置业公司应当向实业公司支付项目转让尾款。

适用法律规范：《合同法》第 8 条、第 60 条、第 107 条（《民法典》第 465 条、第 509 条、第 577 条）

论证结构：

认定事实。事实一，事实二←支付数额←证据，事实三，事实四←证据。

归结焦点。焦点一：原告是否适格→ 被告观点、原告观点→ 法院判断（支持原告）。

焦点二：被告支付款项数额→ 原告观点、被告观点→ 法院判断（支持原告）。

焦点三：项目款支付条件成就→ 原告观点、被告观点→ 法院判断。

焦点四：被告支付迟延履行损失→ 原告观点、被告观点→ 法院判断。

通过对上述判决理由论证的分析，旨在说服当事人接受论证内容。

3. 中国发展基金会诉水电开发有限公司生态环境保护民事公益诉讼案①

案号：（2015）甘民初字第45号（指导案例174号）

基本案情：五小叶槭为我国四川省特有物种，该植物由于独特的叶形和绚丽的色彩，是世界上最具观赏价值的槭树种类之一。按照世界自然保护联盟濒危等级标准，该物种已属极危物种。雅江县五小叶槭种群是当今世界上残存的最大的五小叶槭种群，现存五小叶槭大树262株，该种群分布区海拔范围介于2520米至3000米，是唯一还有自然繁衍能力的种群。雅江县雅砻江上的牙根电站即将修建。根据《四川省雅砻江两河口-牙根段水电开发方案研究报告》，该段梯级电站中两座电站建成后，两河口电站正常蓄水位是2860米，牙根一级电站正常蓄水位是2602米，牙根二级电站正常蓄水位是2560米。根据五小叶槭雅江种群的分布区海拔高度和水电站水位高度对比数值，电站水库正常蓄水后，将淹没雅江县五小叶槭的绝大部分分布区，对五小叶槭的生存构成严重威胁。中国发展基金会（以下简称发展基金会）向四川省甘孜藏族自治州中级人民法院提起诉讼，请求：1. 依法判令被告水电开发有限公司立即采取适当措施，确保不因雅砻江水电梯级开发计划的实施而破坏珍贵濒危野生植物五小叶槭的生存；2. 依法判令被告暂停牙根水电站及其辅助设施（含配套道路）的一切建设工程等请求。被告水电开发有限公司答辩称，牙根水电站目前仅系研究、论证阶段，尚未批准建设，绿发会针对雅砻江公司的内部论证行为提起诉讼缺乏诉的前提和基础，依法应当驳回起诉。

该案经法院审理后部分支持原告的诉讼请求。1. 判令被告水电开

---

① 四川省甘孜藏族自治州中级人民法院（2015）甘民初字第45号民事判决书，载中国裁判文书网，https：//wenshu. court. gov. cn/website/wenshu/181107ANFZ0BXSK4/index. html？docId=a9ca4cbde6d049a89757acb600b4811e，最后访问时间：2022年7月6日。

发公司应当将五小叶槭的生存作为牙根梯级水电站项目可研阶段环境评价工作的重要内容，环境影响报告书经环境保护行政主管部门审批通过后，才能继续开展下一步的工作；2. 原告为本案诉讼产生的必要费用 4 万元、合理的律师费 1 万元，合计 5 万元，上述款项在法院其他环境民事公益诉讼案件中判决被告承担的生态环境修复费用、生态环境受到损害至恢复原状期间服务功能损失费用等费用（环境公益诉讼资金）中支付（待法院有其他环境公益诉讼资金后执行）。一审宣判后当事人未上诉，判决已发生法律效力。

判决理由论证：该案判决书约 14800 字。

认定事实。认定当事人提交的证据。原告提交的第 1-3、8-12、49-50 号证据及被告提交的第 1-10、18 号证据符合证据三性，采信该证据。对原、被告提交的其他证据及法院依职权调取的证据作为判决时的参考依据。

论述五小叶槭的生态价值。2013 年 9 月 2 日发布的中国生物多样性红色名录中把五小叶槭评定为“极危”，被列入《四川省重点保护植物名录》。2018 年 8 月 10 日国际自然保护联盟（又称世界自然保护联盟，简称 IUCN）在其红色名录中将五小叶槭评估为“极度濒危”。五小叶槭种群位于四川省雅江县麻郎措乡沃洛希村（音译），当地林业部门已在就近的通乡公路堡坎上设立保护牌。

论证被告水电项目形成的过程。2006 年 6 月，中国水电顾问集团成都勘测设计研究院（以下简称成勘院）完成《四川省雅砻江中游（两河口至卡拉河段）水电规划报告》，报告中将牙根梯级电站列入规划，该规划报告于 2006 年 8 月通过了水电水利规划设计总院会同四川省发展和改革委员会组织的审查。2010 年 3 月，成勘院根据牙根梯级水库淹没区最新情况将原规划的牙根梯级调整为牙根一级（正常蓄水位 2602 米）、牙根二级（正常蓄水位 2560 米）两级开发，形成《四川省雅砻江两河口至牙根河段水电开发方案研究报告》，该报告于

2010年8月，经水电水利规划设计总院会同四川省发展和改革委员会审查通过，同意牙根二级水电站、牙根一级水电站开展前期工作。由雅砻江公司负责建设和管理，要求“未经核准不得开工建设”。2014年8月1日，四川省环境保护厅对雅砻江公司报送的《四川省雅砻江牙根二级水电站施工准备工程（对外交通专用公路）环境影响报告书》进行了批复。2015年5月12日，雅砻江公司请求将牙根二级水电站对外交通专用公路纳入电站主体工程一并核准，不再单独核准，将相关设计内容及核准所需要件纳入牙根二级水电站主体工程一并进行。牙根水电站及其辅助工程（公路等）未开工建设。原告提交的照片地址为四川省雅江县历史形成的通乡（村）公路。

论述不认定原告主张的案件事实的理由。原告主要根据2010年12月的《四川林业科技》、2014年9月的《四川林堪设计》等论文中的资料记载。“五小叶槭野外现仅存500余株，分属4个种群，雅江种群为最大种群。”目前没有资料或者证据显示有任何单位或者机构对我国五小叶槭的野生种群及数量、分布区海拔高度等进行过全面普查。

对认定事实的法律评价。我国是联合国《生物多样性公约》缔约国，应该遵守其约定。每一缔约国应尽可能并酌情采取适当程序，要求就其可能对生物多样性产生严重不利影响的拟议项目进行环境影响评估，以期避免或尽量减轻这种影响。我们有保护生物多样性的义务。同时，《生物多样性公约》规定，“认识到经济和社会发展以及根除贫困是发展中国家第一和压倒一切的优先事物”。按照我国《节约能源法》第4条和《可再生能源法》第2条第1款的规定，开发建设水电站，将水能资源优势转化为经济优势，在国家有关部门的监管下，利用丰富的水能资源，合理开发水电符合我国国情。但是，我国水能资源蕴藏丰富的地区，往往也是自然环境良好、生态功能重要、生物物种丰富和地质条件脆弱的地区。根据《环境保护法》和《最高人民法院关于审理环境民事公益诉讼案件适用法律若干问题的解释》的相关规定，环境保护是我国的基本国策，并且环境保护应当坚持保护优先、预防为主的原则。将生态优先的原则贯穿到水电规划开发的全过程，二者可以相互促进，达到经济和环境的协调发展。利用环境资源的行为如果造成环境污染、生态资源破坏则往往具有不可逆性，被污染的环境、破坏的生态资源很多时候难以恢复，单纯事后的经济补偿不足以弥补对生态环境造成的损失，故此，对环境污染、生态破坏行为应注重防患于未然，才能真正实现环境保护的目的。

对诉讼请求的评价。根据五小叶槭在生物多样性红色名录中的等级及牙根梯级电站建成后可能存在对其原生存环境造成破坏、影响其生存的潜在风险，可能损害社会公共利益，责令被告在项目可研阶段，加强对五小叶槭的环境影响评价并履行法定的审批手续，避免出现危及野生五小叶槭生存的风险。原告作为符合条件的社会组织在牙根梯级电站建设可能存在损害环境公共利益重大风险的情况下，提出"依法判令被告立即采取适当措施，确保不因雅砻江水电梯级开发计划的实施而破坏珍贵濒危野生植物五小叶槭的生存"的诉讼请求，予以支持。对原告提出"暂停牙根水电站及其辅助设施（含配套道路）的一切建设工程"的诉讼请求，无事实基础，不予支持。对诉讼费用判令部分支持。

适用法律规范：《民事诉讼法》第 55 条、第 64 条、第 142 条（现行《民事诉讼法》第 58 条、第 67 条、第 145 条），《最高人民法院关于审理环境民事公益诉讼案件适用法律若干问题的解释》第 18 条、第 19 条第 1 款、第 24 条

论证结构：

认定事实。采信原告证据（第 1-3、8-12、49-50 号），被告证据（第 1-10、18 号）← 证据的"三性"。

五小叶槭的生态价值。①极危←中国生物多样性红色名录；四川

省重点保护植物名录。② 极度濒危 ← 国际自然保护联盟名录。

牙根梯级电站修建。①牙根梯级电站列入规划 ←成勘院水电规划报告。② 牙根一级（正常蓄水位 2602 米）、牙根二级（正常蓄水位 2560 米）← 雅砻江两河口至牙根河段水电开发方案研究报告。③水电规划环境影响报告书 → 审查意见。④牙根一、二级水电站预可行性研究报告审查意见。⑤ 雅砻江公司负责牙根二级水电站、牙根一级水电站前期工作。⑥牙根二级水电站对外交通专用公路纳入电站主体工程 ← 准备工程（交通专用公路）可行性研究报告 → 评估意见。

认定事实的法律评价。原告主张五小叶槭的事实证据不足 ←《四川林业科技》。

《生物多样性公约》的规定 → 保护生物多样性的义务。

《节约能源法》第 4 条、《可再生能源法》第 2 条第 1 款→ 利用水能资源。

《环境保护法》和《最高人民法院关于审理环境民事公益诉讼案件适用法律若干问题的解释》的相关规定 → 保护优先、预防为主的原则 → 避免危害、生态优先 → 环境污染、生态破坏行为防患于未然。

判断：①牙根梯级电站对五小叶槭原生存环境造成破坏，潜在风险 →损害社会公共利益。②项目处在可研阶段 → 完善审批。

结论：部分支持原告（社会组织）诉讼请求。

该案是一起预防性环境公益诉讼案件。原告作为环保组织对承建水电站的被告提起了诉讼。法官在判决理由中根据国际公约、我国《环境保护法》的基本原则论证了保护濒危野生植物生态价值的重要性以及和经济发展之间的关系。论述了修建水电站的过程。将对濒危野生植物生存的影响纳入建设项目的环境影响评价之中，促进环境保护和经济发展的协调。通过详尽的论证内容，说明作出裁断结果的理由。

（三）小结

第一审程序承担着解决纠纷的功能。对事实的认定是第一审判决理由论证的核心。对事实的认定，需要判断证据的证明力，论证采信证据和不采信证据的理由，以获得当事人的认可。判决书中认定的事实是适用法律和作出判决结果的基础，亦是当事人接受判决的重要依据。

第一审判决对判决理由的论证，影响着后续诉讼程序的进行。作为判决结果依据的法律规范，和法官论证判决理由时引用的法律规范是一致的。判决理由论证内容和判决结论相一致。

二、第二审民事判决理由论证

（一）第二审民事判决理由类型化论证

对第二审民事判决理由论证的考察和第一审程序大体相似。[①] 通过对判决文本的研读，归结第二审判决理由论证的形态如下：

第一，第二审判决理由的论证方式。

第二审判决书的基本结构为，原审查明的事实，原审认为，二审查明的事实，“本院认为”和判决结果。第二审判决理由论证的内容有：

二审判决论证查明事实的进路。论述认可第一审认定的事实；论述“经审理查明…… 以上事实有……证据在案佐证”。后者的论证突出了二审法院开庭审理的过程。法官根据当事人的陈述以及相关证据，确认案件事实。在“本院认为”部分，法官对确认的案件事实进行法律意义上的评价，对上诉人的上诉理由和被上诉人的抗辩作出判定，同时，对第一审法院的判决作出评价。

归结争议焦点。争议焦点的内容涉及对上诉理由和对方当事人答

① 本部分选取了134个民事案例。考察的案由关涉人格权纠纷、婚姻家庭、继承纠纷、物权纠纷、合同纠纷、知识产权和竞争纠纷。

辩的归纳，较少涉及法律争议的事项。焦点事项有：当事人对一审判决认定事实的争议、法律责任判定、上诉请求、适用法律的争议等，对其进行判断并阐述理由。在结尾处对一审判决和上诉请求进行评价。

第二审判决再现了第一审法院审理案件的过程。第二审判决对上诉人的请求作出回应，并对第一审判决结论给予评价。通过第二审判决文本，即可看出对此案的审理过程。

第二，第二审判决理由论证和判决结果的关联。

当事人上诉的理由主要是不服第一审判决认定的事实，第二审改判的理由多是原审认定事实存在错误，较少是适用法律错误。

第二审法院维持原判的比率较高。二审判决认定的事实基本和第一审认定的事实相同。第二审判决理由的论证是对第一审认定事实的补强，以增强论证的说服力。二审判决查明的事实更为详尽。[①] 有的二审判决直接论证上诉请求能否成立的理由，具有说服力。[②]

第二审改变原审判决结果的主要理由是第二审补充认定了新的事实。法官论证查明的事实以及查明事实的证据，论证改变判决结果的依据。亦有直接针对上诉请求和上诉理由展开论证，并对一审判决作出评价。

第二审围绕上诉请求论证判决理由，判断其能否成立。对上诉人上诉请求的归纳和判断是第二审法院论证判决理由的逻辑起点。

第三，适用法律规范的形态。

第二审维持原判决的，有适用《民事诉讼法》的规定，亦有适用民事程序法和民事实体法的规定。

---

① 在所考察的 134 起案例中，譬如，物权纠纷案件，在认同一审事实的基础上，补充查明事实的有 13 起。在合同类纠纷案件中，补充查明事实的有 16 起。

② 参见广东省阳江市中级人民法院（2015）阳中法民一终字第 773 号判决书，载中国裁判文书网，https：//wenshu. court. gov. cn/website/wenshu/181107ANFZ0BXSK4/index. html? docId = 85b77afb24ce44b3930a2f6304a4e51d，最后访问时间：2022 年 7 月 5 日。

第二审改变判决结果的，有适用《民事诉讼法》的规定，亦有适用民事实体法和民事程序法的规定。

法官对判决理由的论述不仅以法律规范为依据，法学术语亦成为证立判决结果的依据。法官引用了民事实体法律规范来论证判决理由，但有的条文未作为判决结果的依据。适用法律规范错误作为改判理由的案件较少。

第四，第二审判决理由论证和案由的关联（参见图 1、图 2、图 3、图 4）。

民事案由是影响二审法院认定事实的一个因素。第一审判决认定的事实完全得到第二审法院认可的案件约占上诉案件的 50%。此处对认定事实的改变采严格理解，即均将补充查明事实或者有提交证据的情形归于认定事实的改变。对于补充查明的事实，法官论述认定补充事实的依据。

从人格权纠纷到知识产权纠纷，二审认定事实和一审事实相同的比例呈下降趋势。人格权纠纷案件得到上诉法院认可的程度较高。在知识产权纠纷类案件中，这种比例有所下降。知识产权案件复杂、重大，第二审判决改变认定事实的案件数量较多。

第二审维持原判比例较高的案由是人格权纠纷，比例较低的是合同纠纷。[①] 维持原判案件的数量随着民事案由的顺序呈下降趋势，即人格权纠纷，婚姻家庭、继承纠纷，物权纠纷，合同纠纷，知识产权纠纷的案件维持原判的比例呈下降趋势。

撤销原判、改判的案件数量则随着案由的顺序逐渐上升。改变合同纠纷案件判决的数量最多，而改变知识产权纠纷案件判决的数量较少。在撤销原判、改判的案件中，当事人不服第一审判决表现为判决认定事实错误或者适用法律错误。

---

① 第二审程序选取案例 134 个，其中，判结结果为驳回上诉、维持原判的有 99 起案例，占 73.88%。在人格权纠纷案件中，维持原判比例为 91.3%；在合同纠纷案件中，维持原判比例为 64.52%。

根据图 6-1，第二审判决结果和案由的顺序有一定的关联。撤销原判案件的数量有一定程度的增多，维持原判的案件数量则相应下降。

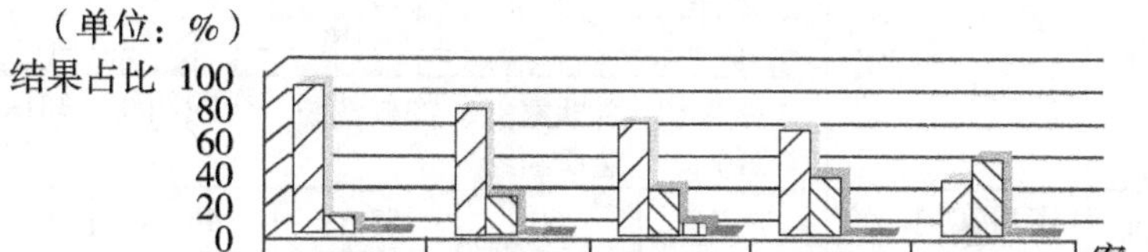

	人格权纠纷	婚姻家庭、继承纠纷	物权纠纷	合同纠纷	知识产权纠纷
▨维持原判	91.30	76.67	66.67	64.52	33.33
▧撤销原判、改判	8.70	23.33	26.67	35.48	46.67
▥驳回诉讼请求	0	0	6.66	0	0
■撤销原判、驳回起诉	0	0	0	0	0

图 6-1　二审案件裁判结果比例统计

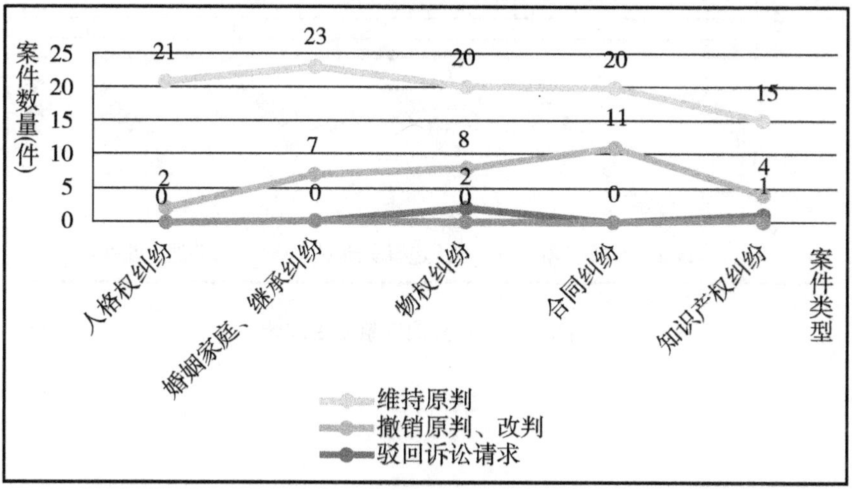

图 6-2　二审案件裁判结果统计

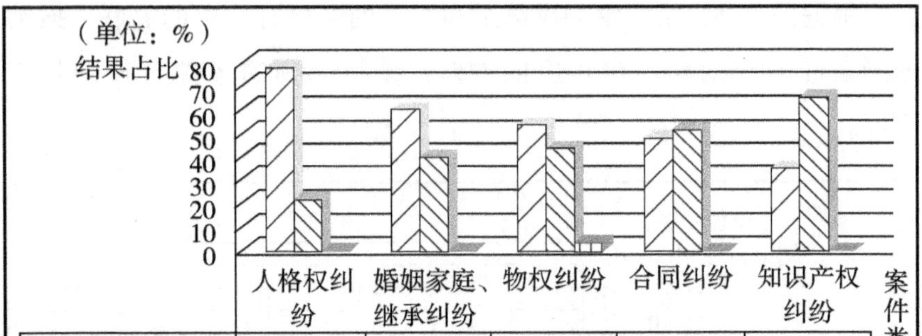

	人格权纠纷	婚姻家庭、继承纠纷	物权纠纷	合同纠纷	知识产权纠纷
认定事实同一审	78.26	60	53.33	48.39	35
认定事实改变	21.74	40	43.33	51.61	65
法律适用改变	0	0	3.34	0	0

图 6-3　二审判决民事案由比例统计

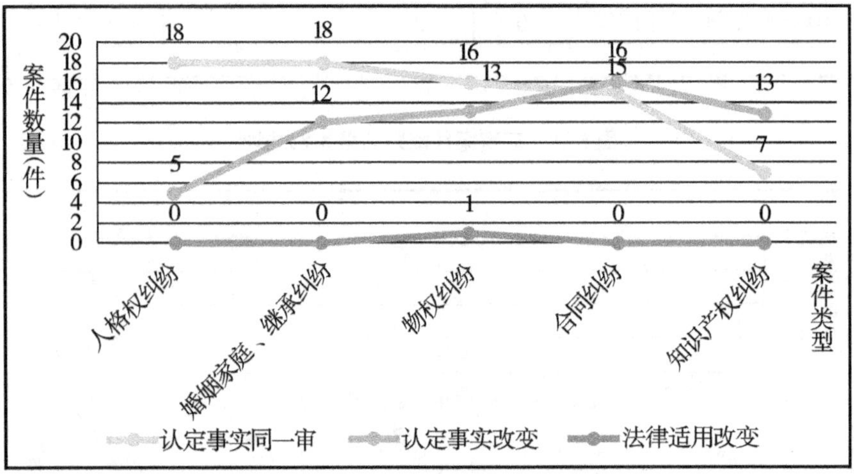

图 6-4　二审判决民事案由统计

（二）对第二审民事个案判决理由论证的考察

1. 王某与徐某等共有纠纷案①

案号：（2016）鲁01民终5704号

基本案情：上诉人王某不服济南市历下区人民法院（2016）鲁0102民初2367号民事判决，提起上诉。请求撤销一审判决，依法改判驳回徐某的诉讼请求或将案件发回重审等。上诉的事实和理由：一审法院在徐某一审起诉立案时，将本案案由确定为共有纠纷错误。本案案由应确定为确认合同效力纠纷。在房屋确权案件尚未作出生效判决的前提下，被上诉人徐某无权也无任何法律依据对该房屋主张共有，并以共有人身份提起确认对涉案房屋处分行为无效的诉讼。一审法院仅依据部分证据材料的表面字义及表面形式查明的部分事实与客观事实不符，系完全错误。二审法院经审理之后，判决撤销济南市历下区人民法院（2016）鲁0102民初2367号民事判决，驳回被上诉人徐某的诉讼请求。

判决理由论证：该案二审判决确认一审法院认定的事实，另查明事实。在“本院认为”部分，归结争议焦点。主要有：一、第一审法院确定本案案由为共有纠纷是否正确；二、一审法院确认该《遗嘱》第3条无效及确认《遗嘱补充协议》中关于×号院×号楼×单元×室房屋的处分行为无效是否正确。

论证对争议焦点的判断。焦点一：一方面根据涉案《遗嘱补充协议》的内容，判断其根据《遗嘱》第3条规定而形成，《遗嘱补充协议》中关于房屋的处分行为部分内容与《遗嘱》第3条系一个整体。另一方面从徐某提起诉讼所依据的事实和理由来看，其认为涉案房屋是夫妻共同财产，对房屋的处分行为侵犯了其合法权益，因此，本案案由为共有纠纷符合双方讼争关系。焦点二：根据《继承法》的相关

① 山东省济南市中级人民法院（2016）鲁01民终5704号民事判决书，载中华人民共和国最高人民法院网，https://wenshu.court.gov.cn/website/wenshu/181107ANFZ0BXSK4/index.html?docId=055d2bb1db644ef9b1d1a73800a7487c，最后访问时间：2022年7月5日。

规定，论证该《遗嘱》第3条及遗嘱补充协议关于该房屋的处分行为内容，系因遗嘱人撤销而失去法律效力。关于争议房屋是否属于夫妻共同财产问题，由于相关案件（2016）鲁0102民初1399号民事诉讼尚未审结，一审法院在未审结相关案件的情况下而先审结本案，处理不当。对一审判决关于涉案房屋是否系徐某与王某的夫妻共同财产，在说理部分对此作出认定欠当进行评价。根据上述判断，二审法院认为原告的诉请不能成立，依法予以驳回。

适用法律规范：《民事诉讼法》第170条第1款第2项（现行《民事诉讼法》第177条第1款第2项）

论证结构：

事实认定。认同一审法院查明事实。另查明事实← 遗嘱补充协议。

归结焦点问题。焦点一：一审认定案由→ 遗嘱补充协议内容，原告事实和理由→ 法院判断：一审认定并无不当。

焦点二：一审认定《遗嘱》第3条和争诉房屋处分行为效力 ←①《继承法》第2条、第5条规定→对遗嘱和遗嘱补充协议的判断；②《继承法》第28条→ 撤销无效；③共同财产不予审理。

该案中，法官根据纠纷法律关系的性质，对本案的案由是否合适进行评判；后根据具体的法律规范，论述《遗嘱》和《遗嘱补充协议》的效力，论证一审判决认定不当之处，并对上诉请求和一审判决作出评价，作出驳回原告诉讼请求的裁断。

2. H有限公司与莫某商品房预售合同纠纷案①

案号：（2016）粤20民终2772号

基本案情：上诉人H公司因与被上诉人莫某商品房预售合同纠纷一案，不服广东省中山市第一人民法院（2016）粤2071民初4524号

---

① 广东省中山市中级人民法院（2016）粤20民终2772号民事判决书，载中国裁判文书网，https：//wenshu. court. gov. cn/website/wenshu/181107ANFZ0BXSK4/index. html? docId=c54fd39f37ee423f9fc0ce4b4c2b35dd，最后访问时间：2022年7月6日。

民事判决，提起上诉，请求撤销原审判决，驳回全部诉讼请求。上诉理由主要有：1. 一审判决认定 H 公司承担违约责任错误。H 公司未能如期向莫某交付涉案房屋，原因在于政府部门，根据双方签订的《商品房买卖合同》第 8 条第 2 款第 3 点、第 4 点的约定，H 公司可以顺延交房时间而无须承担违约责任。2. 违约责任的承担应当严格执行诉讼时效的规定，一审判决未能查清该事实，导致 H 公司承担的违约责任过重。3. 一审判决根据合同约定认定付款时间，而莫某对于何时付款的举证证据与合同约定不一致，一审法院对此事实认定错误。二审法院审理后，作出驳回上诉、维持原判的判决。

判决理由论证：二审法院对争议的事实进行认定，确认一审的其他事实。以此为据，认定本案为商品房预售合同纠纷。首先，论证合同的效力，认为双方均应按合同约定履行各自所负义务。“现莫某已按双方约定向 H 公司支付购房款，根据双方约定，H 公司收取购房款后应于 2012 年 6 月 30 日前向莫某交付符合合同约定条件的商品房。H 公司辩称，因政策调整及政府有关部门规划的配套工程未能如期建设等原因致使涉案房屋所在房地产项目未能办理竣工验收，其行为亦不构成违约。但 H 公司对此并未提供相应的证据予以证实，故本院对该主张不予支持。”由此，一审法院认定 H 公司逾期交房的行为构成违约，应承担相应的违约责任。其次，论述逾期交房违约金的诉讼时效。根据约定，对逾期交房违约金的计算方式进行说明，即“逾期交房违约金按日累加计算，但此仅为 H 公司逾期交房时莫某可以主张的违约金债权的计算方法，并不能由此得出 H 公司每逾期一日交房莫某即产生一个独立的违约金债权。同时，双方也未对 H 公司逾期交房应向莫某支付违约金的支付时间进行约定，因此 H 公司所应支付的逾期交房违约金为没有履行期限的整体债务”。提出 H 公司尚未向莫某交付房屋，故莫某主张 H 公司向其支付逾期交房违约金，未超过诉讼时效。最后，论述支付购房款的时间问题。H 公司主张按其向莫某开具的收据上载明的时间确定莫某实际付款的时间。但因莫某已提供相应的银行转账记录等证据证明其系通过银行转账的方式向 H 公司支付购房款。而根据一般交易习惯，收款方收取款项后方才向付款方开具收据，推断出应以转账凭证上载明的交易时间确认莫某实际支付购房款的时间。同时，提出一审判决确定 H 公司支付的违约金少于其应支付的违约金。但当事人没有提出，根据上诉不利益变更禁止原则，对此不作调整。二审提出，原审判决认定事实有误，致裁判结果不当，本应予以调整。但因莫某未就此提起上诉，根据上诉不利益变更禁止原则，对原审判决予以维持，对 H 公司的上诉请求不予支持。

适用法律规范：《民事诉讼法》第 170 条第 1 款第 1 项（现行《民事诉讼法》第 177 条第 1 款第 1 项），《最高人民法院关于适用〈中华人民共和国民事诉讼法〉的解释》第 334 条

论证结构：

认定争议事实。①转账记录 → 购房款 1，2，3，4……→一审认定支付时有误；②确认一审其他事实。

法院判断。1. 商品房预售合同纠纷→ ①被上诉人履行义务；②上诉人抗辩

↓

上诉人无证据→法院不予支持

↓

一审认定违约成立。

2. 逾期违约金诉讼时效。合同→ 没有履行债务整体期限→上诉人主张不成立。

3. 支付购房款时间。转账记录→ 转账凭证时间 ←交易习惯

↓

上诉不利益变更原则→ 不做调整 ←一审支付时间有误。

结论：认定事实有误，根据上诉不利益变更原则，不予支持上诉

请求。

判决书中通过对当事人争议的三个问题的论述，证立判决结果。该案判决理由引用了上诉不利益变更原则，论述其适用的情形，结合案件事实，对上诉请求和原审判决进行评价。

3. 荣宝英诉王阳、永诚财产保险股份有限公司江阴支公司机动车交通事故责任纠纷案①

案号：（2013）锡民终字第497号（指导案例24号）

基本案情：原告荣宝英诉称被告王阳驾驶轿车与其发生剐擦，致其受伤。该事故经江苏省无锡市公安局交通巡逻警察支队滨湖大队（简称滨湖交警大队）认定：王阳负事故的全部责任，荣宝英无责。原告要求被告永诚财产保险股份有限公司江阴支公司（简称永诚保险公司）、被告王阳赔偿医疗费用等损失76998.05元，并承担本案诉讼费用及鉴定费用。一审判决：一、被告永诚保险公司于本判决生效后十日内赔偿荣宝英医疗费用、住院伙食补助费等各项费用共计45343.54元。二、被告王阳于本判决生效后十日内赔偿荣宝英医疗费用、住院伙食补助费、营养费、鉴定费共计4040元。宣判后，荣宝英向江苏省无锡市中级人民法院提出上诉。无锡市中级人民法院经审理后于2013年6月21日以原审适用法律错误为由作出（2013）锡民终字第497号民事判决，撤销一审法院判决，改判被告永诚保险公司赔偿荣宝英52258.05元，被告王阳赔偿荣宝英4040元。

判决理由论证：二审法院认为，《侵权责任法》第26条规定："被侵权人对损害的发生也有过错的，可以减轻侵权人的责任。"《道路交通安全法》第76条第1款第2项规定，机动车与非机动车驾驶人、行人之间发生交通事故，非机动车驾驶人、行人没有过错的，由机动车一方承担赔偿责任；有证据证明非机动车驾驶人、行人有过错

---

① 荣宝英诉王阳、永诚财产保险股份有限公司江阴支公司机动车交通事故责任纠纷案（指导案例24号），载中国裁判文书网，https：//www.court.gov.cn/fabu-xiangqing-13327.html，最后访问时间：2022年7月5日。

的，根据过错程度适当减轻机动车一方的赔偿责任。因此，交通事故中在计算残疾赔偿金是否应当扣减时应当根据受害人对损失的发生或扩大是否存在过错进行分析。荣宝英申请并经无锡市中西医结合医院司法鉴定所鉴定，结论为：荣宝英左桡骨远端骨折的伤残等级评定为十级；左下肢损伤的伤残等级评定为九级。损伤参与度评定为75%，其个人体质的因素占25%。虽然原告荣宝英的个人体质状况对损害后果的发生具有一定的影响，但这不是侵权责任法等法律规定的过错，荣宝英不应因个人体质状况对交通事故导致的伤残存在一定影响而自负相应责任，原审判决以伤残等级鉴定结论中将荣宝英个人体质状况"损伤参与度评定为75%"为由，在计算残疾赔偿金时作相应扣减属适用法律错误，应予纠正。

根据我国《道路交通安全法》的相关规定，机动车发生交通事故造成人身伤亡、财产损失的，由保险公司在机动车第三者责任强制保险责任限额范围内予以赔偿。而我国交强险立法并未规定在确定交强险责任时应依据受害人体质状况对损害后果的影响作相应扣减，保险公司的免责事由也仅限于受害人故意造成交通事故的情形，即便是投保机动车无责，保险公司也应在交强险无责限额内予以赔偿。因此，对于受害人符合法律规定的赔偿项目和标准的损失，均属交强险的赔偿范围，参照"损伤参与度"确定损害赔偿责任和交强险责任均没有法律依据。

该案一审判决把受害人自身的体质状况作为减轻被告人赔偿责任的一个理由，二审法院根据侵权责任法和道路交通安全法的规定，对减轻被告人的责任进行阐释，认为一审法院适用法律错误。《侵权责任法》和《道路交通安全法》对减轻致害人的赔偿责任作了明确规定，在受害人有过错的情形下，减轻致害人的赔偿责任。对于过错的理解，二级法院的法官产生了不同的认知。过错是一种主观上的认识，二审判决书接着分析了车辆肇事者和受害人对事故发生的责任，

"本起交通事故的引发系肇事者王阳驾驶机动车穿越人行横道线时，未尽到安全注意义务碰擦行人荣宝英所致；本起交通事故造成的损害后果系受害人荣宝英被机动车碰撞、跌倒发生骨折所致，事故责任认定荣宝英对本起事故不负责任，其对事故的发生及损害后果的造成均无过错。……不存在减轻或者免除加害人赔偿责任的法定情形"。同时，二审判决理由从遵守社会公德层面对机动车未依法减速慢行、避让行人，导致事故发生进行了论述，"受害人虽然年事已高，但其年老骨质疏松仅是事故造成后果的客观因素，并无法律上的因果关系"。遂作出改判的结果。

适用法律规范：《侵权责任法》第 26 条（《民法典》第 1173 条)，《道路交通安全法》第 76 条第 1 款第 2 项

论证结构：

认定事实。相关法律规定→ 原判计算残疾赔偿金错误← ①损伤和后果因果关系；②交强险规定

↓

《侵权责任法》第 26 条、《道路交通安全法》第 76 条第 1 款第 2 项。

对法律规范解释的不同是二审法院改变判决结果的主要原因。二审法官在判决理由中详细论证了其改变判决结果的依据，同时，从道德层面对其观点进行补强。对法律条文含义的认知不同，影响判决理由的论证和案件的裁断结果。

4. 蔡某光与 R 商业公司侵害植物新品种权纠纷案[①]

案号：（2019）最高法知民终 14 号（指导案例 160 号）

基本案情：蔡某光于 2009 年 11 月 10 日申请"三红蜜柚"植物新品种权，于 2014 年 1 月 1 日获准授权，品种权号为 CNA20090677.9，保

---

① 中华人民共和国最高人民法院（2019）最高法知民终 14 号民事判决书，载中国裁判文书网，https：//wenshu. court. gov. cn/website/wenshu/181107ANFZ0BXSK4/index. html？docId = 12c1761a3e424363acf8ab28011427ff，最后访问时间：2022 年 7 月 5 日。

护期限为20年。

其于2018年3月23日向广州知识产权法院提起诉讼，主张R商业公司连续大量销售“三红蜜柚”果实，侵害其获得的名称为“三红蜜柚”的植物新品种权。R商业公司答辩称，其所售被诉侵权蜜柚果实有合法来源，提供了甲方H商业公司广州黄埔分公司（以下简称黄埔公司）与乙方S食品公司签订的合同书。在本合同签订日，双方合作的有6家门店，包括R商业公司。广州知识产权法院于2019年1月3日作出（2018）粤73民初732号民事判决，驳回蔡某光的诉讼请求。宣判后，蔡某光不服，向最高人民法院提起上诉。最高人民法院审理后作出判决，驳回上诉，维持原判。

判决理由论证：二审法院确认原审法院查明的事实。根据上诉请求、答辩和查明的事实，归结争议的焦点。

争议问题是R商业公司销售被诉侵权蜜柚果实的行为是否构成对蔡某光三红蜜柚植物新品种权的侵害，其中，判断三红蜜柚植物新品种权的保护范围是本案的焦点。

以其他方式获得的枝条也属于该品种的繁殖材料。蔡某光在申请三红蜜柚植物新品种权时提交的是采用以嫁接方式获得的繁殖材料枝条，并不意味着三红蜜柚植物新品种权的保护范围仅包括以嫁接方式获得的该繁殖材料。除枝条以外的其他种植材料也可能被育种者们普遍使用，在此情况下，该种植材料作为授权品种的繁殖材料，应当纳入植物新品种权的保护范围。提出原审判决“将申请植物新品种权时的繁育方式作为授权品种保护的依据，限制了植物新品种权的保护范围，缩小了植物新品种权人的合法权益，应当予以纠正”。并阐述理由，即“认为将不同于获取品种权最初繁育方式的繁殖材料纳入到植物新品种权的保护范围，与权利人申请新品种权过程中应当享有的权利失衡”。

在论证“哪些部分为繁殖材料”时，提出“在生物学上必须同时满足以下条件：其属于活体，具有繁殖的能力，并且繁殖出的新个体与该授权品种的特征特性相同。如果不具有该授权品种的特征特性，则不属于三红蜜柚品种权所保护的繁殖材料”。论述“被诉侵权蜜柚果实的籽粒及其汁胞均不具备繁殖授权品种三红蜜柚的能力，不属于三红蜜柚品种的繁殖材料。被诉侵权蜜柚果实是收获材料而非繁殖材料，不属于植物新品种权保护的范围”。如果将收获材料纳入植物新品种权的保护范围，有违《种子法》《植物新品种保护条例》以及《最高人民法院关于审理侵犯植物新品种权纠纷案件具体应用法律问题的若干规定》的相关规定。“应当审查销售者销售被诉侵权植物体的真实意图，即其意图是将该材料作为繁殖材料销售还是作为收获材料销售；对于使用者抗辩其属于使用行为而非生产行为，应当审查使用者的实际使用行为，即是将该收获材料直接用于消费还是将其用于繁殖授权品种。”

对再审请求作出评价，即上诉主张不能成立，应予驳回。

适用法律规范：《种子法》第 28 条、《植物新品种保护条例》第 6 条、《最高人民法院关于审理侵犯植物新品种权纠纷案件具体应用法律问题的若干规定》第 2 条第 1 款、《民事诉讼法》第 170 条第 1 款第 1 项（现行《民事诉讼法》第 177 条第 1 款第 1 项）、《最高人民法院关于适用〈中华人民共和国民事诉讼法〉的解释》第 334 条

论证结构：

事实认定。二审确认原审法院查明事实。

争议问题：被上诉人的行为是否构成侵权→ 植物新品种权的保护范围（焦点）　↑　↓

上诉请求、答辩情况和案件事实：①上诉人是三红蜜柚品种权人。

②植物新品种保护范围

↓

a.《种子法》《植物新品种保护条例》和司法解释规定→ 对植物新品种权认定属于法律适用→法院观点；

b. 上诉人观点 →①果实是繁殖材料、原审法院观点 → 法院评价

↓

无法律依据，不予支持

→② 果实具有繁殖功能即认为繁殖材料→法院评价

↓

不予支持← 生物学条件

→③果实的籽粒和汁胞均作为繁殖材料 → 法院评价

↓

不予支持←植物细胞全能型理论

→④保护授权品种，而非育种技术 →法院认可

↓

原审法院适用法律不当，实体处理正确

评价：上诉主张不成立，原审判决认定事实清楚，适用法律不当，不影响判决结果。

该案涉及较多的专业知识，当事人聘请专家辅助人参与诉讼发表意见。法官依据相关法律和司法解释规定，认为植物新品种权属于法律适用问题，以品种权法律制度为基础进行分析。通过解释相关法律，对当事人的观点和原审判决作出评价。

（三）小结

当事人不服第一审人民法院未生效的判决，提交上诉状并缴纳上诉费用，启动第二审程序。第二审法院审理的范围限于上诉请求和上诉理由。由此，第二审判决围绕上诉人的请求展开论证，它是对第一审判决的补强论证。

第二审判决理由论证和案由相关。第二审维持原判比例较高的案由是人格权纠纷，比例较低的是合同纠纷案件。维持原判案件的数量随着民事案由（人格权纠纷，婚姻家庭、继承纠纷，物权纠纷，合同纠纷，知识产权纠纷）的顺序呈下降趋势。在撤销原判、改判的案件中，前四类案由改判案件的数量逐渐增多，但知识产权案件改判的数量较少。

第二审判决理由的论证和判决结果相关。第二审维持原判的，法院认定的事实和第一审认定的事实基本相同。第二审改变原审判决结果的，判决理由论证新查明的事实以及查明事实的证据，论证改变判决结果的依据。

第二审围绕上诉请求和上诉理由论证判决理由，并对一审判决作出评价。对上诉请求的归纳和判断是第二审判决论证理由的逻辑起点。

第二审判决引用民事程序法（民事诉讼法），亦有引用民事程序法和民事实体法条文的情形。法官引用了民事实体法律规范来论证判决理由，有的法律条文未作为裁断结果的依据。

三、再审民事判决理由论证

再审判决是指人民法院对存在错误的原生效判决进行再次审理之后作出的判决。再审判决旨在通过对判决理由的论述和证明，呈现判决结论的正当性，说服再审判决受众接受裁断结论。

（一）再审判决理由类型化论证

再审判决书记载了人民法院审理当事人之间民事争议的过程，再现原审人民法院审理该案的程序和判决结果。通过对选取的再审判决文本的研读①，归结再审判决理由论证的样态如下。

---

① 本部分选取了126个再审案例，涉及人格权纠纷，婚姻家庭、继承纠纷，物权纠纷，合同纠纷和知识产权纠纷类案件。考察的事项分别为事实认定、适用的法律规范、判决结果和受众。

1. 再审判决理由论证和民事案由的关联

再审判决理由论证的内容和事项受民事案由的影响。在同一类案由中，法官对判决理由的论述具有相似性。

案件事实清楚，标的额小的再审案件，譬如，人身权纠纷，婚姻家庭、继承纠纷案件，审理的法院为中级人民法院和高级人民法院。该类案件维持原判的数量居多。再审判决大多认同原审判决认定的事实。当事人对作为认定事实依据的证据的认知较为一致。

在案情较为复杂的案件中，判决理由论证的形态为归结争议焦点，并对其作出判断，涉及对事实的认定以及对认定事实在法律规范层面上的评价。譬如，在合同纠纷案件中，判决理由论证的内容涉及合同的效力、当事人的权利义务条款等。在物权纠纷案件中，论证标的物的权属、侵权责任等。在再审中对这两类案由补充查明的事项较多，影响法官对案件事实的认定。知识产权的案件专业性较强，争议焦点为对查明的事实在法律规范层面的判断，需要适用法律规范对其作出解释。

2. 对事实认定的论证

再审判决认定的事实，多和原审认定的事实相同。在再审维持原判的案件中，当事人较少提交证据，故而，对再审判决理由的论证就较为简略。再审撤销原判、改判的，法院在认定原判事实的基础上，另查明事实或者确认有争议的事实。法官需要论证新认定事实的依据，论证较为详尽。譬如，在人格权纠纷案件中，再审改变了判决结果，法官论证改变损害赔偿责任比例的理由，并对原审判决作出评价。当事人不服原审判决的理由主要表现为不认可对认定的事实在法律规范层面上的评价。在第一、二审中，对事实的查明和当事人对认定事实的接受影响到此后的诉讼进程。民事案由对再审事实的认定有一定的影响。①

在“本院认为”部分，论证进路表现为归结案件的争议焦点并对其作出判断，对再审请求和原审判决作出评价。争议焦点的内容视案由不同，涉及相关的民事实体法律关系的事实。有的判决直接围绕再审请求和再审理由进行论证，并对原审判决进行评价。② 譬如，在合同纠纷案件中，争议的焦点为民事实体法的事实，法律责任承担的事实，对再审请求和原审判决进行评价的内容。在知识产权纠纷案件中，争议的焦点主要是关于事实的争议。“事实”是指对当事人争议的事实（对认定的事实在法律规范层面的评价）进行再次的认定和判断。

3. 适用法律规范的样态

在再审判决中，适用的法律规范和判决结果相关。

再审维持原判的案件，适用民事诉讼法的条文，亦有适用民事实体法和民事程序法（民事诉讼法）的条文，还有论证判决理由时引用了民事实体法律条文，作出判决时引用了民事诉讼法的条文。

再审改判的案件，裁判依据有引用《民事诉讼法》的规定，亦有引用民事实体法和民事程序法的规定。譬如，在撤销原判、驳回请求的案件中，适用了民事实体法和民事程序法的规定。论证判决理由时引用了民事实体法的规定，适用的法律规范中包含民事实体法和民事诉讼法的规定。它们是作出判决结果的法律依据。

《最高人民法院关于裁判文书引用法律、法规等规范性法律文件的规定》第 2 条规定，引用包括实体法和程序法的，先引用实体法，

---

① 在人格权纠纷案由中，再审判决认定事实和原审认定事实相同的比例约 70%。在婚姻家庭、继承纠纷案由中，再审判决认定事实和改变认定事实变化的比例相同。而在合同纠纷案由和知识产权纠纷案由中，再审判决改变原审判决认定事实的比例分别为 60%和 53.33%。

② 参见中华人民共和国最高人民法院（2016）最高法民再 398 号民事判决书，载中国裁判文书网，https://wenshu.court.gov.cn/website/wenshu/181107ANFZ0BXSK4/index.html?docId=816038a7af164903bd32a86200c7d2bc，最后访问时间：2022 年 7 月 6 日。

后引用程序法。对于同一的判决结果，引用的法律条文是否到条和款，则没有具体规定。有的判决书在结尾处附法律条文。

4. 再审判决理由论证的受众

判决理由论证旨在说服受众接受裁判结果。受众的不同，影响到判决理由的论证。由此，需根据受众来选取论证的内容和论证的形式。

再审判决的受众有申请人、抗诉机关、被申请人和原审法院。再审判决结果不同，具体的受众亦不相同。譬如，再审维持原判的，受众为再审申请人。对再审判决则需补强论证申请人再审请求不能成立的理由。

5. 再审判决结果和再审事由之间的关联（参见图 6-5 和图 6-6）。

再审判决理由论证旨在说服当事人接受裁断结果。再审维持原判的案件数量由高到低依次为人格权纠纷，婚姻家庭、继承纠纷，知识产权纠纷，物权纠纷，合同纠纷。在再审案件中，撤销原判的案件较多。①

再审撤销原判、改判的案件类型曲线图呈波纹变化。人格权纠纷改判案件数量最少，而合同纠纷案件数量最多。知识产权纠纷案件中维持原判的数量呈缓慢增长趋势。在合同纠纷和知识产权纠纷案件中，由于案情复杂，不同审级法院对事实的认定产生较大的分歧，故再审改变原审判决案件的数量相对较多。

---

① 在所选案例中，再审撤销原判的情形包括依法改判、驳回诉讼请求和驳回起诉，约占 61.11%。

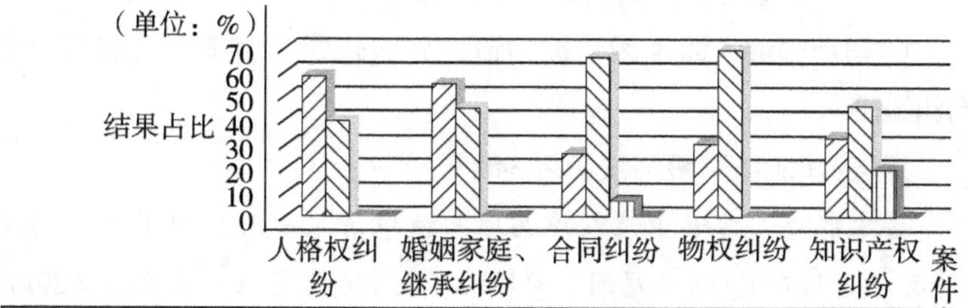

	人格权纠纷	婚姻家庭、继承纠纷	合同纠纷	物权纠纷	知识产权纠纷
维持二审	60	55	26.67	30.77	33.33
撤销原判、改判	40	45	66.67	69.23	46.67
驳回诉讼请求	0	0	6.66	0	20
撤销原判、驳回起诉	0	0	0	0	0

图 6-5 再审案件裁判结果比例统计

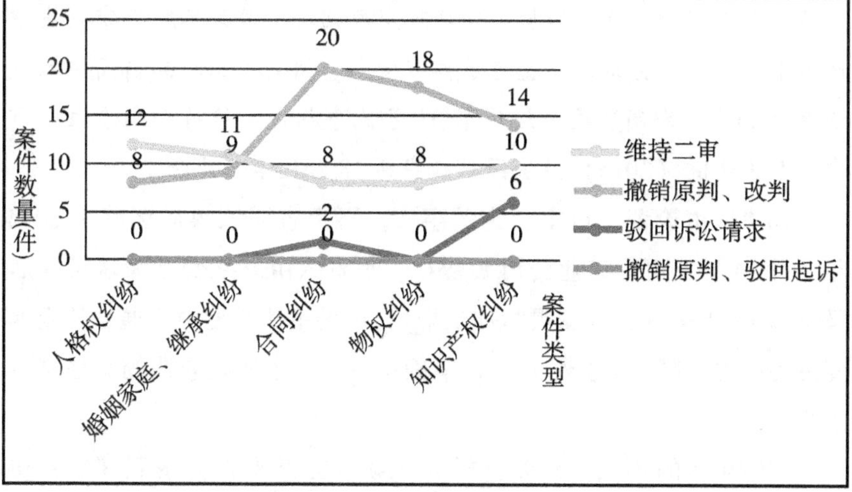

图 6-6 再审案件裁判结果统计

（二）再审民事个案判决理由的论证

1. 再审申请人谭某因与被申请人矿业公司 K 煤矿、方某居间合同纠纷案①

案号：（2016）最高法民再 340 号

基本案情：再审申请人谭某因与被申请人矿业公司贵州 K 煤矿（原某县 K 煤矿）、方某居间合同纠纷不服湖南省高级人民法院（2014）湘高法民一终字第 31 号民事判决，向最高人民法院申请再审。

谭某向湖南省益阳市中级人民法院起诉，请求判令某县 K 煤矿、方某连带向其支付服务费 364 万元及逾期滞纳金 157.248 万元，并支付利息 57580 元，承担案件全部诉讼费用。一审法院部分支持原告的诉讼请求。某县 K 煤矿、方某不服一审判决，向湖南省高级人民法院提起上诉，请求依法撤销一审判决，改判驳回谭某的全部诉讼请求。二审法院审理后，部分维持、部分改变原判决。谭某不服二审判决申请再审，案件经再审后，支持了再审请求。判决撤销湖南省高级人民法院（2014）湘高法民一终字第 31 号民事判决；维持湖南省益阳市中级人民法院（2013）益法民二初字第 18 号民事判决。

判决理由论证：再审认定的事实。再审查明该煤矿名称于 2014 年 3 月 14 日变更为矿业公司 K 煤矿，负责人由方某变更为楚某（后又于 2015 年 4 月 3 日变更为孙某华），市场主体类型由普通合伙企业变更为股份有限公司分公司。再审确认一、二审法院查明的其他基本事实。

归纳再审的焦点：矿业公司 K 煤矿、方某是否应按照《服务协议》约定的金额向谭某支付服务费。

首先，论证双方签订的《服务协议》性质为居间合同。该合同系方某委托谭某寻找收购方并促成煤矿转让协议的签订，并由委托方支

---

① 中华人民共和国最高人民法院（2016）最高法民再 340 号民事判决书，载中国裁判文书网，https://wenshu.court.gov.cn/website/wenshu/181107ANFZ0BXSK4/index.html?docId=e07192d22db0480c8372a84000bf2ec8，最后访问时间：2022 年 7 月 6 日。

付报酬（服务费）的约定。论述协议的效力。除每日计收3‰的逾期滞纳金偏高外，不违反法律、行政法规的强制性规定。对当事人的行为进行评价，即“谭某提供了协议约定的居间服务并最终促成了某县K煤矿（方某）与他方达成交易，合同目的已经实现，协议约定的支付居间服务费的条件亦已成就，某县K煤矿（方某）应依约向谭某支付居间服务费”。

其次，论述对二审法院判决的评价。二审法院认为谭某没有提供证据证明自己提供了优质高效、尽职尽责、充分全面的居间服务，并据此将谭某居间报酬调减为双方约定服务费用的60%，是对合同条款内容的扩大解释，违背了合同当事人意思自治原则，没有事实和法律依据。法官认为双方协议中并未约定谭某负有“提供优质高效、尽职尽责、充分全面的居间服务”的合同义务，法律对此也没有相应规定，谭某再审请求成立，法院予以支持。再审判决K煤矿、方某应按照《服务协议》约定的金额向谭某支付服务费364万元。K煤矿、方某未按合同约定期限支付居间服务费，构成违约，应按合同约定承担逾期付款违约责任。

对一审判决评价。双方约定的逾期付款滞纳金每日3‰（约合月息9分）明显偏高，参照民间借贷利率酌情调整为按月利率2%计付逾期付款滞纳金，符合法律规定和本案实际，予以维持。

适用法律规范：《民事诉讼法》第207条第1款、第170条第1款第2项（现行《民事诉讼法》第214条第1款、第177条第1款第2项），《合同法》第424条、第426条

论证结构：

认定事实。再审查明主体名称变更事实，确认原审事实。

归结再审焦点。是否支付服务费

↑　　　　　　　　　　　↓

再审事实和理由　　　　　服务协议1，2，3；一、二审事实

↓

①申请人履行义务；被申请人未履行义务；

②二审认定未履约 ← 合同扩大解释← 违背意思自治原则

评价：再审请求成立，认定债务承担主体。

该案再审改判的理由在于对合同的性质和条款认知的差异。再审法院认可一审法院的判决。

2. 申诉人彭某韵与被申诉人彭某卓等建设用地使用权纠纷案①

案号：（2017）最高法民再169号

基本案情：申诉人彭某韵因与被申诉人彭某卓等建设用地使用权纠纷一案，不服广西壮族自治区高级人民法院（以下简称广西高院）（2014）桂民提字第6号民事判决，向最高人民法院提出申诉。最高人民法院于2016年12月29日作出（2016）最高法民监37号民事裁定，提审本案。

彭某韵于2010年11月25日向广西壮族自治区合浦县人民法院起诉，请求确认案涉387号宅基地使用权归其享有，判令被告彭某卓将该宅基地的土地使用证返还彭某韵，彭某伟将该宅基地的土地使用证过户至彭某韵名下。一审法院判决驳回原告彭某韵的诉讼请求。原告向北海市中级人民法院（以下简称北海中院）上诉，二审法院审理后作出撤销一审判决，确认国有土地使用证项下的387号建设用地使用权归彭某韵所有，并要求彭某卓于判决生效之日起30日内将国有土地使用证返还给彭某韵。彭某伟应协助彭某韵办理387号国有土地使用权变更手续，将国有土地权证过户到彭某韵名下。彭某卓、彭某伟不服二审判决，向广西高院申请再审。广西高院于2012年6月8日作出（2011）桂民申字第998号民事裁定，指令北海中院再审该案。经该院审判委员会讨论决定，作出（2012）北民再终字第15号民事判

① 中华人民共和国最高人民法院（2017）最高法民再169号民事判决书，载中国裁判文书网，https：//wenshu. court. gov. cn/website/wenshu/181107ANFZ0BXSK4/index. html？docId=d9d34f4012c0443a9b60a84000beee07，最后访问时间：2022年7月6日。

决。彭某韵不服北海中院再审判决，向广西壮族自治区人民检察院申诉。广西高院作出（2014）桂民提字第6号民事判决，维持北海市中级人民法院（2012）北民再终字第15号民事判决。申诉人彭某韵向最高人民法院申请再审，经审理，再审判决撤销广西壮族自治区高级人民法院（2014）桂民提字第6号民事判决和北海市中级人民法院（2012）北民再终字第15号民事判决，维持北海市中级人民法院（2011）北民一终字第302号民事判决。

判决理由论证：再审查明事实。当事人对原审查明的事实无异议。归结争议焦点，即争议的土地使用权是归彭某韵所有，还是归彭某伟所有。

首先，根据原审判决，查明双方无异议的事实。该土地是1989年从某农场划拨部分土地作为老干部宅基地。彭某伟是合浦籍老干部，但没有居住在合浦，彭某伟与彭某韵系叔侄关系，彭某韵以彭某伟名义购买了争议土地的使用权。彭某韵及其父亲彭某超支付了购买该土地使用权的费用4045元，以及手续费200元，收款票据上的购买人均载明为彭某伟，并注明彭某韵代、彭某超代。随后，土地使用证书由彭某韵领取并一直持有，直至2006年底，彭某韵将该证书交给彭某伟的儿子彭某卓。彭某韵实际支付了土地使用权的全部费用。

其次，彭某韵和彭某伟来往的多封书信内容均表明：彭某伟认可彭某韵以其名义购买该土地使用权，并明确表示该土地使用权属于彭某韵，同意办理过户手续。原判决认定双方没有达成一致意见，不符合案件事实。

最后，论证原判决认定事实不当，适用法律错误。原判决认定“土地使用权是合浦县人民政府对此类特殊身份的人在宅基地政策上的照顾和优惠，具有一定的人身依附性，彭某韵主张买地后期放宽政策，不具有合浦籍离休老干部身份的也能购买，未提供直接证据证明，该认定不符合本案事实”。对此，再审法院认为，二审证人刘某出庭证言及刘某提供的书证可以证明。基于刘某的身份（担任合浦县老干部局副局长，该住宅区的负责人），其证言具有较高证明力。彭某韵已提供证据证明其该项主张，而彭某伟对于彭某韵提供的上述证据并没有提供证据反驳。原判决关于彭某韵没有提供证据证明该项主张的认定，确有不当。原判决认定彭某韵与彭某伟之间只存在代理付款的债权债务关系，系适用法律错误。

适用法律规范：《民事诉讼法》、第 170 条第 1 款第 2 项、第 207 条第 1 款（现行《民事诉讼法》第 177 条第 1 款第 2 项、第 214 条第 1 款），《最高人民法院关于适用〈中华人民共和国民事诉讼法〉的解释》第 405 条第 2 款

论证结构：

认定案件事实。确认原审认定的事实←当事人无异议

争议焦点：争议建设用地使用权利人

↓

①查明事实、双方无异议的事实 → 申诉人支付土地使用权费用

②书信内容 → 双方就土地使用达成一致；原审法院认定不符合事实

③原判认定不符合事实 ← 刘某证言和书证 ← 申诉人证据

↑

被申诉人无反驳证据

评价：原判认定的事实属适用法律错误。

该案经多次审理，双方当事人对查明的事实无争议。不同审级的法院对查明的事实在法律规范上的评价不同，产生了不同的裁断结论。基于此，引发了对案件的多次审理。最高人民法院经审理后判决维持原中级人民法院的判决结果。

（三）小结

再审程序是一种纠错程序。再审程序的启动关涉生效裁判的既判

力和司法权威。再审判决理由的论证承担着说服当事人接受判决结论以及评价原审判决的功效。

再审判决理由是对再审判决结果的证立。法官论证采信证据的过程和判断依据、认定的事实、撤销原判的理由以及对原审判决加以评价。再审判决理由论证是对原审判决的一种补强。

再审判决理由的论证受裁量权的影响。自由裁量权的行使是改变再审判决的因素之一。个体法官受其法律知识、审判经验等因素的影响，对法律规范有不同的解释。再审判决理由的论证，受论证充分性和可接受性的影响。

再审判决对事实的认定和论证基本能够得到当事人和法院的认可。当事人不服原审判决的理由主要表现在对认定的事实在法律规范层面上的评价。以再审请求作为逻辑起点对再审判决理由展开论证。

四、民事判决理由论证的样态

通过对我国判决书分案由和分审级的样本考察以及对代表性案例判决理由论证的分析，归结出我国民事判决理由论证在文本上所呈现的一些样态。

1. 民事判决理由的范围指向

我国最高人民法院审判委员会于2016年2月22日第1679次会议通过的《人民法院民事裁判文书制作规范》（以下简称《民事裁判文书规范》）、《民事诉讼文书样式》（自2016年8月1日起施行）规定，正文包括首部、事实、理由、裁判依据、裁判主文、尾部。事实包括当事人的诉讼请求、事实和理由，人民法院认定的证据及事实；理由是根据认定的案件事实和法律依据，对当事人的诉讼请求是否成立进行分析评述，阐明理由；裁判依据是人民法院作出裁判所依据的实体法和程序法条文；裁判主文是人民法院对案件实体、程序问题作出的明确、具体、完整的处理决定。《民事裁判文书规范》中判决理由指的是法院根据认定的案件事实和法律依据，对当事人的诉讼请求是否成立所做的阐述。判决理由指的是“本院认为”部分，以“本院认为”作为开头，其后直接写明具体意见。[①]

根据我国《民事诉讼法》第155条第1款第2项之规定，判决书内容包括判决认定的事实和理由、适用的法律和理由。据此，判决认定的事实需要说明理由，适用的法律亦需说明理由。那么，判决理由应含及判决认定的事实和理由、适用的法律和理由。

前述对民事判决理由论证的考察，皆是把判决理由界定为判决认定的事实和理由、适用的法律和理由。它在判决书中的内容包括事实认定、“本院认为”、法律适用。由此，理论上对判决理由的认知和司法实务中对判决理由的制作在范围上就有所差异。

事物概念和范围的模糊影响对该事物本质的理解，继而影响其功能的发挥。判决理由在立法层面的规定和司法实务中的认知，影响判决理由内容的确定，继而影响对判决理由的论证，以及和判决理由相关的一些理论问题。

2. 民事判决理由论证的形式性

根据我国立法规定，民事判决理由包含认定的案件事实，法律规范的适用以及判决结果同认定的事实和适用的法律规范之间的逻辑关联性。[②] 相应地，民事判决理由结构由这三个部分组成。在此基础上，论及判决理由论证的形式性。

我国民事判决书对事实认定和适用法律采分立的证立模式。就事

---

① 制作的要求是针对当事人的诉讼请求，根据认定的案件事实，依照法律规定，明确当事人争议的法律关系，阐述原告请求权是否成立，依法应当如何处理。对争议的法律适用问题，应当根据案件的性质、争议的法律关系、认定的事实，依照法律、司法解释规定的法律适用规则进行分析，作出认定，阐明支持或不予支持的理由。争议焦点之外，涉及当事人诉讼请求能否成立或者与本案裁判结果有关的问题，也应在说理部分一并进行分析论证。“综上所述”引出，对当事人的诉讼请求是否支持进行评述。参见《人民法院民事裁判文书制作规范》（六）理由。

② 参见王合静：《民事判决理由研究》，法律出版社2016年版，第17~18页。

实认定而言，论证的事项含及对争议事实的认定，以及认定该事实的依据。认定事实的依据包括当事人提交的证据、对当事人提交证据的分析和判断，以及根据采信的证据推导事实的关联关系。考察的大多数判决书在认定事实中论述了采信证据的过程以及对事实的判断依据。此处的事实是指经过人民法院的审理，根据证据对争议事实作出的认定，亦称法律事实。认定的事实是选择法律规范的基础，亦是作出裁断结果的依据。对适用法律规范的论证，包括论证判决理由时引用的法律规范和作出判决结果时引用的法律规范。

第一审民事判决理由包括“本院查明”，“本院认为”，作出判决结果的依据。第一审判决论证认定事实的过程和依据较为简略。有的判决按照事件发生的过程来论述所认定的事实，论述争议纠纷的性质和责任承担。譬如，在人格权纠纷，婚姻家庭、继承纠纷案件中，有的判决则是归结案件的争议焦点，论述对争议焦点的判断。不同的案由论述的方式有所差异，但同一种案由，呈现出判决理由论证的相似性。

第二审民事判决书含及第一审判决认定的事实，一审法院认为，判决结果，第二审当事人提交的证据，对证据的质证和认定的事实，归结争议焦点并作出判断，对上诉请求和原审判决进行评价。第二审维持原审判决结果案件的比例较高。论证维持原判的理由和原审判决理由基本相似。在撤销原判、改判的案件中，论证上诉请求能否成立的事实依据，并对原审判决是否适当作出评价。

再审民事判决书包含第一审、第二审认定的事实和裁判依据，再审判决理由、再审判决结果。故此，再审判决书的内容较多，有的二三万字。对再审判决围绕再审请求和当事人的争议论证理由，归结争议焦点并作出判断，对再审请求和原审判决加以评判。在所选的再审案件中，撤销原判的案件比例较大。该类判决详细地论证改判的理由，并说明原审判决存在的不当之处。再审判决理由的论证和所审理的案由有关。譬如，在人格权纠纷和婚姻家庭、继承纠纷中，当事人争议的问题主要涉及民事责任和比例的分担。原审和再审判决理由较多地呈现出法官个体法律知识和社会经验的裁量。在知识产权纠纷案件中，专业知识影响法官对判决理由的论证。其使用了较多的专业术语来解释法律规范，论证再审请求能否成立和原审判决是否适当。

我国民事判决文本中存在事实认定和法律适用两个方面较为明显的论述样式。这种论证模式，一方面，有利于规范法官对判决文书的制作；另一方面，使得对判决理由的论证缺乏融合性。在同类型案由中，判决理由具有共同的一些论述内容。在第二审判决和再审判决理由中，需要对上诉请求、再审请求和原审判决作出评价。第一审、第二审和再审民事判决理由的论证在同一审级之内呈现出相似性。在同一类案由中，判决理由的论证亦具有相似性。

3. 事实认定论证的样态

事实认定是指法院对当事人之间的民事纠纷，通过开庭审理，在当事人辩论的基础上作出的具有法律效果的事实判断。事实认定是法院适用法律规范和作出裁断结论的基础，对于法院正确裁断纠纷具有保障性价值。

第一审判决认定的案件事实影响着后续诉讼程序的进行。第一审程序的制度功能在于解决纠纷。立法对第一审程序规定了全面而详尽的诉讼步骤和阶段，为人民法院审判案件和当事人进行诉讼提供了程序依据。对事实的认定是当事人充分举证、质证和辩论的结果。受民事诉讼举证期限的制约，在第二审和再审程序中，当事人较少提出新证据。第二审判决认定的事实以原审认定的事实为基础，补充查明新的事实。在再审程序中，再审判决认定的事实以第一审认定的事实为依据，多数判决认同原一、二审认定的事实。第二审和再审判决改变原审认定事实的原因在于对认定的事实在法律规范层面上的评价不同。它随着法院审级、法官个体的认知呈现出差异。

判决理由中认定的事实包括当事人无异议的事实和有争议的事

实。法官论证的事实限于当事人有争议的事实。在论证认定的事实时，需要根据当事人提交的证据对纠纷事实作出判断。能直接确认的证据大多为书证、物证，即能够依凭证据本身记载的内容和证据本身的形态来认定案件事实。这类证据多为直接证据。譬如，对甲和乙之间签订的销售合同文本的确认和对某甲房产权属证书的确认等。对销售合同文本的确认，可以证明当事人之间存在合同关系，认定双方之间的约定事项，双方的权利义务关系，违约责任等。房产权属证书可以直接证明房屋的所有权人。法官对其他证据的认定，则需要论证内心对证据的判断过程以及根据确认的证据推论出案件事实的过程。

根据民事纠纷的性质确定论证认定事实的进路。按照纠纷事实发生时间的先后顺序来论证认定的事实。若案情复杂时，则是先归结争议焦点，针对焦点作出判断。争议焦点的内容涉及当事人之间民事实体法律关系，作出实体判决所需的事项。譬如，当事人的主体资格、当事人的责任划分、赔偿损失的计算。第二审和再审判决大多采纳原审判决认定的事实。

第二审和再审判决结果的改变主要是因为法官对案件事实在法律规范层面上的评价也发生了改变。不同审级法官的专业学识和审判经验不同，在将其认定的案件事实涵摄于适用的法律规范时，对案件事实的法律评价发生了改变。法官详尽论证了改变原审认定事实的依据，亦详细论证了对事实法律评价发生改变的理由。

由此，第一审认定的事实是第二审和再审认定事实的基础。第二审和再审基本认同一审判决认定的事实，或者以一审认定的事实为基础，补充查明新的事实。

对第二审和再审认定事实的论证意在说服当事人接受二审和再审判决结论，向原审法院说明裁断依据。

4. 适用法律规范论证的样态

在考察的民事判决样本中，对适用法律规范的论证归结如下。

第一，法律规范的论证和民事案由、审理案件法院的级别相关。

基层人民法院审理的案件大多事实简单，适用法律明确，可直接引用法律条文作出裁断结果。在判决理由中，主要是论证认定的事实。在复杂的第一审案件中，法官在论证中引用法律规范阐述认定事实的法律效力。在第二审和再审判决中，运用法律解释方法论证适用的法律规范。对法律规范文义理解的差异引起判决结论的改变。

第二，适用民事法律规范的差异。

在考察的判决文本中，通常引用民事法律规范来论证判决理由，但是，引用的法律规范未作为裁判结果的法律依据。对《民事诉讼法》和民事实体法的适用不同。

在第一审判决中，多数引用民事实体法律条文作为裁断结论的依据，有少数判决引用了《民事诉讼法》的规定，有判决书引用了论述中的法律规范作为裁判结论的依据。

在第二审判决中，根据判决结果适用不同的法律规范。第二审依法改判的，引用民事实体法律规范来论证观点和理由，作出判决结果时引用民事诉讼法律条文（《民事诉讼法》第 177 条第 1 款第 2 项、第 182 条之规定），少数判决引用论证中的民事实体法的规定；有的判决直接引用民事实体法和民事程序法的规定。

在再审判决中，作出判决结果时有引用《民事诉讼法》的规定，有适用民事实体法和《民事诉讼法》的规定。有的判决在论证判决理由时引用民事实体法的规定，作出裁断结果时引用《民事诉讼法》的条文，亦有引用民事实体法和《民事诉讼法》的规定。

判决文书中是否引用具体的法律条文内容，实践中做法不一。有的判决书在尾部附具作出判决结果的法律条文，多数判决书仅是引用作出判决依据的法律条款的数目。《最高人民法院关于裁判文书引用法律、法规等规范性法律文件的规定》第 2 条规定，引用包括实体法和程序法的，先引用实体法，后引用程序法。列出所引用法律条文的具体内容可以使当事人、社会民众在阅读判决文本时直接知晓所适用的法律规范，而不需要再去查阅法条，亦可避免引用法条数目错乱的失误。

第三，对民事实体法的适用。

在第一审程序中，主要适用民事实体法律规范作出裁判结果。

在第二审程序中，法官引用了民事实体法来论证其观点，或者解释一审判决适用法律错误的情形。亦有一些判决书在论证判决理由时引用了民事实体法或者程序法的规定，作出判决结果时亦引用这些法律条文。

在再审判决中，适用的法律规范有《民事诉讼法》的条文，民事实体法和民事程序法（民事诉讼法）的条文。有引用民事实体法律规范来论证争议法律关系的性质、效力等，并对法律规范加以解释。

5. 论证对受众的影响

民事判决理由的论证旨在表明司法机关作出的裁断结论的正当性，同时说服当事人、法律职业者和社会民众接受判决理由，从而接受判决结论。第一审判决理由的论证获得当事人，特别是败诉方当事人的接受，同时，接受上级法院的监督。我国立法对上诉的条件没有明确的限制，影响到上诉案件的数量。[①] 一般而言，当事人不服原审判决结果，表现为不接受原审判决的理由。再审改变判决结果的理由有：原审判决认定的事实不清楚或者存在错误、适用法律错误或者再审法院对认定事实的法律评价发生了改变。案由和再审结果具有一定的关联。譬如，在人格权纠纷和婚姻家庭、继承纠纷案件中，维持原审的比例分别约为60%和55%，而在合同纠纷、物权纠纷和知识产权纠纷案件中，维持原判的比例约为30%。

第一审判决理由论证对受众的影响。第一，当事人提出上诉的理由主要有：不予认可判决中认定的案件事实，或者是对案件事实的法

① 就选取的案例而言，第二审维持原判的比例约占73.88%，撤销原判、改判的比例约为23.88%。

律评价。法官对案件事实的认定和对事实的评价相互交织，成为第一审程序中当事人不服判决结果的主要理由。譬如，上诉人提出，法院未对认定案件事实的证据进行分析和评判。当事人不服适用的法律条文以及认为判决违反程序性事项的理由占少数。在上诉理由中，亦有部分上诉理由明显牵强，实为拖延诉讼。第二，从提起上诉的主体来看，多为被告一方。当事人在上诉状中阐述的上诉理由即表现为不接受原审判决理由的论说。当事人对判决结果的不满其实质是不予认同判决理由。胜诉一方，即使对法官阐述的判决理由不甚满意，但是对结果的认同吸纳了其对判决理由的不满。由此，判决理由的存在更多的是为败诉方当事人而写。[①] 第一审判决对认定事实的论证是判决理由能否获得接受的核心。

原生效判决理由论证对受众的影响。第一，当事人对第二审人民法院判决结果的不接受表现为对判决理由的不接受。当事人在再审申请书中提出的再审理由，可以作为考察当事人不服第二审判决理由的参照依据。第二，当事人不接受第二审判决理由主要表现为不认同法院认定的案件事实和适用的法律规范。在再审事由中，事实认定错误的比例高于适用法律规范错误的比例。第二审判决较少论证适用的法律规范。当事人不接受适用的法律规范的情形较多。第三，当事人对第二审法院认定事实的不接受主要表现为，当事人认为法官阐述认定案件事实的证据不够充分，未能达到说服其接受的程度。在法定的再审事由中，表现为对证据的分析说服力不强，对证据采信的论述较为粗糙等。认定事实和对认定事实在法律规范层面上的评价是法官个体法律学识和经验的认知，不同审级的法官针对同一事实可以作出不同的判断。[②] 由此，第一审对判决理由的论证得到败诉方当事人的接受较为重要。

---

① 参见王合静：《民事判决理由可接受性研究》，法律出版社 2017 年版，第 111~113 页。

② 参见王合静：《民事判决理由可接受性研究》，法律出版社 2017 年版，第 122~123 页。

第二节　民事裁定理由论证

我国《民事诉讼法》第 157 条第 3 款规定，裁定书应当写明裁定结果和作出该裁定的理由。裁定是人民法院对当事人程序性事项的权威性判定。当事人的程序事项关涉其实体权利。法官对裁定理由的论证直接影响到当事人的实体利益。故而，有必要对裁定理由的论证进行考察。

我国《民事诉讼法》规定了 11 种裁定。考察的裁定有不予受理的裁定、移送管辖的裁定、驳回起诉的裁定、驳回管辖权异议的裁定、对申请再审的裁定，不包括中止或者终结执行裁定、撤销或者不予执行仲裁裁决的裁定、不予执行公证机关赋予强制执行效力的债权文书的裁定等。

一、第一审民事裁定理由论证

（一）第一审民事裁定理由的类型化论证

裁定理由是指作出裁定结果的事实依据和法律依据。在裁定文本中表现为，“本院经审查认为，……裁定如下”。[①]

第一，裁定理由分种类论证。

不同类型的裁定书对裁定理由的论证有所差异。裁定理由论证的内容有查明事实、“本院认为”、裁定结果适用的法律规范。“本院认为”涉及对适用法律条文的解释，包括对民事实体法律规范的解释。

在不予受理的裁定中，对案件事实的查明是作出裁定结果的依据。不予受理裁定适用于明显不属于法院受理案件范围的情形。当事

---

① 本部分选取了 66 个第一审民事裁定，考察的事项有案由、裁定理由、裁定结果和受众。

人对不予受理裁定不服的，可以提起上诉。不予受理的裁定理由包括被告不明确的，案件不属于法院受案范围的，不属于受案法院管辖的等情形。譬如，在财产保险纠纷一案中，法院作出不予受理裁定的理由是原告提供二被告名称、送达地址的相关信息不够明确。① 论证查明的案件事实符合不予受理程序法律规范中的事实，即可推论出裁定结果。

驳回起诉的裁定一般是法官经开庭审理查明案件事实之后作出的裁断结论。驳回起诉是指法院认为当事人提起的诉不符合法律规定的程序要件，不能进入实体判决阶段而驳回当事人的诉的诉讼行为。对案件事实的查明是驳回起诉裁定理由论证的核心。在裁定书中，论证认定证据、查明事实的过程，论述查明的事实符合驳回起诉的事实。根据相关法律规定，论证作出驳回起诉的结论。

在撤诉裁定中，裁定理由的论证清晰和简略。撤诉包括视为撤诉和自愿撤诉。视为撤诉的情形有未缴纳诉讼费用、原告开庭时未按时到庭。申请撤诉的裁定理由有原告和被告达成和解协议、申请撤诉，申请撤诉不违反法律规定等。法官直接阐述本案的事实和相关的法律规范，依法作出裁定结果。

在管辖权异议案例中，《民事诉讼法》对管辖权有明确的规定，法院依职权进行调查即可确认。法官对裁定理由的论述没有固定的形式，有的裁定直接查明事实，结合法律规范论述管辖权异议不成立的事实根据；有的裁定则直接论述案件的性质，认为案件应由其他法院管辖等。②

第二，适用法律规范的论证。

---

① 参见黑龙江省海伦市人民法院（2016）黑 1283 民初 2195 号民事裁定书，载中国裁判文书网，https：//wenshu. court. gov. cn/website/wenshu/181107ANFZ0BXSK4/index. html? docId=7b9992532e4643d6bdb9a9b500215747，最后访问时间：2022 年 7 月 6 日。该裁定已生效。

② 参见福建省泉州市泉港区人民法院（2015）港民初字第 1581 号民事裁定书，载中国裁判文书网，https：//wenshu. court. gov. cn/website/wenshu/181107ANFZ0BXSK4/index. html? docId=bacf566fb0334f17ab0cf99456478596，最后访问时间：2022 年 7 月 6 日。

在第一审民事裁定中，如果案件事实清楚，论证裁定理由的内容则较为简略。如果案件事实复杂，则需要论证认定案件事实的过程。对事实的认定和判决理由中认定事实的过程相同，涉及对证据的分析和判断，并阐述判断的理由。

作为裁定依据的法律条文样态不一。作出裁定结论的法律规范有民事诉讼法的规定，有民事实体法和民事程序法（民事诉讼法）的规定。论证裁定理由时引用了和事实相关的民事实体法律规范，作为裁定依据引用了民事诉讼法律条文。有的裁定书在裁定结果后附具体的法律条文。

第三，裁定理由的论证结构。

我国《民事诉讼法》明确规定了裁定适用的具体情形。就选取的裁定而言，有明确的法律规范，不存在立法模糊或者缺失的情形。裁定理由论证的核心是认定案件事实。对裁定理由的论证旨在呈现裁定结果的正当性，说服当事人接受裁定结论。譬如，在管理人责任和公司决议撤销纠纷中，法官依据案件事实认定该案件的性质，认为其属于破产衍生诉讼，由受理破产申请的法院管辖。于此，作出移送管辖的裁定。[①] 法官论证了受理案件的法院不具有管辖权的依据。

第四，裁定理由论证的受众。

对裁定理由的论证旨在说服受众接受裁定结果。裁定理由论证的受众为双方当事人。裁定书不同于判决书。判决理由的论证存在特定的受众。但是，有的裁定不存在特定的受众。譬如，自愿撤诉的裁定、诉讼中止和诉讼终结的裁定。

---

① 参见海南省高级人民法院（2015）琼民二初字第7号民事裁定书，载中国裁判文书网，https：//wenshu. court. gov. cn/website/wenshu/181107ANFZ0BXSK4/index. html? docId=0061b5ee14ee4ebea04a0dc54b27db23，最后访问时间：2022年7月6日。

（二）第一审民事个案裁定理由的论证

1. ×银行成都分行与李某琼、李某乾，第三人酒业公司、房地产开发公司、×集团申请执行人执行异议之诉纠纷案[①]

案号：（2018）川01民初27号

基本案情：原告×银行成都分行与被告李某琼、李某乾，第三人酒业公司、房地产开发公司、×集团申请执行人执行异议之诉一案，×银行成都分行向法院提出，准许执行四川省宜宾县房屋（以下简称某花园4号房）。×银行成都分行与酒业公司、房地产开发公司、×集团借款合同纠纷一案，成都市中级人民法院（以下简称成都中院）于2016年1月22日作出（2015）成民初字第2189号民事判决（以下简称2189号判决），2017年10月24日，李某琼、李某乾对某花园4号房提出书面异议。成都中院作出（2017）川01执异2252号执行裁定，裁定中止对某花园4号房的执行。原告向法院提起申请执行人执行异议之诉，成都中院裁定驳回起诉。

裁定理由论证：该案对裁定理由的论证以《最高人民法院关于适用〈中华人民共和国民事诉讼法〉的解释》（2020年）第306条第1款第2项“申请执行人提起执行异议之诉，除符合民事诉讼法第一百一十九条规定外，还应当具备下列条件：……（二）有明确的对执行标的继续执行的诉讼请求，且诉讼请求与原判决、裁定无关”的规定为根据，提出申请人执行异议之诉的起诉条件须与作为执行依据的原判决没有关系，否则即不符合起诉条件。成都中院（2015）成民初字第2189号民事判决已经确定×银行成都分行有权以房地产开发公司提供的抵押物折价或者以拍卖、变卖抵押物所得价款优先受偿。他项权证登记的抵押物包括某花园4号房，作为执行依据的成都中院（2015）成民初字第2189号民事判决已对某花园4号房的处置方式予

① 参见四川省成都市中级人民法院（2018）川01民初27号民事裁定书，载中国裁判文书网，https://wenshu.court.gov.cn/website/wenshu/181107ANFZ0BXSK4/index.html?docId=f4ccd1e78a4f45c1beeba8b700fda4fc，最后访问时间：2022年7月6日。

以判定，×银行成都分行再次提出执行异议之诉请求判令准许执行某花园 4 号房，明显与已生效的民事判决相关，案件不符合《民事诉讼法》规定的申请执行人执行异议之诉的受理条件，受理后应当裁定驳回起诉。

该案裁定理由论证了申请人执行异议之诉的诉讼请求和原判决有关。申请执行异议之诉受理的条件是有明确的对执行标的继续执行的诉讼请求，且诉讼请求与原判决、裁定无关，故法院作出驳回起诉的裁定。

适用法律规范：

《民事诉讼法》第 124 条第 5 项、第 227 条（现行《民事诉讼法》第 127 条第 5 项、第 234 条），《最高人民法院关于适用〈中华人民共和国民事诉讼法〉的解释》第 208 条第 3 款

2. W 投资有限公司、H 投资有限公司诉 Y 实业发展公司、Z 会计师事务所与企业破产有关纠纷案[①]

案号：（2015）琼民二初字第 7 号

基本案情：原告 W 投资有限公司、H 投资有限公司向海南省海口市龙华区人民法院（以下简称龙华法院）起诉被告 Y 实业发展公司、Z 会计师事务所与企业破产有关纠纷，请求确认 Z 会计师事务所以北京 D 公司破产管理人身份代表该公司在海南 Y 实业发展公司 2014 年第二次临时股东大会上对《关于公司向特定对象非公开发行股票方案的议案》以及其他相关议案的投票行为（投赞成票）无效。两原告增加诉讼请求，请求 Z 会计师事务所赔偿经济损失 5000 万元，Y 实业发展公司承担连带责任。龙华法院以诉讼标的额超过该院级别管辖为由裁定将案件移送管辖。

案件经审理后，北京市第一中级人民法院（以下简称北京一中

---

① 参见湖南省高级人民法院（2015）琼民二初字第 7 号民事裁定书，载中国裁判文书网，https：//wenshu. court. gov. cn/website/wenshu/181107ANFZ0BXSK4/index. html? docId = 0061b5ee14ee4ebea04a0dc54b27db23，最后访问时间：2022 年 7 月 6 日。

院）作出移送管辖的裁定。

裁定理由论证：2009 年 8 月 24 日，北京一中院裁定北京 D 公司进入破产程序，并指定 Z 会计师事务所作为北京 D 公司的破产管理人。案件属于管理人责任纠纷和公司决议撤销纠纷，有关管理人 Z 会计师事务所因履行管理职责而引发的责任纠纷案件亦应由受理北京 D 公司破产案件的北京一中院管辖。本案由龙华法院移送到北京一中院，根据《民事诉讼法》第 37 条的规定，受移送的人民法院认为受移送的案件不属于本院管辖的，应当报请上级人民法院指定管辖，不得再自行移送。据此，将案件报请最高人民法院指定管辖。最高人民法院于 2015 年 12 月 10 日作出《关于原告 W 投资有限公司、H 投资有限公司与被告 Y 实业发展公司、被告 Z 会计师事务所管理人责任及公司决议撤销纠纷一案指定管辖的通知》，认为本案是两原告针对北京 D 公司破产管理人 Z 会计师事务所未勤勉尽责、忠实执行职务提起的损害赔偿纠纷，属于与企业破产有关的纠纷，即破产衍生诉讼。根据《企业破产法》第 21 条和《最高人民法院关于适用〈中华人民共和国企业破产法〉若干问题的规定（二）》第 47 条的规定，人民法院受理破产申请后，有关破产企业的民事诉讼案件，由受理破产申请的人民法院管辖，故本案应由审理北京 D 公司破产案件的北京一中院管辖。

适用法律规范：《民事诉讼法》第 154 条第 1 款第 11 项（现行《民事诉讼法》第 157 条第 1 款第 11 项）之规定

本案管辖法院的确定涉及对当事人之间法律关系的认定。当事人向法院起诉之后，受案法院认为本案属于因履行管理职责而引发的责任纠纷，应当由北京一中院管辖。于是，将案件移送。但是，受移送的法院认为案件不属于其管辖，不能自行移送，需将案件报送最高人民法院指定管辖。最高人民法院认为该案系破产过程中引发的纠纷，根据实体法律关系，确定具有管辖权的法院。法院之间认定案件纠纷性质的差异引起对管辖法院不同的认知。

3. H 重工集团与 Q 能源集团有限公司买卖合同纠纷案①

案号：（2015）青民立初字第 3 号

基本案情：原告 H 重工集团因和被告 Q 能源集团有限公司买卖合同纠纷向青海省高级人民法院提起诉讼。被告在答辩期间内提出管辖权异议，认为合同主体已由 Q 煤化集团有限公司变为 Q 能源集团有限公司，案件应由 Q 能源集团有限公司所在地有管辖权的人民法院审理。经法院审理之后，作出驳回管辖权异议的裁定。

裁定理由论证：论证原告和 Q 煤化集团有限公司签订《产品购销合同》第 9 条的效力。合同约定，发生争议在合同签订地法院起诉即西宁市。此管辖协议，符合《民事诉讼法》第 34 条的规定，合法有效。合同转让之后对受让人发生效力。原、被告与 Q 煤化集团有限公司虽签订《主体变更协议》，约定将合同权利义务转给被告，……合同的管辖协议对合同受让人继续有效，不影响原合同中管辖条款的效力。

适用法律规范：《民事诉讼法》第 34 条、第 154 条第 1 款第 2 项（现行《民事诉讼法》第 35 条、第 157 条第 1 款第 2 项），《最高人民法院关于适用〈中华人民共和国民事诉讼法〉的解释》第 33 条

该裁定理由论证了主体变更协议的效力和原合同协议效力之间的关系，认定管辖协议的效力。据此，根据《民事诉讼法》的规定作出裁定结论。

二、第二审民事裁定理由论证

（一）第二审民事裁定理由类型化的论证

第二审民事裁定包含提起上诉的裁定（不予受理裁定、驳回起诉

---

① 青海省高级人民法院（2015）青民立初字第 3 号民事裁定书，载中国裁判文书网，https：//wenshu. court. gov. cn/website/wenshu/181107ANFZ0BXSK4/index. html？docId=c3ad98fb149a42e3a45498ad84044b67，最后访问时间：2022 年 7 月 6 日。

裁定、管辖权异议裁定)、第二审撤诉的裁定、对第一审判决发回重审的裁定。由此，对第二审裁定考察的种类相对较少。所选的裁定类型有撤回上诉（视为撤诉）的裁定、移送管辖的裁定、驳回上诉的裁定、维持原裁定和发回重审的裁定。[①] 裁定理由含及事实认定和作出裁定结果的法律依据。

第一，第二审裁定理由的论证和裁定事项有关。

裁定理由没有统一的论述形式。对裁定理由的论证视裁定事项的不同选择论证的内容。

就提起上诉的裁定而言，认定案件事实是裁定理由论证的核心。第二审裁定结果（维持或者改变原裁定）和法官对认定事实适用于法律规范的判断有关。在所选案例中，论证维持原审裁定时，认可原审认定的事实。对事实的认定以及对认定事实的评价是裁定理由重要的内容。第二审裁定改变一审裁定结果的理由主要在于改变对第一审认定的事实适用于法律规范的评价。对认定事实法律评价的改变和对法律规范的认知（解释）有关。

对第二审撤回上诉或者视为撤回上诉裁定理由的论证，即为论述和证明当事人出现了诉讼程序中法律规定的事实状态，该状态符合撤诉的法律规定。对指定管辖裁定理由的论证涉及对第一审认定事实适用民事程序法律规范的解释，即认为存在不便管辖的事实，作出指定管辖的结论。该解释改变了对第一审认定事实的法律判断。发回重审裁定的依据是原审判决认定事实不清。这类裁定理由论证了原判决存在认定事实不清的情形以及依据、对证据不充分的事实加以说明。

第二审裁定理由相对判决理由而言，较为简略。法官根据认定的事实选择适用的法律规范，并进行评价。第二审裁定适用的法律规范明确。

---

① 本部分选取了23个民事第二审裁定，考察的事项有案由、裁定理由、裁定结果、受众。

第二，裁定理由论证的结构。

裁定理由的论证和适用该裁定事项的法律规范相关。《民事诉讼法》规定了有关裁定适用的法律规范。法官查明事实后，以相关法律规范为依据，论证认定事实和适用的法律条文之间的逻辑关联，即可作出裁定结果。作为裁定依据的是《民事诉讼法》的相关规定。

第三，第二审裁定理由论证的受众。

第二审裁定理由根据相关的法律规范展开论证，论证的内容较为简略，但是并不影响其说服的效果。

第二审裁定理由的受众为上诉人、被上诉人以及原审法院。维持原裁定的，受众为上诉人；撤销原判决发回重审的裁定，受众为上诉人、被上诉人、原审法院；撤销原裁定的，受众为被上诉人和原审法院。有的裁定没有特定受众，譬如，申请撤回上诉的裁定。

（二）第二审民事个案裁定理由的论证

1. 甲装饰公司与海口乙开发公司装饰装修合同纠纷案[①]

案号：(2015) 民二终字第287号

基本案情：上诉人甲装饰公司因与被上诉人海口乙开发公司装饰装修合同纠纷一案，不服海南省高级人民法院（以下简称海南高院）(2015) 琼环民初字第6号民事裁定（以下简称一审裁定），向最高人民法院提起上诉。

海南高院原审理的（2015）琼环民初字第4号甲装饰公司诉乙开发公司装饰装修合同纠纷案（以下简称4号准许撤回起诉案），甲装饰公司于2015年5月14日向海南高院申请撤回该案诉讼，海南高院于2015年5月22日作出民事裁定，准许其撤回起诉。2015年6月29日，甲装饰公司再次以与前述案件相同的诉讼标的和诉讼请求向海南高院提起本案诉讼。一审法院裁定驳回起诉。第二审法院裁定撤销一审裁定。

---

① 中华人民共和国最高人民法院（2015）民二终字第287号民事裁定书，载中国裁判文书网，https：//wenshu. court. gov. cn/website/wenshu/181107ANFZ0BXSK4/index. html? docId＝4adf78ae16874cdca5b37682cbf15aca，最后访问时间：2022年7月6日。

裁定理由论证： 该案涉及对撤诉效力的认知。最高人民法院在审理该案时，对送达的意义及效力进行了评价，即“送达是人民法院向当事人实施的诉讼行为，依法送达诉讼文书，不仅可以使当事人及时知晓诉讼中的有关信息，为行使诉讼权利和履行诉讼义务做好准备，而且也为人民法院实施诉讼行为，进一步推进诉讼进程提供了正当性的前提”。送达的法律效力在于“对送达相关当事人，即对受送达相关当事人产生应有的法律效力，包括程序上的效力和实体上的效力”。

法官论证了一审准许撤回起诉裁定的效力。甲装饰公司收到裁定书之后，从程序上而言，其如不服该裁定的，提起上诉的权利行使期限自此开始计算；从实体上而言，如不提起上诉或超过上诉期限提起上诉的，则该裁定对其产生法律效力。甲装饰公司在 2015 年 6 月 29 日，依据《最高人民法院关于适用〈中华人民共和国民事诉讼法〉的解释》第 214 条的规定，以同一诉讼请求再次提起本案诉讼的，人民法院应予受理。

该案二审法官根据法理论证送达的效果，对一审裁定理由中的不当之处进行了说明，并对上诉人的上诉请求是否合理进行评价，在此基础上，作出撤销一审裁定的裁定。

适用法律规范：《民事诉讼法》第 170 条第 1 款第 2 项、第 175 条（现行《民事诉讼法》第 177 条第 1 款第 2 项、第 182 条）

2. 易某与张某、陶某漳、陶某易物权保护纠纷案

案号：（2016）京 01 民终 750 号①

基本案情： 易某与陶某于 1986 年 6 月登记结婚，婚后育有婚生子陶某易。1995 年 12 月 11 日，由陶某出资以李某的名义购买了位于北京市昌平区×××镇×××小区××号楼×单元×××的房屋，该房屋归陶某所有。2001 年 9 月，陶某与易某离婚，同意将该房屋赠与陶某易，并

---

① 参见北京市第一中级人民法院（2016）京 01 民终 750 号民事裁定书，载中国裁判文书网，https://wenshu.court.gov.cn/website/wenshu/181107ANFZ0BXSK4/index.html?docId=3f018b81da144cc49a12bee67aae99b7，最后访问时间：2022 年 7 月 6 日。

承诺在具备过户条件时将该房屋过户给陶某易。陶某与被告张某登记结婚，并育有一女陶某漳。2013 年 11 月 23 日，陶某因突发疾病去世。易某要求按照陶某生前与易某的约定将房屋过户给陶某易。此时易某获悉该房屋以 75 万元被出售。易某将张某及陶某的法定继承人陶某漳、陶某易诉至法院，请求返还该房款 37.5 万元，并赔偿损失。一审法院裁定驳回原告易某的起诉。易某不服该裁定，向第二审法院提起上诉。第二审法院裁定撤销原审法院裁定，由原审法院继续审理。

裁定理由论证：第二审法院认为，本案是侵权之诉，即上诉人易某认为对涉案房屋出卖后，属于自己应得的价款及造成的损失应由张某、陶某漳、陶某易返还及赔偿，其所提起的诉讼符合侵权诉讼的规定。案件应当由一审法院进行审理。

论述一审裁定不当的理由。当事人对法律关系认识不清不是法院裁定驳回起诉的依据。第一审法院适用法律错误。第二审裁定理由对上诉请求和理由以及一审法院的裁定进行了评价。

本案初看起来法律关系似乎较为复杂，争议的标的物和婚姻关系牵连在一起，但是，透过当事人之间各种法律关系可以看出，原告起诉的标的物涉及的是标的物权利的归属。第一审判决认为，当事人进行诉讼应对法律关系有准确的认识，在法律关系认识不当的情况下，人民法院按照法律规定将驳回原告的起诉。本案应属于婚姻家庭纠纷，并非物权保护纠纷。所以，裁定驳回原告的起诉。二审法官认为，当事人对法律关系认识不当，并非法院不予受理案件的理由。故裁定原审法院继续审理。

适用法律规范：《民事诉讼法》第 119 条、第 170 条第 1 款第 2 项、第 171 条、第 175 条（现行《民事诉讼法》第 122 条、第 177 条第 1 款第 2 项、第 178 条、第 182 条）

3. A 木业公司与 B 公司等债权转让合同纠纷管辖权异议案[①]

案号：（2016）苏 02 民辖终 25 号

基本案情：上诉人无锡市 A 木业公司因与被上诉人 B 公司、原审被告 C 投资发展有限公司、钱某等债权转让合同纠纷管辖权异议不服无锡市崇安区人民法院（2015）崇商初字第 0826 号民事裁定提起上诉，请求撤销原审裁定，将案件移送至有管辖权的人民法院审理。上诉理由是：其公司住所地在无锡市惠山区，应由无锡市惠山区人民法院管辖。被上诉人未答辩。原审法院裁定，驳回 A 公司对本案管辖权提出的异议。二审法院审理后，作出驳回上诉的裁定。

裁定理由论证：认定事实。确认原审法院查明的事实。原审法院查明，A 公司与某农商行于 2012 年 11 月 16 日签订流动资金最高额借款合同（以下简称借款合同）约定："本合同履行中发生争议，可由双方协商解决或由贷款人法人所在地人民法院裁决。"2014 年 12 月 26 日，某农商行与资产管理公司南京办事处发布债权转让暨债务催收联合公告，载明某农商行将上述借款合同项下债权转让给 C 投资公司。2015 年 6 月 25 日，C 投资公司与 B 公司发布债权转让暨催收联合公告，载明将上述借款合同项下债权转让给南国公司。

根据法律规定论证本案中的管辖。合同或者其他财产权益纠纷的当事人可以书面协议选择被告住所地、合同履行地、合同签订地、原告住所地、标的物所在地等与争议有实际联系地点的人民法院管辖，但不得违反法律关于级别管辖和专属管辖的规定。合同转让的，合同的管辖协议对合同受让人有效。在本案中，某农商行将借款合同中的权利义务转让给 C 投资公司，C 投资公司又将合同权利义务转让给 B 公司，故被上诉人和上诉人之间就借款合同履行产生纠纷时管辖法院的确定受借款合同协议管辖的约束。借款合同约定"本合同履行中发

---

① 参见江苏省无锡市中级人民法院（2016）苏 02 民辖终 25 号民事裁定书，载中国裁判文书网，https：//wenshu. court. gov. cn/website/wenshu/181107ANFZ0BXSK4/index. html? docId=52e923e1ccb54d2b87474c178dd87cc0，最后访问时间：2022 年 7 月 6 日。

生争议，可由双方协商解决或由贷款人法人所在地人民法院裁决”，该约定明确，与争议有实际联系亦不违反法律关于专属管辖和级别管辖的规定，应认定有效。

对上诉理由和原审法院作出评价。贷款人属原审法院辖区，对本案有管辖权。上诉理由不能成立。

适用法律规范：《民事诉讼法》第 34 条、第 170 条第 1 款第 1 项、第 171 条（现行《民事诉讼法》第 35 条、第 177 条第 1 款第 1 项、第 178 条）

三、再审民事裁定理由论证

（一）再审民事裁定理由的类型化论证

再审裁定是指再审法院对存在错误的生效裁定审理之后作出的裁定。对申请再审的裁定是指对申请再审书审查之后作出的裁定。[①] 再审裁定理由类型化论证包括前述两种裁定理由的论证，归结论证样态如下：

第一，再审裁定理由的论证和裁定的类型及审级相关。

适用再审裁定的种类明确，不同种类的裁定书对裁定理由论述的内容差异较大，论证的形式有所不同。譬如，在视为撤回再审申请的裁定中，论述当事人所实施的诉讼行为，寻找出和其相关的法律规范，论证案件事实符合法律规制的事实，裁断当事人诉讼行为的法律后果，即裁定结论。在撤销原判、驳回起诉的裁定书中，对案件事实的查明是论证的重要内容。裁定理由论证则是查明事实，根据立法对不予受理情形的规定，将案件事实在法律规范中进行评价，并作出判断。在驳回再审申请的裁定书中，围绕当事人的再审请求归结需要解决的事项，对申请再审的理由以及原审判决中认定的事实进行评价。以再审事由作为认定的法律依据，对当事人申请理由进行评价，作出裁定结果。

---

① 本部分共选取了 30 份民事裁定，考察的事项有裁定理由、裁定结果和裁定的受众。

裁定理由的论证和审理案件的法院的级别相关。第一审裁定的种类多，适用的事项简单，裁定理由的论证较为简略。第二审裁定的种类不同，论证的内容差别较大。譬如，在管辖权异议的裁定书中，驳回上诉的裁定则围绕当事人的上诉请求进行论证，并对一审裁定的理由进行评价。

在再审裁定书中，再审裁定的结构为“一审查明……，二审查明……，再审查明……事实，本院认为……，裁定如下”。裁定理由的论证以认定的事实为基础。再审裁定理由根据每一种裁定解决的事项来证立结论。裁定书的审级不同，裁定理由论证的内容亦不同。

譬如，在撤销原判、发回重审的再审裁定中，对裁定理由的论证首先是查明事实。再审认定的事实大多认同原审事实，亦有补充认定事实。另外，根据认定的事实论证原判决存在事实不清、证据不足的情形，论证证据不足的内容较少。

第二，对事实认定的论证。

就所选案例而言，认定案件事实是再审裁定理由论证的核心。对证据的分析和判断是认定的事实是否具有说服力的基础。在认定事实的基础上作出适用法律规范的解释。

法官在论证裁定理由时，依据证据查明案件中的主要事实，将该事实融合于所适用的法律规范中的要件事实。立法明确规定了裁定适用的各种情形。将认定的事实根据民事诉讼法律规范作出解释或者评价，依法作出裁判结论。裁定中对事实的认定和判决书中事实的认定相比，前者较为明确、清晰。

譬如，在驳回申请再审的裁定中，当事人申请再审的理由是裁定再审的依据。法院对再审理由能否成立的判断是其作出裁断的基础。此类裁定理由以《民事诉讼法》第207条的规定作为论证的依据，对当事人申请理由是否符合该规定予以论证，并作出评价。

再审裁定论证查明的事实，依据查明的事实对原审裁定认定的事实作出判断，并对再审请求进行评价。

第三，对法律规范适用的论证。

裁定理由论证适用的法律规范包括论证裁定理由时引用的法律条文和作出裁定结果的引用的法律条文。选取的裁定适用法律规范的情形有：适用民事诉讼法律条文；适用民事实体法和民事诉讼法的条文，譬如，发回重审的裁定；论证裁定理由引用了民事实体法的条文，作为裁定结果依据时引用了民事诉讼法的条文。

同类型裁定适用的法律规范具有相似性。譬如，驳回申请的裁定适用《民事诉讼法》第 207 条规定作为论证的依据，适用《民事诉讼法》第 214 条第 1 款等作为裁定结果的依据。由此，对裁定分类型进行研究，以发现适用法律条文的规律性，保障适用法律的统一。

对申请再审书裁定再审的案件中，对裁定理由的论证以《民事诉讼法》第 207 条规定为依据，论证当事人申请再审的理由符合该规定的情形，有的裁定论证原裁定存在错误的情形。在该类裁定中，适用《民事诉讼法》第 207 条、第 211 条、第 213 条之规定。

第四，再审裁定理由论证的受众。

论证是向接受论证内容的主体作出的。论证的受众是接受论证的当事人。再审裁定改变原裁定结果的案件，再审裁定理由论证的受众为被申请人和原审法院。再审裁定维持原裁定的，受众是申请人。

（二）再审民事个案裁定理由的论证

1. 四川 H 房地产开发有限公司与成都市 A 镇人民政府土地储备中心建设用地使用权合同纠纷案①

案号：（2017）最高法民申 822 号

基本案情：再审申请人四川 H 房地产开发有限公司（以下简称 H 房产公司）因与被申请人成都市 A 镇人民政府（以下简称镇政府）、

① 参见中华人民共和国最高人民法院（2017）最高法民申 822 号民事裁定书，载中国裁判文书网，https://wenshu.court.gov.cn/website/wenshu/181107ANFZ0BXSK4/index.html?docId=2735c5009e0245148fc0a7860113c9aa，最后访问时间：2022 年 7 月 6 日。

一审被告成都市A区国土资源局（以下简称A区国土局）等建设用地使用权合同纠纷一案，不服四川省高级人民法院作出的（2016）川民终829号民事判决，向最高人民法院申请再审。H房产公司申请再审称，二审判决认定事实不清，适用法律错误。经审查后，最高人民法院作出驳回再审申请的裁定。

裁定理由论证：归结争议的问题。第一，关于《协议书》《补充协议》的效力。根据协议的内容和目的论证协议的效力，即“协议主要围绕取得土地使用权的四至、如何受让、土地价款、价款支付方式、国有土地使用证办理等展开，协议目的是获得案涉国有土地使用权，并无有关投资及收益取得的意思表示”，“其明确指向案涉土地的国有土地使用权取得，并用于商住用途建设”，提出依据《土地管理法》第43条、第46条及《城市房地产管理法》第12条、第15条规定，土地即使经转化为国有土地后，也应由市、县人民政府土地管理部门与使用者（H房产公司）签订出让协议。镇政府作为出让方均违反法律规定。对一审、二审认定合同无效，适用法律并无不当。对当事人H房产公司主张进行评价，即“无事实和法律依据，不予支持”。

第二，关于《计算表1》和《计算表2》的性质。通过这两份表的形式判断“该计算表不能证实其与该中心达成相关协议，故H房产公司主张两份计算表送达给公司即生效，形成新的合同，无事实和法律依据，不予支持”。

根据上述认定，对二审判决认定的事实进行评价，即“《协议书》《补充协议》无效，双方因合同取得财产应予返还，二审法院判决镇政府向H房产公司返还合同款2040万元，并按同类同期银行贷款利率支付资金占用利息，并无不妥”。“两位证人证明了H房产公司获得两份计算表的过程，而H房产公司未进一步提供相关有效证据证实其取得计算表的正当方式，二审法院采信认定两位证人证言，并无不妥。”在上述论证的基础上，最高人民法院认定再审申请不符合我国《民事诉讼法》第200条第2项和第6项规定的情形，作出驳回再审申请的裁定。

适用法律规范：《民事诉讼法》第204条第1款（现行《民事诉讼法》第211条第1款）、《最高人民法院关于适用〈中华人民共和国民事诉讼法〉的解释》第395条第2款

论证结构：

审查查明事实。

论证1.《协议书》《补充协议》的效力→①协议内容、目的→投资协议不能成立←无事实、法律依据→②土地法律规定→镇政府行为无效

①、②→对原审判决、申请人主张评价

论证2.《计算表1》和《计算表2》是否为新约定

表1和表2→申请人主张、被申请人观点→法院判断（不能形成新合同）

↓

返还财产，对二审评价

论证3.对证据的判断→确认证据1，证据2证人证言

↑　　　　　　　　↑

真实性　　　　申请人无有效证据

结论：不符合《民事诉讼法》第200条第2项、第6项的规定。

2. 马某华与A建设工程集团有限公司、A建设工程集团有限公司山东分公司、仲某买卖合同纠纷案[①]

案号：(2016)鲁02民申202号

基本案情：再审申请人马某华因与被申请人A建设工程集团有限

① 山东省青岛市中级人民法院(2016)鲁02民申202号民事裁定书，载中国裁判文书网，https://wenshu.court.gov.cn/website/wenshu/181107ANFZ0BXSK4/index.html?docId=a28ab73671644e76bb010c71fc26ad74，最后访问时间：2022年7月6日。

公司（以下简称 A 公司）等买卖合同纠纷一案，不服（2015）青民二商终字第 1067 号民事判决，向山东省青岛市中级人民法院申请再审，请求改判（2015）青民二商终字第 1067 号民事判决第二项，判决按合同逾期付款的价格条款执行，支付其调价款 1260288 元；依法对其《增加诉讼请求申请书》判决或驳回；依法纠正二审判决文书制作错误。

申请人申请再审称，其诉讼请求是要求三被申请人承担连带还款责任，违约金的调整超出了当事人的诉讼请求，违反了“不诉不理”的基本原则，也违背了“禁止上诉不利益变更原则”。被申请人在一审、二审中均未提出对违约金进行调整的请求，应视为放弃权利；其于 2015 年 11 月 30 日向二审案件承办法官邮寄了《增加诉讼请求申请书》，二审判决未予处理不当。第二审法院对其再审申请审查后予以驳回。

裁定理由论证：对裁定理由论证的进路是归结本案的争议焦点并作出判断。

第一，逾期付款价格变动的约定是否属于违约责任条款。根据《合同法》第 114 条第 1 款规定，“当事人可以约定一方违约时应当根据违约情况向对方支付一定数额的违约金，也可以约定因违约产生的损失赔偿额的计算方法”。该案合同约定逾期付款则由违约方承担每日商品价格上调的责任，系对违约方违约后果的约定，商品价格每日变动的约定，只是违约责任的一种计算方式。法官对一、二审判决将该条款认定为违约金条款进行评价，认为其“并无不当”。根据《合同法》第 114 条第 2 款的规定，约定的违约金过分高于造成的损失的，当事人可以请求人民法院予以适当减少。法官对一、二审判决认定“自应付款日的次日起按中国人民银行公布的同期贷款利率上浮30%计算利息作为违约金”进行评价。

第二，是否遗漏诉讼请求。根据法律规定，当事人提出诉讼请求，应在一审程序中提出。提出的时间不对，且内容与案件不是同一个法律关系。认为“二审不予处理，并无不当”，如其符合起诉条件，可另行主张。

第三，裁判文书制作的技术问题不属于再审申请审查的范围，不予处理。

在前述论证的基础上，法官认定当事人的再审申请不符合《民事诉讼法》第 200 条第 1 项、第 2 项、第 6 项、第 11 项规定的情形。

适用法律规范：《民事诉讼法》第 204 条第 1 款（现行《民事诉讼法》第 211 条第 1 款）之规定

论证结构：

归结争议焦点：焦点一、焦点二、焦点三

论证：焦点一，逾期付款价格变动约定的性质。《合同法》第 114 条第 1 款规定 → 约定是违约金 → 对原审的评价

《合同法》第 114 条第 2 款→ 被申请人调整违约金 → 对原审的评价

焦点二，增加诉讼请求→ 二审提出 → 二审处理无不当

焦点三，裁判文书制作技术→ 不属于再审范围

结论：不符合《民事诉讼法》第 200 条第 1 项、第 2 项、第 6 项、第 11 项（现行《民事诉讼法》第 207 条第 1 项、第 2 项、第 6 项、第 11 项）之规定。

3. B 农产有限公司与 T 贸易有限公司等合同纠纷案[①]

案号：（2021）最高法民申 4622 号

基本案情：再审申请人 B 农产有限公司（以下简称 B 公司）因与被申请人 T 贸易有限公司（以下简称 T 公司）等合同纠纷一案，不服辽宁省高级人民法院（2021）辽民终 60 号民事判决，向最高人民

① 中华人民共和国最高人民法院（2021）最高法民申 4622 号民事裁定书，https://wenshu.court.gov.cn/website/wenshu/181107ANFZ0BXSK4/index.html? docId = ee946688c1e-5471fb458ae080119b839，最后访问时间：2022 年 7 月 6 日。

法院申请再审。

B公司申请再审的理由是：第一，原二审判决引用了未经质证的证据即《玉米销售合同》，并据此得出其所举证据不足以证明货值2703万元的玉米已实际交付给被申请人T公司及其以担保人身份指定的各提货方的错误结论。原审判决用《玉米销售合同》的签订日期与B公司举证的用以证明债权对应的交易已真实发生的各份《粮油购销合同》等单据对比，得出《付款协议》中记载的内容与事实不符的错误结论。第二，原审遗漏X公司已将玉米实际交付给T公司及其以担保人身份指定的各提货方的事实，认定事实及适用法律均有错误。徐某在原审中称2703万元货款不是基于真实的玉米交易产生，而是B公司吸收的债权，但未提供任何证据证明。B公司原审先后提交恩基5轮水路货运单等证据，证明B公司债权玉米均已由T公司及其作为担保方指定的提货方实际提走的事实。法院经审查之后，作出驳回B公司的再审申请的裁定。

裁定理由论证：归结再审审查的主要问题，即原审驳回B公司的诉请是否正确。

B公司与T公司于2015年7月21日签订的《付款协议》载明，本协议签订以前T公司在嘉兴海盐港口收到B公司2703万元货值的玉米。《房屋抵押合同》《保证合同》均约定，甲宾馆等为B公司与T公司的《玉米销售合同》和《付款协议》提供担保。B公司向T公司请求付款及要求各担保人承担担保责任。原审提交21份《粮油购销合同》等单据。法院认为，“上述合同中记载T公司是担保方而非购买方，且载明的日期无法相互对应”，……《粮油购销合同》及《提货通知函》《出仓单》亦与《付款协议》中协议签订前交货的约定不相符。B公司出具的《水运货物进出港申报联系单》和证人证言等证据不足以证明B公司已向T公司实际交付2703万元货值的玉米。原审驳回诉讼请求，并无不当。B公司不能证明《付款协议》的主债务已实际发生，其要求被申请人甲宾馆等承担担保责任的再审申请理由不能成立。

关于《玉米销售合同》质证问题。二审庭审中已针对该合同约定的交付方式、权利义务等相关问题向各方当事人进行了询问。B公司提交的代理词针对《玉米销售合同》发表了意见，B公司该项再审申请理由，不予支持。再审申请不符合《民事诉讼法》第200条第4项和第6项规定。

适用法律规范：《民事诉讼法》第204条第1款（现行《民事诉讼法》第211条第1款）、《最高人民法院关于适用〈中华人民共和国民事诉讼法〉的解释》第395条第2款

论证结构：

归结再审审查问题→驳回B公司诉请是否正确

1. 付款协议→T公司收到玉米

担保↑　　　　↓　→申请人请求付款→接受玉米

房屋抵押合同、保证合同　　　　　　　↑

证据不足

评价：主债务不成立→担保责任不发生→再审理由不成立

2.《玉米销售合同》已质证←①申请人代理词涉及合同意见；②二审已询问→再审理由不成立

评价：再审申请不符合《民事诉讼法》第200条第4项和第6项（现行《民事诉讼法》第207条第4项和第6项）。

四、民事裁定理由论证的样态

在考察的裁定文本中，裁定理由论证的样态和其适用的事项相关，故此，裁定论述的内容繁简各异，论证的充分程度亦不同。

1. 民事裁定理由论证和裁定类型及审级相关

不同类型的裁定文本对裁定理由的论证有所差异。裁定理由论证

的内容和适用的事项相关。

第一审裁定理由论证表现为查明事实、“本院认为”、裁定结果适用的法律规范。第一审裁定的种类较多，但适用的事项简单。因而，裁定理由论证的内容较为简略。对裁定理由的论证则是查明当事人的事实状态，论证该事实状态符合民事法律规范中所含及的事实即可。譬如，在驳回起诉的裁定中，法官论证认定证据、查明事实的过程。根据民事诉讼法律规范，论证该事实符合驳回起诉的程序法规范的事实。在管辖权异议的裁定中，对裁定理由论证没有固定的形式。

在第二审程序中，视裁定适用事项的不同选择裁定理由论证的内容。法官围绕当事人的上诉请求论证裁定理由，并对上诉理由能否成立和第一审裁定是否正确进行评价。有的裁定根据认定的事实选择适用的法律规范，对案件事实和法律规范规制的事实状态加以解释或者评价。

在再审程序中，再审裁定的结构呈现为“一审查明……，二审查明……，再审查明……事实，本院认为……，裁定如下”。法官对裁定理由的论证以认定的事实为基础。再审裁定认定的事实大多认同原审认定的事实。由此，对事实的认定依然是裁定理由论证的核心。再审裁定理由需要根据每一种裁定解决的事项来证立结论。再审裁定理由论证的形态各异。

2. 裁定理由论证认定事实的样态

立法明确规定了适用裁定的各种情形。裁定理由论证的主要内容是认定事实以及对认定事实在法律规范意义上的评价。裁定中对事实的认定和判决中对事实的认定相比较为明确、清晰。论证裁定理由时，依据证据确定案件中的程序事实，寻找相应的程序法律规范，论证案件的事实符合程序规范规制的事实状态，根据该法律规范作出裁定结果。

第二审裁定关涉实体性的法律事实，认定案件事实是核心。第二审裁定认定的事实和第一审裁定认定的事实大多相同。论证维持原审裁定时，认可原审事实。第二审改变一审裁定结果的裁定，论证改变对一审认定的事实在法律规范意义上的评价的理由。譬如，发回重审裁定的依据为原审认定事实不清。法官论述原判决认定事实不清的依据以及证据不充分的事实并加以证明。在指定管辖中，论证认为存在不便管辖的事实，并对第一审认定事实依据的管辖的法律规范作出解释，作出指定管辖的结论。第二审裁定根据认定的事实选择适用的法律规范，并进行评价。

再审的裁定和案件的事实紧密相关。认定案件事实是再审裁定理由论证的核心。对证据的分析和判断是认定事实是否具有说服力的基础。根据认定的事实，依据适用的民事程序法律规范，论证二者相符合的判断。譬如，在驳回申请再审的裁定中，法院对当事人申请再审的理由能否成立的判断是其作出裁断的依据。法官在论证裁定理由时，先查明案件事实，以再审事由的法律规定作为论证的依据，对申请理由是否符合该规定作出评价。

整体而言，裁定理由论证认定事实的样态较为清晰。第一审裁定对认定事实的论证影响第二审或者再审法院和当事人的接受，并影响裁判结果的维持和改变。裁定书的制作格式不同，需要根据每一种裁定解决的事项论证裁定理由。①

3. 裁定理由适用法律规范的样态

我国立法规定了裁定适用的事项。就所选取的裁定文本而言，适用法律条文的样态如下：

第一，论证认定的实体事实时，引用了民事实体法律规范，作为裁定结果的法律依据时引用《民事诉讼法》的规定。

第二，作出裁定结果时引用了民事实体法和民事程序法的条文。

第二审裁定理由主要是根据相关法律规范展开论证，论证的内容

---

① 我国《民事诉讼法》第157条第3款规定，裁定书应当写明裁定结果和作出该裁定的理由。裁定书由审判人员、书记员署名，加盖人民法院印章。口头裁定的，记入笔录。这和判决书的内容要求不同。

较简略，但是，并不影响其说服效果。裁定理由的内容涉及对认定事实在法律规范意义上的评价（解释）。

在再审裁定中，同类型裁定适用的法律规范具有相似性。譬如，驳回申请的裁定适用《民事诉讼法》第 207 条的规定作为论证的依据，适用《民事诉讼法》第 211 条第 1 款、《最高人民法院关于适用〈中华人民共和国民事诉讼法〉的解释》第 393 条第 2 款等的规定作为裁定结果的依据。裁定再审的裁定中，对裁定理由的论证以《民事诉讼法》第 207 条的规定为依据，论证当事人申请再审的理由符合该规定的情形。有的裁定论证原裁定存在错误的依据。在该类裁定书中，适用的法律条文有《民事诉讼法》第 207 条、第 210 条、第 213 条之规定。

在第二审和再审裁定中，法官依据自己的审判经验和法律素养对适用的法律规范加以解释，论证该法律规范的含义及其适用的事实状态。

4. 裁定理由论证的受众

论证的目的旨在说服受众接受结论。裁定书不同于判决书。法官对判决理由的论证存在特定的受众，但是，在有些裁定书中，譬如，自愿申请撤诉的裁定，包括一审、二审和再审程序中申请撤诉的裁定，则不存在特定的受众。诉讼终结的裁定没有特定的受众。视为撤诉的裁定存在特定的受众，即原告。

裁定理由论证需要视裁定的事项、裁定的结果以及裁定的审级等确定特定的受众。裁定理由论证视受众的不同选择论证的内容，以说服其接受裁定结论。

第七章　民事裁判理由论证样态的效应及缘由

第一节　民事裁判理由论证样态的效应

效应包含两种意思。一是指物理的或化学的作用所产生的效果。二是指某个人物的言行或者某种事物的发生、发展在社会上所引起的反应和效果。民事裁判理由论证样态的效应是指民事裁判理由的论证对各方主体所产生的效果。它影响着裁判理由的论证方式、论证内容和论证目的。裁判理由论证样态的效应包含裁判理由的论证对当事人、法律职业者和其他社会民众由内而外、由近及远的效应。

一、影响当事人诉求的表达方式

司法是解决民事纠纷的最后一道防线。司法权威是社会民众信赖其裁断结果公正的心理基础。国家设定完整的诉讼程序保障司法机关依法裁断当事人之间的纠纷，并保障裁断结果的实现。

司法机关作出的裁判记载着其审理和裁断当事人纠纷的过程和结论。裁判文书载明裁判理由是现代司法民主和公正的重要表征。它承载着告知当事人裁断结果的依据、说服当事人（特别是败诉方）接受裁判结论的功能。法官对裁判理由的论证旨在表明裁断结果的正当性，说服当事人接受裁断结果。裁判理由的论证影响当事人对裁判理由和裁判结论的接受，亦影响当事人对纠纷解决方式的选择。

第一审裁判承担查明事实，解决纠纷的功能。第一审裁判理由的论证影响当事人后续诉讼程序的进行。论证旨在消除对立当事人诉求的分歧，使其接受论证者的观点。如果当事人对第一审裁判不服，则会寻求上诉审的救济。换言之，当事人不服第一审裁判认定的事实或者适用的法律规范，则会向第二审法院上诉，请求撤销第一审法院的裁判。第一审裁判认定的事实成为第二审法院审理的基础。立法对第一审程序规定了完备的查明事实的程序规则。它以辩论主义为原则，规定了证据提交、审查和判断的依据。法官在裁判中论证认定的事实以及适用法律规范的理由，以说服当事人接受裁断结果，履行义务。如果这一效果得以实现，那么当事人之间的民事纠纷即已完结。

我国第二审裁判具有终局的效力。第二审法院审理当事人不服原审裁判的请求和理由。第二审裁判理由的论证则是对上诉人上诉请求的回应，并对第一审裁判是否正确作出评价。若当事人接受第二审裁判，或者履行了生效裁判确定的义务，则实现了诉讼程序裁断纠纷的制度功能。基于人的认识能力的有限性，立法设定了例外的救济途径，赋予当事人认为生效裁判存在错误时申请再审的权利。

当事人申请再审的理由表现为不认可第二审裁判理由，即不认可裁判理由认定的事实或者适用的法律规范。再审程序以申请人的再审请求和理由为审理的对象。再审裁判理由的论证关涉息诉和裁判义务的实现。有的当事人不服再审裁判的，会以上访或者向其他机关申诉的方式请求改变司法机关的裁断。司法资源的有限性决定了再审程序解决纠纷的终局性。

论证是一个消除分歧，达成共识的过程。法官在利益对立的双方当事人之间依法作出裁判结论，通过论证理由，表明其作出裁断的公正性和合理性。从当事人接受的视角考量裁判理由内容的选取，说服当事人从内心接受裁断结果，避免当事人之间纠纷的扩大化，构筑共建、共治和共享的平安社会。

二、群体法治意识的形塑

法律必须被信仰，否则将形同虚设。法治社会的构建，离不开全社会公民法律意识的培养。通说认为，法律意识是人们对于法（特别是现行法）和有关法律现象的观点、知识和心理态度的总称。法律意识的培养是一个长期的、缓慢的过程。它具有稳定性、长期性。法律意识能促使人们在社会生活、生产和民事交易中依照法律规则行事，它对人们的行为具有明确的导向性。

司法机关的审判活动是培养社会民众法律意识的重要途径。裁判文书是法院审判活动的书面载体。法官对裁判文本的制作呈现了其对现行制定法的认知。法是行动中的法而非纸面上的法。通过司法裁判和诸多案例，当事人和社会民众对法律规范的适用有了深层的理解。在社会影响力较大的案件中，法官对裁判理由的论说会接受法学和法律职业者、社会民众的评判和监督。由此，裁判文本具有引领人们行为规范和价值准则的功效。

裁判文书公开是司法公开的重要标志。裁判文书上网制度的实施，使得司法审判对人们法制宣传和法律意识形塑的功能进一步得到强化。裁判文本成为人们认知和评判司法行为的重要途径。当事人、法律职业者、社会民众可以随时查阅人民法院生效的裁判文书，评判裁判结论和裁判理由。司法裁判能否得到当事人、法律职业者和其他社会民众普遍的接受，是司法获得公信力的重要源泉。人们对司法的信赖决定其对法律的遵从和信仰。一个个点滴的案例，汇聚成浩荡的法律实践之流，影响着人们的法律意识和观念。

裁判文书对当事人而言是定分止争的依据，对其他当事人而言则是其参与社会行为的法律规范，对规范类似行为起着指导和参照作用。法官对裁判理由的论说不仅是证立裁判结论的依据，而且具有说服当事人接受裁判结论的功效。

司法裁判为受害当事人提供司法保护，恢复其被损害的权利，对违法者予以制裁，对其他人员予以警示，使社会民众在法律的范围之内从事民事交易、劳务等社会交往活动。

对法律职业者而言，司法裁判是形成共同法治观念的重要载体。法官对法律规范的解释，影响法律职业者对法律适用的判断。判决中对法律条文适用的论证，为其他法律职业者处理类似案件提供依据，维护适用法律统一的效果。换言之，法律职业者通过阅读裁判文本和司法案例，形成统一的法治观念和法理思维，以保障适用法律的统一。

裁判必须对社会的现实有意义，并且应当在法律制度的文本之中有意义。司法机关对民事纠纷的裁断承载着向社会民众宣传法律知识和法律理念，诠释公平正义，宣扬社会主义核心价值观的重任。他们对法律规范内在价值的认同，转化为自觉的行为准则，形成自觉遵守和遵从法律规范的意识和传统。

三、社会法秩序的构建

秩序意指在自然进程和社会进程中都存在某种程度的一致性、连续性和确定性。① 社会秩序是人们在长期社会交往过程中形成的相对稳定的关系模式、结构和状态。② 社会秩序有多种形式，可分为社会法秩序、经济秩序、道德秩序、生活秩序等。

法律秩序是社会秩序的一种，是根据法律规范所设立的社会秩序，它是对正义观念的反映。法秩序的构建有利于社会的平稳运行和长远发展。

法律是一个由于建制化过程而变得具有自我反思性的合法秩序。

---

① [美] 博登海默：《法理学：法律哲学与法律方法》，中国政法大学出版社 1999 年版，第 219 页。

② 张中秋：《传统中国的法秩序及其构成原理与意义》，载《中国法学》2012 年第 3 期。

作为这样一种合法秩序，法律成了社群共同体的核心，而这个共同体又是整个社会的核心结构。法律秩序是社会共同体秩序的核心。如果一个裁判公正的考量证立，那么相应地，公正原则为法秩序的组成部分。所有法律理由都是广义的法源。[①] 司法裁判的功能之一是恢复被损害的社会秩序。裁判理由使法官对民事纠纷的裁断获得了正义性的外观。市场经济所需的诚实守信、平等互利的原则通过司法裁判使民事主体的权益得以维护。法律规范在裁判文本中得到了鲜明而具体的适用。

法秩序的形成依赖于法律规范在社会实践中的实施。司法行为是法的实施的重要途径和方式。司法机关依据民事法律规范审理当事人之间的民事纠纷，调整和规制人们之间的社会行为关系。当事人对生效裁判的尊重和履行，使裁判文书中确定的法律权利得以实现和稳定。当事人和社会民众对生效裁判效力的维护和尊重，使法律规范得到实际的适用。司法裁判为人们设定了社会主体行为的限度和社会关系状态。当事人受到公正的程序对待，则会自发地将法律规范作为同他人交往或者行事的依据和准则。

社会民众对司法裁判的评判和尊重，则从内心涵养他们的规则意识，培养其法治情感，使法律规范成为人们解决纠纷的指南，长此以往，传统落后的社会秩序将被现代文明的法秩序所代替。让守法者享有荣光，违法者承受处罚的朴素理念深入人心，让人民群众在每一个司法案件中感受到公平正义。

在一个有序的社会中，人们才能共同发展和共享发展成果。

---

① ［德］乌尔弗里德·诺伊曼：《法律论证学》，张青波译，法律出版社 2014 年版，第 15 页。

第二节　民事裁判理由论证样态的缘由

民事裁判理由论证受论证主体、论证依据、论证技术以及相关法律制度的影响。通过对前述裁判文本论证样态的归结，探讨影响裁判理由论证的相关因素。

一、民事法律规范内在的逻辑结构

法律规范是调整和规范人们行为的社会规范。立法者按照一定的逻辑结构制定法律规范。人们根据法律规范的语义进行社会交往，了解其享有的各种权利和应当履行的社会义务。人们从法律规范的逻辑结构中可以明了行为的合法性和正当性。

学术界对法律规范逻辑结构的认知有不同的学说。主要有三要素说、二要素说、新三要素说、新二要素说等。三要素说是指法律规范的逻辑结构由假定、处理和制裁三部分组成。假定是指适用法律规范的前提条件。处理是指引人们行为（可以做什么或者不能做什么）的部分。制裁是指承担行为后果的部分。三要素的缺陷在于法律规范的后果不全是制裁，有些法律规范的后果是肯定性的后果。二要素说认为法律规范的逻辑结构分为行为模式和法律后果两个部分。用法律后果取代制裁是一种进步，反映了以权利为本位的进步。但制裁后果不能反映对合法行为的保护。新三要素说认为法律规范的逻辑结构包括假定条件、行为模式和法律后果。假定条件的存在使法律规范和其他规范相比，对行为的指引更为明确。新二要素说认为法律规范的逻辑结构分为构成要件和法律后果。构成要件是指构成法律规范所必须具备的条件。法律后果则是指特定的“构成性事实”会引起的特定的“法律后果”，其既可能是直接的，也可能是间接的。同时，这些后果主要以权利和义务为内容，并通过司法和行政机关的诉讼或非诉方式得到保障。[①] 法律规范的逻辑结构决定了它的调整作用。

学者雷磊认为，法律规范的逻辑结构适用于法律推理，目的是得出法律规范的法律后果。将法律规则在逻辑上构造为“构成要件 + 法律后果”合乎目的。[②]

民事实体法律规范是由法律条文和法律规定构成的体系。单一的法律条文不能构成一个包含构成要件及法律效力的完全的规定。法律规范是由构成要件与法律效力之规范结构而发展出来用以描述法律规范之存在形式的方法。[③] 法律规范包含行为模式和法律效力。法律条文的结构决定了适用法律的形式性。我国属于成文法国家，一个完整的法条包含两个部分：（1）它首先将一个通过抽象的方式加以描述之法律事实规定为构成要件；（2）然后再将同样以抽象方式加以一般描述之法律效力，联结或归属于该抽象的法律事实。[④] 构成要件是指引起民事实体法律关系发生、变更或者消灭的法律事实。法律事实包括事件和民事行为。法律后果是指符合构成要件的行为所承担的法律上的评价。作为裁判依据的民事法律规范的法律后果是否定性的法律后果。

民事实体法律规范的内在逻辑结构——事实要件和法律效力，成为司法者适用法律的基础。它保证法官在适用法律规范时作出正确的裁判，防止其滥用自由裁量权。民事法律规范的事实要件和其他法律不同的是其含有意思表示。事实要件及法律后果和生活中的事实构成及法律后果是不相同的。前者具有抽象性、概念性特征。事实要件和法律后果是一种什么样的关系。事实构成包括作为法律规范的抽象组

---

① 转引自赵书坤、张晗：《法律规则逻辑结构理论的变迁及反思》，载《法制与社会发展》2020 年第 1 期。

② 雷磊：《法律规则的逻辑结构》，载《法学研究》2013 年第 1 期。

③ 黄茂荣：《法学方法与现代民法》，法律出版社 2007 年版，第 136 页。

④ 黄茂荣：《法学方法与现代民法》，法律出版社 2007 年版，第 144 页。

成部分的概念上的条件，法律结果指令插手进来。[①] 一些学者认为，事实要件和法律后果之间存在因果关系。奇特尔曼（Zitelmann）认为，在事实构成与法律结果之间存在一个特殊的、首先由立法者编织的必然性纽带，我们可能必须将它理解为不外是自然的因果性的类比。它关涉“一个由人类完全根据对自然的类比所创造的自己的法律因果性”。[②] 其之后的法学家图尔也持类似的观点。事实构成和法律结果之间存在基于法律意志的因果性。最终存在于人类的思维创造性中。这种观点引出的结果是一个要件事实不可能出现两次法律后果。但是，这种观点亦受到一些质疑。“自然的因果性基于自然规律，法律的因果性基于人的制定法。制定法在一定的意义上是任意地被创立的。”[③] 此外，从实践的原因来看，从纯粹的“比喻语言”转投到把因果范畴运用到法律规范的组成部分上，并运用到根据法律规范所推论出的生活事实上，太容易诱致“概念法学”的推论，这种推论是一种错误，与现代实用法学相悖。[④]

从这些探讨中可以看出，把法律规范的逻辑结构定位于事实要件和法律后果两部分构成，但是，把事实要件和法律后果之间的关系认定为推论关系，即司法三段论的因果关系，仍有商榷之处。三段论的因果关系是按照逻辑规则推演出来的。

民事法律规范（规则）分为行为规范和裁判规范。行为规范是人们进行民事行为时要遵守的法律规范。裁判规范是指作为法官裁断依据的法律规范。一般而言，裁判规范是包含有完整事实要件和行为后果的一个或者几个法律条文。它通常是具体的法律规范。但是，在法律条文相互冲突或者有漏洞时，法官依凭法律原则对法律条文进行解释，确定适用的法律规范。在民事法律规范缺失时，或者法律条文不

---

① ［德］恩吉施：《法律思维导论》，郑永流译，法律出版社2004年版，第35页。
② ［德］恩吉施：《法律思维导论》，郑永流译，法律出版社2004年版，第35页。
③ ［德］恩吉施：《法律思维导论》，郑永流译，法律出版社2004年版，第38页。
④ ［德］恩吉施：《法律思维导论》，郑永流译，法律出版社2004年版，第38页。

适合解决日常生活中多样的民事纠纷时，则需要依凭民事法律原则作出裁判。尽管法律原则具有抽象性、涵括性的特质，但是它可以在具体法律条文缺失时作为裁判的依据。此时，则不适用推论的逻辑形式。法官对裁判结果的证立可采用其他的证立方式。譬如，利益衡量、后果主义论证、融贯式论证等。

二、司法逻辑（三段论）的论证范式

大陆法系国家和地区受其制定法体系的影响，司法者证立裁判结论的主要形式为司法三段论。司法三段论是一种以逻辑学的原理作为法官推断裁判的证立模式。它以形式逻辑为基础，将其推论的原理运用在法官对裁判的证立上。这种论证模式是基于对所有的纠纷都预设有调整其关系的法律规范的存在。

司法三段论模式是法官作出裁判结论的推论依据。立法明确规定的法律规范，是法官裁断纠纷的依据。作为推理大前提的法律规范，其必须为真命题。如果前提命题发生错误或者不存在，则不能根据此形式推导出结论。这种论证结构体现了论证的形式性。

法官在裁断民事纠纷时，查明符合大前提的案件事实，即小前提，便可根据明定的法律规范，推论出法律规范中的责任后果，即法律规范的效力。这种论证方式，将法官的自由裁量权限制在一定范围之内，有利于法官作出裁判。其逻辑结构是：法律规范为大前提，案件事实为小前提，判决结果为结论。判决依据法律规范被证立。

如果 P，那么 Q。　　大前提

P，　　小前提

那么 Q。　　结论

法官在裁断案件的过程中，即为查明案件事实的过程。法律规范中的事实要件，在生活事实中则是由一系列分散的事实片段组成，即 P 由一些 P1，P2，P3……若干子要素构成。确定案件事实的过程，就是尽可能使案件事实（法律事实）符合P中的相关要素。但是，人们对大前提P的认识是有限的，即对P1，P2，P3……的认识受人的感觉、认知能力、认知时间等因素的限制。案件事实符合大前提P的要素，同样不可能完全一致。因此，对案件事实的查明则是接近法律规范中的要件事实。

法律规范的典型适用形式是涵摄。涵摄是一种依据逻辑规则来运作的图式，它将法律判断与事实判断通过逻辑规则直接连接起来。[①] 三段论的涵摄模式依赖逻辑原理直接由要件和法律效果推论得出。在这一推论的过程中，不存在认知的差异。它将具体个案事实归属于法律规则构成要件，概念（形式）主义没能给出令人信服的解说，因而也无法搭建起一个合理的归属论证形式。[②] 学者黄泽敏提出了递进式符合模式的论证方式。[③] 演绎推理解决了论证的有效性。注重的是形式性，而非内容的说服性。演绎逻辑不能提供合适的规范性工具，缺乏完成其辨识任务的能力。[④] 三段论是一种形式主义的论证。实质的论证则是一种辩证的论证，注重论证的内容。

我国裁判文书呈现出"事实认定，本院认为，判决如下"的形式结构，按照三段论的推论方式来裁判。案件事实的查明，受提交证据的数量、对证据的判断等因素影响，认定的事实是在法律意义上的判断。法律规范的要件事实是由多个事实元素组成。将认定的事实涵摄于抽象的法律规范的要件事实，即在法律规范层面评价案件事实，受事实构成要素的影响，难免会出现不同的认知，使对认定的事实在法规范层面的评价发生了改变，裁判结果亦会发生改变。

法官对民事程序法律规范的适用则是根据法律规范适用的事实状态，通过对法律规范的解释作出裁断结果。

---

① 转引自雷磊：《法律规则的逻辑结构》，载《法学研究》2013年第1期。

② 黄泽敏：《案件事实的归属论证》，载《法学研究》2017年第5期。

③ 黄泽敏：《案件事实的归属论证》，载《法学研究》2017年第5期。

④ 武宏志、周建武、唐坚：《非形式逻辑导论》，人民出版社2009年版，第566页。

三、我国裁判文书的样式规定

我国1982年《民事诉讼法（试行）》和1991年《民事诉讼法》规定了判决书应当写明：案由、诉讼请求、争议的事实和理由；判决认定的事实和理由、适用的法律；判决结果和诉讼费用的负担；上诉期间和上诉审法院。判决书由审判人员、书记员署名，加盖人民法院印章。

最高人民法院办公厅曾发布《法院诉讼文书样式》，其中对民事判决书规定为：经审理查明，（写明法院认定的事实和证据）……，本院认为：……（写明判决的理由），依照……（写明判决所依据的法律条款项）的规定，判决如下：……（判决结果）。[①]

在“判决理由”部分，要求“根据认定的事实和有关法律、法规和政策，来阐明法院对纠纷的性质、当事人的责任以及如何解决纠纷的看法。说理要有针对性，要根据不同案件的具体情况，针对当事人的争执和诉讼请求，摆事实，讲法律，讲道理，分清是非责任。诉讼请求合法有理的予以支持，不合法无理的不予支持。对违法的民事行为应当严肃指明，必要时给予适当批驳，做到以理服人。”[②] 最高人民法院制定了具体的民事诉讼文书样式，譬如，《人民法院民事裁判文书制作规范》《民事简易程序诉讼文书样式（试行）》。最高人民法院对诉讼文书的范式规定，以此规范裁判文书的说理问题，实践中，裁判文书在形式上呈现出事实认定和法律规范适用的二分模式。

最高人民法院于2018年6月1日发布的《关于加强和规范裁判文书释法说理的指导意见》提出，裁判文书释法说理，要阐明事理，说明裁判所认定的案件事实及其根据和理由，展示案件事实认定的客

① 最高人民法院办公厅：《法院诉讼文书样式》，吉林人民出版社1992年版，第127页。

② 最高人民法院办公厅：《法院诉讼文书样式》，吉林人民出版社1992年版，第127页。

观性、公正性和准确性；要释明法理，说明裁判所依据的法律规范以及适用法律规范的理由；要讲明情理，体现法理情相协调，符合社会主流价值观；要讲究文理，语言规范，表达准确，逻辑清晰，合理运用说理技巧，增强说理效果。意见强化了说明裁判认定的案件事实及理由，适用的法律规范及理由，亦即加强对裁判理由的论证。强化裁判理由的论证，旨在增强裁判理由的说服效果，使论证内容能够为当事人、社会民众、法律职业者所接受和认可。

该意见提出，在遵循民事诉讼文书技术规范标准时，可以根据案件情况合理调整事实认定和说理部分的体例结构。该意见已注意到裁判文书中事实认定和说理部分的样态。法官在制作裁判文书时，可以视案件的具体情形，对裁判文书中事实认定部分和本院认为部分进行调整。这种调整可以弥补裁判文书形式化的缺陷，使事实认定和法律规范二元分离模式在一定程度上得以融合。

最高人民法院于2021年1月19日发布法〔2021〕21号《关于深入推进社会主义核心价值观融入裁判文书释法说理的指导意见》（以下简称《意见》），提出要深入推进社会主义核心价值观融入裁判文书释法说理，重点说明裁判事实认定和法律适用的过程和理由。提出一些案件应当强化运用社会主义核心价值观说理。譬如，涉及国家利益、重大公共利益，社会广泛关注的案件。①

由此，对裁判理由的论证是裁判文书制作的重点。裁判理由的论证避免形式化现象，强化论证认定事实的过程及理由，对复杂、疑难

① 参见《最高人民法院关于深入推进社会主义核心价值观融入裁判文书释法说理的指导意见》第4条规定：下列案件的裁判文书，应当强化运用社会主义核心价值观释法说理：(1) 涉及国家利益、重大公共利益，社会广泛关注的案件；(2) 涉及疫情防控、抢险救灾、英烈保护、见义勇为、正当防卫、紧急避险、助人为乐等，可能引发社会道德评价的案件；(3) 涉及老年人、妇女、儿童、残疾人等弱势群体以及特殊群体保护，诉讼各方存在较大争议且可能引发社会广泛关注的案件；(4) 涉及公序良俗、风俗习惯、权利平等、民族宗教等，诉讼各方存在较大争议且可能引发社会广泛关注的案件；(5) 涉及新情况、新问题，需要对法律规定、司法政策等进行深入阐释，引领社会风尚、树立价值导向的案件；(6) 其他应当强化运用社会主义核心价值观释法说理的案件。

案件论证适用法律规范的理由。

四、民事裁判理由论证实质化的影响

实质是指某一对象或事物本身所必然固有的性质，或事物的内在含义。民事裁判理由论证的实质化是指民事裁判理由论证所具有的品质（性）。民事裁判理由论证的内容包括认定的案件事实及理由，适用的法律规范及理由。影响民事裁判理由论证的实质是法律规范的适用。

1. 法律的形式理性和个案实践价值判断的张力

法官在裁断民事纠纷时受法律形式主义的约束。法律形式主义是指在适用法律时要严格按照程序的规定进行。法律的形式主义要求司法机关在行使审判权时，依据法律规范行事，包括遵守民事程序法和民事实体法的规定，保障当事人的程序权利，公平和公正地裁断案件，维护当事人的实体利益。

法的形式理性呈现了法的确定性。司法机关在裁断案件时必须依据法律的明文规定，不能创设法律，亦不能恣意擅断。同时，法官应当对同类案件的处理适用相同的法律规定，保障社会民众的权利平等和合法利益。[①] 换言之，法官在审理和裁断案件时要平等地适用法律规范。

法官在遵循法的形式理性的基础上亦符合法的实质理性。法的实质理性具有价值的属性。对法的适用需要符合正义、公平的旨意，在多重价值目标之间进行判断和取舍。司法的实践价值是指法官在裁断纠纷时，实现法律的道德品质，即法的伦理性。裁判结果实现法律规范中应有的公平、正义和善的品质，符合社会民众在长期的生活经验中所形成的对公平正义的心理判别标准。[②] 它是法的实质理性的体现。

---

① 参见王合静：《民事判决理由可接受性研究》，法律出版社2017年版，第35页。
② 参见王合静：《民事判决理由可接受性研究》，法律出版社2017年版，第36页。

民事纠纷纷繁复杂，新型案件层出不穷，法律规范的滞后性以及不圆满性，对司法机关审理和裁断案件造成一定的影响。审理案件的法官依凭其对法律规范的理解、其内心的道德观和社会经验，默然地行使着裁量权，裁判结果体现公平、正义和善的品质，符合一般社会民众的普遍认知，实现法律规范的伦理品质。个案的实践价值影响到法的形式正义的普遍性。法官对裁判结果负有证立的义务。通过裁判理由的论证，呈现出对个案的司法认知。

法官在裁断民事纠纷和论证裁断理由时存在适用法律的形式性和实践价值之间内在判断。法律的形式理性要求适用法律规范的平等性，对同样的案件作同样的判断。个案的实践价值则是法官裁量权的适用，是法官个体司法经验和社会知识的综合。裁判理由的论证对法官裁量权的行使形成制约。

法官在论证裁判理由时，应优先满足程序的形式理性。法律的形式理性使司法机关作出的裁断具有可预测性，是法律平等原则的体现。司法程序公平和公开才能实现实体结果的公正。当个案的裁判理由以法律的形式理性优先考量会损害裁判结果的实践价值时，法官则需要行使自由裁量权对其加以变更，实现法律规范终极的对善的品质的追求。但是，仅在特殊情形下，法官才能依凭裁量权实现对个案裁判理由实践价值的追求。有学者将其总结为以下几点：第一，对个案处理结果实质合理性的牺牲从根本上违背了法律制度的目的；第二，对形式合理性的调整以适应个案的正义，尽管偏离了按字面意思理解的法律规定，但是，得到了更为抽象的法律原则或者权威理念的支持；第三，作为特殊性的个案正义同时被提升为作为一般规则的普遍正义，使以后的类似案件都能得到类似的处理。①

裁判理由的论证欲实现裁判结果的正当性，则在一定的条件下调

① 郑成良、杨力、宾凯、李学尧等：《司法推理与法官思维》，法律出版社2010年版，第15页。

整个案法律的形式理性优先实现的目标。我国裁判文书在制作中引入社会主义核心价值观，对一些特殊种类的案件，譬如，涉及国家利益、社会公共利益的案件强化运用社会主义核心价值观说明裁判理由，以证立裁判结果的公正性[①]，注重对个案实践价值的追求。

裁判文书载明裁判理由是法的形式性的体现。裁判理由是法官对裁断结果的阐释和说明。通过裁判理由的论证，展现法官审理案件的过程，实现裁断结果的正当性。裁判理由论证注重法律形式性，亦关注个案实践价值。通过论证内容的关联性、充分性，实现裁判的可接受性。

2. 法规范适用不确定性的影响

法是确定性和不确定性矛盾的统一体。法的确定性和不确定性对司法裁判具有一定的影响。民事裁判理由论证的样态显示，适用法律规范错误较少成为上诉或者再审的事由。这是由法的确定性所决定的。法的确定性有助于维护社会秩序、正义观念的实现。如果缺乏法的确定性，那么社会则缺乏指引公民行为的规范，陷入混沌和无序的状态。由此，立法机关将大多数民众接受的，调整其行为的社会规范通过一定的程序上升为法律，通过法规范的引导作用，指引社会向先进的方向发展。司法机关依据法律规范裁断民事纠纷案件，保障生效裁判文书的裁判结论得以实现。

法的确定性的怀疑论者弗兰克提出了人类不可能制定出包罗万象、永恒不变的法律，适用法律规范具有法官个体性的因素，因人而异，确定案件事实的过程是不确定的，他认为，法律是不确定的。同时，认定案件事实，具有一定的主观性。这是由法律规则语言的开放性所决定的。哈特认为，法律语言的开放结构，使得法律在适用于特定的案件情形时，具有一定的确定性。但是，立法者无法预知未来可

① 参见《最高人民法院关于深入推进社会主义核心价值观融入裁判文书释法说理的指导意见》第4条。

能发生的所有事实，法律规则的适用目标也就具有了相对的不确定性。因此，所有的体系皆以不同的方式，满足社会的需求。第一，确定法律规则的意义，满足人们对其行为的指引。第二，把规则适用于具体个案时，使法律适用者对其进行选择和裁量。① 在民事诉讼活动中，立法者通过程序的设置，试图通过多一次的程序审理、审查和监督下级司法者的认知结论，尽可能使司法活动趋于理性化。

法的确定性的依据是依法治国理念。法的不确定说则是源于现实主义法学和社会法学。法的确定性观点从不否认法在适用中的不确定性，法的不确定性观点也不试图推翻法的确定性。二者在一定程度上是共存的。差别是确定性的程度不同。国家制定了明确的法律规范，司法机关依法裁断纠纷案件，法律规范的效力得到统一保障。经验研究表明，法在实施的过程中，法官个体性的认知，案件事实认定的不确定性以及法律条文语词的影响等使得法律规范的适用具有一定程度的不确定性。这是引起裁判结果改变的主要因素。

法的确定性是公正、秩序的基础。面对社会生活中层出不穷的新类型的民事纠纷，以及科学技术的飞速发展，消除司法过程中法律规范适用的不确定性，则需要修订和完善相关法律，定期发布司法案例，保障同案同判，培训适用法律规范的主体，实现司法治理的目标。

五、关联制度对裁判理由论证的影响

裁判理由的论证是一项复杂的认知过程，涉及多重学科的知识。裁判理由论证的要素、裁判理由的范围指向、诉讼程序制度的设置等影响着裁判理由的论证。

1. 裁判理由论证理论的影响

前已述及，对判决理由范围的认知不一，会影响判决理由内容的

---

① ［英］哈特：《法律的概念》（第三版），徐家馨、李冠宜译，法律出版社 2018 年版，第 190~193 页。

选取，继而影响判决理由的论证。判决理由的范围和内容亦会影响对判决理由效力、争点效力的认知。法官论证认定事实时则关联证据法则、经验法则等。

《德国民事诉讼法》第 286 条规定，法院应该考虑言词辩论的全部内容以及已有的调查证据的结果，经过自由心证，以判断事实上的主张是否可以认为真实。作为法官心证根据的理由，应在判决中记明。①

法官在论证认定的事实及理由时，展现判断认定证据的过程，论述采信和不采信证据的理由，以及认定的事实和证据之间的关联关系。对裁判理由的论证达致充分性、关联性和可接受性，以实现论证的效果。

2. 民事诉讼制度对裁判理由论证的影响

（1）处分原则

我国《民事诉讼法》的处分原则对判决理由论证的影响。处分原则是指当事人在诉讼中有权处分自己的诉讼权利和实体权利。把“处分”理解为当事人决定是否行使以及如何行使权利的自由，认为处分的对象包括实体权利与诉讼权利。处分是当事人享有的权利。但是，这种“处分”的效力应直接约束法院。法院只能对当事人行使特定诉讼权利的行为进行形式审查，以确定当事人是否实施了诉讼法上的“处分”，一旦确定就应当尊重当事人的这一决定并在此基础上作出裁判。既然法院无权干预当事人在民事实体法领域对于实体权利的处分，因此其同样应当尊重当事人在诉讼中通过行使特定诉讼权利对实体权利进行的处分。以认诺权为例，原告虽然并没有提出足够的证据支持其诉讼请求，但被告不愿与原告继续诉讼而浪费时间，从而对原告的诉讼请求行使“认诺权”，法院应当尊重被告的选择，并在此基

① 《德意志联邦共和国民事诉讼法》，谢怀栻译，中国法制出版社 2001 年版，第 70 页。

础上不经实体审理而直接作出支持原告诉讼请求的判决。[①] 当事人的处分行为约束法院的判决。原告可以通过舍弃、被告可以通过认诺来决定判决的内容。[②] 对当事人承认、放弃诉讼请求作出的判决则可以不论证判决理由，简化判决理由的制作。在裁判中，可记载当事人自认的事实。

（2）我国起诉条件的设置

我国《民事诉讼法》第 122 条规定了起诉的条件。对于不符合起诉条件的，法院不予受理。对符合起诉条件的，法院必须受理。原告对不予受理裁定不服的，可以提起上诉。驳回起诉裁定的理由归结为，法院已经解决的案件、存在仲裁协议、不属于受案范围、重复起诉（违反一事不再理原则）、构成刑事犯罪案件，不符合管辖条件的。为保障当事人的诉权，司法解释规定，对于符合立案条件的，人民法院应当当场予以登记立案。当事人提交的诉状和材料不符合要求的，人民法院应当一次性书面告知在指定期限内补正。[③] 司法实践在逐步降低起诉的条件设置，理论界亦在研究审判阶段的合理划分。较为一致的观点是，把案件的审理划分为三个阶段：起诉阶段、诉讼要件审查阶段和实体判决阶段，相应地，有三种要件的设置。

在审查起诉阶段，立案庭认为当事人的起诉不符合起诉条件的，作出不予受理的裁定。法院受理案件之后发现不符合受案条件的，作出驳回起诉的裁定。驳回起诉的裁定一种是由立案法官作出，一种是由审理案件的法官作出。在选取的裁定案例中，管辖权异议裁定、驳回起诉的裁定是法院受理案件之后由审理案件的法官作出的。

裁定理由的论证涉及对证据的判断和事实认定，在此基础上作出

---

① 参见王次宝：《新解处分原则中的“处分”》，载《河北法学》2014 年第 11 期。

② ［德］罗森贝克、［德］施瓦布、［德］戈特瓦尔德：《德国民事诉讼法》，李大雪译，中国法制出版社 2007 年版，第 523 页。

③ 参见《最高人民法院关于人民法院登记立案若干问题的规定》第 2 条、第 7 条之规定。

裁定结论。我国裁判文本没有载明法庭辩论的日期。立法规定的一些起诉条件是在法庭审理阶段查明事实之后作出的。在还没有开始诉讼程序或在诉讼程序开始之时，便对是否属于法院民事审判权行使的范围、当事人是否适格、是否重复诉讼、是否属于本法院管辖等本应在审理程序中进行审理的事项进行了审查，而这些本都应当属于诉讼开始以后才能进行审查的问题。① 譬如，受理案件之后发现案件属于重复起诉的，法院作出驳回起诉的裁定。②

《日本民事诉讼法》规定，起诉状载明当事人及其法定代理人，诉讼请求以及原因事实。缴纳诉讼费用。符合该条件的，案件系属于法院。如果不符合该条件的，法院以命令的形式驳回起诉。③ 在案件审理的过程中，不符合诉讼要件的，法院可判决（裁定）驳回起诉。换言之，对于当事人是否适格、法院是否有管辖权、案件是否有诉的利益等，是在法院受理案件之后依职权或者申请查明。《德国民事诉讼法》第253条规定，诉状中记载当事人与法院；提出的请求的标的与原因，以及一定的申请；以书面的方式提出。④ 在起诉阶段，法院对当事人提交的材料进行形式审查，诉讼系属法院之后，才对管辖权、当事人适格等诉讼要件进行审查，此时的审查亦可在开庭审理之后作出。

我国对起诉只进行形式上的审查。譬如，当事人向法院提交书面的起诉状；诉状中需记载原告、被告的详细信息；有明确的诉讼请求、事实和理由；缴纳相关的诉讼费用。降低起诉条件之后，由此可能会引起滥诉的情形。法院在受理案件之后，可进行诉讼要件的审查。诉讼要件是指法院受理案件之后，对案件作出实体判决之前所需

---

① 张卫平：《起诉条件与实体判决要件》，载《法学研究》2004年第6期。

② 参见海南省高级人民法院（2015）琼环民初字第6号民事裁定书。

③ 参见《日本民事诉讼法》第133条、第137条、第140条之规定。《日本民事诉讼法典》，曹云吉译，厦门大学出版社2017年版，第48~50页。

④《德意志联邦共和国民事诉讼法》，谢怀栻译，中国法制出版社2001年版，第61页。

要具备的条件。诉讼要件有：①法院具有管辖权；②起诉行为是有效的；③当事人适格；④案件系属于法院；⑤不存在仲裁协议、重复起诉、生效裁判的情形。当事人适格属于诉讼要件亦是实体判决要件，尚存在一定的争议。对于符合诉讼要件的，法院可依职权或当事人申请查明。对于不符合诉讼要件的，法院应当作出驳回起诉的裁定，也即意味着法院不再对案件进行实体争议的审理。若法院查明当事人的起诉符合诉讼要件，则案件进入实体判决阶段，法院依法查明当事人之间争议的民事实体法律关系之后作出裁判。

（3）我国上诉条件的设置

我国《民事诉讼法》规定了形式上的上诉条件：①上诉人适格；②在法定的上诉期限内；③上诉的对象限于第一审人民法院尚未发生法律效力的判决、裁定；④以书面方式提起上诉；⑤缴纳上诉费用。当事人的上诉符合形式要件后，即可启动上诉审程序。

当事人对上诉理由的阐述较为简略。上诉理由未能实质性成为限定第二审法院审理的依据以及第二审判决理由论证范围，影响上诉人对第二审判决理由的接受。

大陆法系在立法中规定了上诉的理由，要求上诉人详细阐明对判决不服的程度及其不服的依据。如果上诉状中没有说明上诉理由，则需要单独制作上诉理由书。譬如，《德国民事诉讼法》第520条规定，控诉理由如果没有包括在控诉状中，应当以书面形式向控诉法院提出。控诉理由书应记明下列各点：①对判决不服到何种程度，要求对判决作出的变更（控诉申请）；②违反法律的事实及该事实对判决起到的作用；③指明怀疑此前法院在判决中事实认定的正确性或完整性并因此必须重新认定的具体根据；④说明新的攻击防御手段以及根据第531条第2款新的攻防手段应当获得许可所依据的事实。[①]

立法规定上诉状及上诉理由的内容，有利于上一级法院审查上诉

① 《德国民事诉讼法》，丁启明译，厦门大学出版社2016年版，第115页。

能否成立，以及上诉是否存在理由。上诉理由是当事人不服第一审裁判结果的原因，亦是对原审裁判理由内容的反驳。要求当事人详细说明上诉理由便于第二审法院围绕上诉理由进行审理和裁判，并对原审裁判理由中的内容进行评价。同时，上诉审法院需围绕上诉理由来论证裁判理由。

我国《民事诉讼法》规定当事人上诉时提交上诉状。上诉状包括上诉的请求和理由。通过对上诉状、再审申请书状的考察，发现当事人对上诉理由、再审理由的阐述较为笼统，对其制作亦较为粗糙。上诉理由对上诉审法院审理案件，上诉审判决文书的制作以及说服上诉人具有重要的意义。我国有必要规定第二审审查的条件、上诉理由的内容、上诉状中上诉理由不完整或者缺失时的处理。譬如，上诉状的内容包括当事人的基本情况、上诉请求、上诉理由。上诉理由部分应表明不服第一审判决的具体事项，以及不服的事实和依据。如果上诉理由明显不能成立，则驳回上诉。①

我国立法对上诉采形式审查，没有设定审查的实质条件。譬如，上诉不利益原则。如果上诉人的上诉明显是无利益的，或者明显是拖延诉讼的，那么第二审法院审查之后可直接驳回上诉。上诉条件的设定，影响到审级制度功能的实现。“当事人有无上诉利益并不是二审法院对上诉请求进行审理的程序要件……上诉程序可能会被不当利用而造成司法资源无意义耗费的问题。”② 上诉条件设置的简单化，则会引发上诉案件的数量过多，造成司法资源的浪费，给对方当事人带来讼累。因此，有必要对原上诉条件加以修订，引入上诉利益，完善上诉的审查条件。

上诉利益是上诉具有合法性的要件之一。上诉利益是指当事人在提起上诉时，需具备对上诉案件进行审理的必要性和实效性。如果法

---

① 参见王合静：《民事判决理由可接受性研究》，法律出版社 2017 年版，第 209~210 页。

② 唐力：《论民事上诉利益》，载《华东政法大学学报》2019 年第 6 期。

院对上诉案件审查后认为其不具有上诉利益，则没有必要对上诉请求进行审理并作出判决，可裁定驳回上诉。当事人要表明对于第一审判决不服之程度。起诉的请求未得到判决全部支持的，全部有上诉利益，部分请求得以实现的，部分有上诉利益。被告亦如此。对上诉利益的判断，以当事人的诉讼请求能否得到实现为基本标准。一审原告的诉讼请求得以实现，原告即无上诉利益。如果一审法院驳回原告的诉讼请求，对被告而言，则无上诉利益。原告的诉讼请求部分得以实现，部分被驳回，则原、被告都具有上诉利益。当上诉案件缺乏诉的利益时，法院即没有必要对上诉进行审理并作出判决。

英国上诉审法院实行上诉许可制度。当上诉事由涉及法官由某事实推认另一待证事实发生错误，或根本欠缺认定事实存在证据时，会允许提起上诉。在由少数采用陪审团进行认定事实的第一审判决，上诉法院原则上不会推翻该事实认定。[①] 英国民事第二审的上诉理由是法院认为当事人提起的上诉是具有胜诉希望的；具备对上诉进行审理的其他强制性理由。[②] 对上诉案件进行初步的审查，以防止无胜诉可能性的案件、拖延诉讼的案件进入上诉审程序，是上诉审程序设置的应有旨意。

上诉审法院承担着监督一审法院裁判是否正确的职责。我国第二审法院在当事人上诉请求和上诉理由的范围之内进行审理并作出裁判，对原审法院的裁判作出评价。将上诉利益引入上诉程序的审查，对不具有上诉利益的案件经审查后无须审理，直接作出驳回上诉的裁定。对上诉案件进行审查以过滤无审判必要和作出裁判实效的案件，以保护对方当事人的合法权益。

上述裁判理由论证的样态，反观出我国对裁判理由相关理论研究的程度。制度的缺失会影响裁判理由的论证。对裁判理由论证理论和关联制度正在持续深化研究和完善。

---

① 王泽鉴主编：《英美法导论》，北京大学出版社2012年版，第61页。

② 齐树洁：《从理念到规则：英德民事上诉制度改革述评——兼论我国民事上诉制度之重构》，载《厦门大学法律评论》（第4辑），厦门大学出版社2002年版，第55页。

第八章 域外法系国家和地区民事裁判论证样态

第一节 英美法系国家民事裁判论证

在英美法系，普通法的传统要求在推理过程中关系逻辑形式，否则法院判决将失去正当性。[①] 鲁珀特·克劳斯（Rupert Cross）认为，案件的判决理由是指法官明确或隐蔽地表达出的为得出判决结论所必需的任何规则，亦即他采用的推理链条。[②] 换言之，判决理由是法官运用推理所证明判决结论的内容，在案件中解决当事人之间的纷争。

一、不同审级法院的裁判

美国联邦各审级法院的判决存在差异。联邦初审法院对判决的论述一般较为简单，初审法官将事实认定与法律结论区分开来。作为一般性原则，事实认定清楚、全面而且具体。对那些因数量多而显得必要的辅助设施的认定，应被包含在初审法官在形成最终的裁判结论的过程当中，而且对每一个争点所运用的逻辑情况让上诉法院理解。至少，对事实的认定应该足够清楚从而为审判法院的裁判结论提供翔实

---

① ［美］鲁格罗·亚狄瑟：《法律的逻辑》，唐欣伟译，法律出版社2007年版，第18页。

② ［英］尼尔·麦考密克：《法律推理与法律理论》，姜峰译，法律出版社2005年版，第209页。

的基础。[①] 法官对判决理由的论述较简略。初审法院审理的案件多由陪审团审理，能够“上升”为判例的案件甚少。譬如，在英国，当上诉法院的法官能够询问证人、采纳新证据、考虑新争点、传讯新的当事人时，却极少这么做。[②]

联邦上诉法院法官比联邦地区法官有较多机会影响法律。上诉审裁判要远比初审审判更集中关注一般性法律争议而不是特定于这一具体案件的事实或程序争议。[③] 上诉法官对判决结论的论述较为详尽、缜密。上诉程序是用来对下级法院得出的结论进行复审并确定其正确性，而不是对每一次审理中的监督行为实施管理以此来保证法官严格按照程序规则以及采纳的证据行事。[④] 美国上诉复审的范围一般局限在特定的事项上面。美国上诉中提出的错误一般在初审法院的记录中显示出来，而且不服的当事人必须在审理法院已经对这些被主张的错误提出过异议。那些没有在下级法院反对过的，或者在初审中未引发争论的错误一般来说上诉时不能作为第一次提出。[⑤] 初审法院对案件事实的认定更为全面和深入，而上诉审中法官仅是对上诉的争点进行审查。

联邦最高法院论证判决的内容较多，洋洋洒洒，包含丰富的信息内容。法官对判决理由的论述反映了其独特的法律认知、思维方法，呈现出对判决结果论证的脉络。譬如，大法官托马斯（Thomas）在坎

---

① ［美］杰克·H. 弗兰德泰尔、玛丽·凯·凯恩、阿瑟·R. 米勒：《民事诉讼法》（第三版），夏登峻、黄娟、唐前宏、王衡译，中国政法大学出版社2003年版，第539页。

② ［美］Rober J. Martineau, Appellate Justice in England and the United States: A Comparative Analysis (New York: William S. Hein, 1990), pp. 7-8. 转引自［美］弗兰克·M. 柯芬：《美国上诉程序——法庭、代理、裁判》，傅郁林译，中国政法大学出版社2009年版，第26页。

③ ［美］理查德·波斯纳：《法官如何思考》，苏力译，北京大学出版社2009年版，第133页。

④ ［美］杰克·H. 弗兰德泰尔、玛丽·凯·凯恩、阿瑟·R. 米勒：《民事诉讼法》（第三版），夏登峻、黄娟、唐前宏、王衡译，中国政法大学出版社2003年版，第602页。

⑤ ［美］杰克·H. 弗兰德泰尔、玛丽·凯·凯恩、阿瑟·R. 米勒：《民事诉讼法》（第三版），夏登峻、黄娟、唐前宏、王衡译，中国政法大学出版社2003年版，第602页。

贝尔-埃瓦尔德（Campbell-ewald）公司诉何塞·戈麦斯（Jose Gomez）损害赔偿案件中同意判决结果，但是不同意判决理由。[①] 他发表的不同意见则是以普通法中要约的历史发展为根据来论证判决理由。他提出从普通法直接延伸到规则第68条以及解决方案的要约历史呈现了一个连续的解决案件的做法，即被告支付给原告费用的要约不会剥夺法院的管辖权。在论证其观点时，提到现代和解程序起源于较成熟的18世纪和19世纪的投标法。在早期的普通法中，关于投标法律有许多严格的程序规定。法官对判决理由的论述涉及的事项范围广泛，没有严格的形式限制。

二、裁判的依据

判例是法官论述判决理由的主要依据。判例中的观点以事实为基础，离开了事实的判决理由，则是无法理解的。古德哈特（Goodhart）教授将事实的比对分为1—9个步骤，对每个部分事实在全部事实中的不同层面进行陈述，使全部事实能够契合于所涉先例判决中的事实。先例中的事实在后来案件中不同的事实部分产生不同的结果。[②]

先例的适用讲究同类性。先例的适用是一个具体的法律主张，而不是清楚的用语，表达了先例中有拘束力的理由。而成文法是通过确定无疑的用语来确定规则，先例确认规则不是这样。判例法的特点在于，大陆法官一般在制定法中所找到的支撑，在此是产生于同级和高一级法院（上议院或上诉法院）先前的判决，即不仅存在于制定法缄默的地方，还存在于关涉对制定法持怀疑的解释之中。[③] 在西部公司

① 坎贝尔-埃瓦尔德公司诉何塞·戈麦斯损害赔偿案，美国577（2016）第14-857号法院意见书，载美国联邦最高法院网，https：//www.supremecourt.gov，最后访问时间：2017年7月12日。

② ［美］朱利叶斯·斯通奈特：《判决理由的理由》，载《现代法律评论》1959年第6期。

③ ［德］恩吉施：《法律思维导论》，郑永流译，法律出版社2004年版，第227页。

诉汉弗莱斯（CBOCS WEST，Inc. v. Humphrie）案件中[①]，大法官布雷耶（Breyer）阐述了案件的起因，指出作为判决结果的主要依据是先例约束原则。先例在法律解释中具有重要的作用。他从 1969 年的一个案例谈起，运用 35 个先例（包括上诉人论证其观点的先例）来说明美国法典第 42 卷第 1981 条和第 1982 条的含义，反驳上诉人的上诉理由，支持上诉法院的判决意见。先例原则要求对先例保持尊重，无论司法解释的方法发生改变还是保持一致。

英美法系裁判适用法律规范时，当对法律条文的一般意义有所歧见时，则有赖法院就其前后文关系做体系解释。文字本身并无绝对意义，而只有相对于其前后文内的文字须根据其前后文关系体系加以解释。所谓前后文关系，包括指定文的前言、当时法律的状态、该制定法所要矫正的缺陷。[②] 若采文义解释无意义时，则可根据后果进行调整。允许偏离文义而做修正解释，包括现缩解释或扩张解释。无论如何，皆须在制定法本身所显示的立法者的意思范围之内作出解释。若立法者所使用的文句产生疑义，以致立法者意思不明时，则需根据制定理由与原因、制定法前言等确定立法者的意思。制定法被推定为不具有溯及既往的效力。

英国严禁法官参考国会辩论过程、委员会报告书、咨询委员会报告书等。制定法的全称、前言、章节标题、附件等为内部资料，可被法院用以厘清法条用语的不清楚或模糊地带。戈拉认为，裁判要旨指的是法官所宣示的规则，判决理由指的是法官作出判决时所依赖的事实整体。[③] 当法律存在漏洞时，法官扩张该制定法以弥补该漏洞。

---

① 西部公司诉汉弗莱斯案，美国 553（2008）第 0606-1431 号法院意见书，载美国联邦最高法院网，https：//www. supremecourt. gov，最后访问时间：2017 年 5 月 12 日。

② 王泽鉴主编：《英美法导论》，北京大学出版社 2012 年版，第 125 页。

③ ［意］罗道尔夫·萨科：《比较法导论》，商务印书馆 2014 年版，第 70 页。

三、裁判的形式

美国的判决文书除了记载判决结果和判决理由之外，还展示不同意见法官的理由。如果法官意见一致，在判决书中呈现的则是一致的判决理由和判决结果。持不同意见的法官又分为两种情况：一种是同意案件的判决结果，但是不同意大多数法官的判决理由或者补充新的判决理由。[①] 另一种是法官既不同意案件的结论，也不同意案件的判决理由。尽管判决书以多数法官的意见作为判决意见，少数法官的不同意见不具有法律效力，但是，不同意见可能使上诉法院的其他法官信服此不同意见而同意重新审理此案，或者使联邦最高法院的法官受理上诉，或者使另一法院的法官以持不同意见法官所建议的方式来判决未来的案件。[②] 美国裁判书中展现不同法官意见的论证内容。

在美国，在法庭认为全文判决并不具有先例价值的情况下，法庭可以对某些特点类型的案件签发备忘决定书，以其代替充分说理判决。美国第三巡回区上诉法庭认为在以下情形，法庭应该作出充分说理判决：(1) 在断案时法庭阐述了一个新的规则或修订了一个既有的规则；(2) 在决定上诉案件时，法庭解决了与权威的冲突；(3) 法庭对其决定意见不一；(4) 涉及公共利益的案件。否则，法庭就可以考虑使用备忘决定书。特别是在以下情形：上诉申请涉及的是既定的法律规则；上诉争议是证据是否充分，而其显然是充分的这种情形；对上诉的处理由既定的法律规则决定，而没有更好的理由去审查这一规则；上诉法院同意下级法院的结论和理由。[③]

---

① ［美］理查德·D. 弗里尔：《民事诉讼程序：案例、材料和问题》（第五版），律商联讯集团 2008 年版，第 776 页。

② 《爱德华兹集》，傅郁林等译，法律出版社 2003 年版，第 28 页。

③ 常怡主编：《外国民事诉讼法新发展》，中国政法大学出版社 2009 年版，第 404 页。

四、裁判论证主体

裁判文书的制作受法官职业背景、选拔制度的影响。美国的法官选任，其司法经验非为选拔的标准，而其带有政党的印痕，那么，在作出裁判时，较多地考虑政治的、道德的或者其他的因素，更是一种实质性的推理。英国法官较为职业化，在成为法官之前，至少有10年的职业经历，其法官更为执着于职业和技术方法。英国的口头辩论方式要求法官当庭作出判决，对法官的职业素养要求较高。美国书面律师辩护意见书制度的存在，使得上诉法院更像是一种办公程序，对其要求适应美国的法律体系，有必要比他的英国同僚采取更为政治和社会的取向。譬如，到1976年，曾经任职美国联邦最高法院的100位大法官中只有41位先前有司法经验。① 美国法官从具有一定执业经验及声望的律师、检察官或在政府机关或私人企业从事法律工作的法律人中挑选而出。② 英国法官是从具有相当经验的律师中提名任命。但是，近些年来，亦仿效其他欧陆国家考试制度的做法。

法官选拔的标准不同，法官过往的职业经历不同，影响到他们在裁断案件时选择不同的价值观念。法官来自律师阶层的，裁断案件时较多严格以法律作为裁判的依据，较少考虑政治和社会的因素，因而是采形式化的标准；而在英国法具有较高的同质性，譬如，相同的教育背景，75%来自牛津大学或者剑桥大学，出身相似，多来自出庭律师，种族背景亦相似。法官可用诸如开示规则、禁止反悔、有效警示等规定来模糊这些截止时间，在许多案件中，即使过了时限也允许原告提出诉讼。③ 事实裁决只有在存在明显错误的情况下才能将其推翻。

---

① [美] P. S. 阿蒂亚、R. S. 萨默斯：《英美法中的形式与实质》，中国政法大学出版社2005年版，第290页。

② 王泽鉴主编：《英美法导论》，北京大学出版社2012年版，第102页。

③ [美] 理查德·波斯纳：《法官如何思考》，苏力译，北京大学出版社2009年版，第164页。

美国的法律体系是高度实质的。在作出判决时，实质推理的运用远比形式广泛。实质性依据可解释为一种道德的、经济的、政治的、制度的或者其他的社会因素。其可分为目的性依据和正当性依据。目的性依据在于从事实中获取自身的说服力，即在提出这种依据之时，能够预测他所支持的判决（规则）将对一个有益的社会目标产生功效。正当性的依据则是来自判决对一条正当社会道德规范的遵从。诸如平等、公正、善意、合理信赖等观念。①

在美国，为了追求实质性的正义，法官可改变制定法规则或先例，作出裁断结果。英国则是严格遵循先例原则，除非不遵守先例，而判决仍然正当时，可不用遵循本院先例。

第二节　大陆法系国家和地区民事裁判理由论证

大陆法系的制定法明确规定了裁判文书记载的事项，要求法官在裁判中论证作出裁断结论的心证理由。法官的裁判必须被证立，未含裁判理由的判决，根据德国法秩序是错误的，并且必须在上告审中被撤销——无论它实质上正确与否。②

一、民事判决理由论证

1. 判决理由论证的事项

大陆法系国家和地区民事诉讼法规定了判决理由论证的事项。《德国民事诉讼法》第 313 条规定，判决书记载判决理由，判决理由项下，应简略地、扼要地记载从事实和法律两方面作出裁判所依据的

---

① ［美］P. S. 阿蒂亚、R. S. 萨默斯：《英美法中的形式与实质》，中国政法大学出版社 2005 年版，第 5 页。

② ［德］乌尔弗里德·诺伊曼：《法律论证学》，张青波译，法律出版社 2014 年版，第 10 页。

论据。第 313 条之一规定，当事人表示不必记载判决理由，或其主要内容记载在法庭记录内，判决可以不记载理由。如果双方当事人均放弃上诉，则判决不需要记载事实和判决理由。①

由此，大陆法系法官从事实和法律规范两方面来论证判决理由。法官以当事人的诉讼请求和对方当事人的防御为依据来论证认定的事实。法官仅须对诉讼请求的主要争点和争点的理由作出认定，而并非要对当事人的每一个诉讼主张都进行回应。判决理由的内容包括双方不争执事项、本案争点、对争点的判断。

有的判决列明当事人不争议的事项，归结争议的焦点，围绕焦点展开论述。譬如，在确认当事人遗产案件中，法官归结争议的焦点问题论述其观点，即对系争财产的真正所有权人作出判断并展示证据。根据民法规定，分析夫妻财产的范围以及特有财产的范围，提出若当事人认为其财产属于特有财产的，应负举证责任。查明系争遗产的来源，并附以证据证明，从而对纠纷事实作出裁断。有的判决先归结出争议焦点，在论证中查明事实，辅以证据证明。通过当事人的诉辩，归结出当事人无异议的事实和争议焦点，阐述心证的理由。

德国裁判论证判决理由时，先简要介绍判决主文，通过引用请求权规范直接进入案件事实，通过对请求权规范要件和抗辩要件逐个予以解析，最终确认原告陈述、举证是否符合请求权规范的要件，被告对其抗辩的要件陈述、举证是否充分。德国民事实体法的请求权规范逻辑清晰，在判决理由生成的过程中起到规制说理路径的作用。② 德国法规定了判决中不记载判决理由或者可以简略记载判决理由的情形，根据审理案件的程序和当事人的选择来制作判决书。

德国法官裁断案件的路径和审理民事案件的程序相关。当法官根据个人审判经验认为，当事人双方都已无诉材要补充，或诉材已经充

① 《德国民事诉讼法》，丁启明译，厦门大学出版社 2016 年版，第 75~76 页。

② 袁力、邵新：《德国民事裁判文书结构与说理的关联分析》，载《法律适用》2017 年第 1 期。

分符合了请求权或抗辩的要件时，在征得双方当事人的同意后，可不开庭而直接判决（§ 128 I ZPO）。[①] 如果法官认定原告没有为其请求提供充分事实主张（给当事方完全提出其主张的机会之后），法官会驳回起诉，而不再进行进一步的审查。[②] 德国司法裁判重视裁判理由的说明（法的证立），即对法学判断经由逻辑严密的推理步骤进行充分而完整的论证。[③]

2. 不同审级法院判决理由的论证

在初审法院的判决中，一般列明当事人无异议的事项，归结争议的焦点，围绕焦点展开论述。法官以法律规范作为论证依据，通过对法律规范的解释，评判案件的事实。

在德国联邦最高法院审理一起支付无争议款项的案件中，法官对控诉法院判决理由进行分析，围绕当事人上告的理由，作出上告法院不准许一审判决的裁断。[④]

控诉法院论证了认定案件事实的理由及证据，基于重新实施证据调查，证人证言所证明的事实使被告证言的效力受到明显的怀疑，作出和一审不同的裁断。

上告法院在论证判决理由时，对控诉法院作出事实认定的法律依据及其立法目的加以阐释，认为控诉法院对事实的认定符合实质公正时可以重新进行事实认定。上告审法院受控诉审认定事实的拘束。认为只有当一审的事实认定是基于法律错误作出时，控诉法院才能根据

---

① 转引自袁力、邵新：《德国民事裁判文书结构与说理的关联分析》，载《法律适用》2017 年第 1 期。

② 国家法官学院、德国国际合作机构：《法律适用方法：合同法案例分析方法》，中国法制出版社 2015 年版，第 50 页。

③ 李大雪：《德国联邦法院典型判例研究 · 民事诉讼法篇》，法律出版社 2019 年版，第 3 页。

④ 李大雪：《德国联邦法院典型判例研究 · 民事诉讼法篇》，法律出版社 2019 年版，第 146~150 页。原告向初审法院起诉，要求被告支付款项。一审法院驳回原告的诉请，因为存在对待债权。原告提起了控诉，高等法院重新进行证据调查，否定存在抵销债权，支持部分利息请求。被告获准上告。

民事诉讼法的规定重新进行事实认定，包括程序存在瑕疵。

上告法院论证了控诉法院的职能。控诉法院的审理和裁判必须以一审认定的事实为基础，以程序审查为例外，这和上告法院对二审认定事实审查的范围是一致的。第二审法院对事实的认定是无错误的和令人信服的，合理的怀疑是重新进行认定的依据。控诉法院对一审证据调查之后与一审法院的评判不同。控诉法院不能信服一审证据的评价，则不受其拘束，控诉法院有义务重新作出评价。控诉法院依职权对一审中所有的诉讼资料包括证据调查的结果，在事实认定的正确性和完整性方面产生的怀疑进行审查。原告在控诉理由中对州法院的证据评价提出了具体的质疑，这亦是怀疑一审事实认定正确性的理由。

上告法院对控诉法院重新进行事实认定在程序上是否有错误进行论证。上告法院论述了《德国民事诉讼法》第 529 条的立法目的，把事实认定放置在第一审。如果限制控诉审认定事实，必然会对实质公正裁判带来不利。上告审就不应再审查控诉法院对事实的认定。基于控诉审认定的事实对上告法院的拘束力，其仅能做有限的审查，譬如，法官是否全面、一致地分析诉讼资料和证据结果，详细的证据评价以客观合理的考量为基础，没有法律错误等。基于这些衡量，作出裁判结论。

不同审级的法院，论证判决理由的内容存在差异。初审判决书详细和繁复地论证认定案件事实的过程，而对适用法律的公开程度是有所差异的。上诉审程序则更多地涉及对法律规范适用的分析。

3. 法律规范的适用

大陆法系国家和地区，属于成文法体系，存在明定的民事实体法规范。当事人提起民事诉讼主要的依据是民事实体法请求权。法官在论证心证理由时，以民事法律规范为依据。通过民事法律规范的要件来认定案件的事实。在第一审判决中，适用民事实体法律规范论证要件事实，涵摄认定的当事人纠纷事实，适用民事诉讼法的条文作出判决主文。在上诉审法院的判决中，上诉请求和上诉理由是论证的核心。法官引用民事实体法律规范来判断上诉请求和上诉理由能否成立，并对原审判决进行评价。引用民事诉讼法的条文作出判决主文。

德国法院论证判决理由时，根据民事实体法律规范确定当事人的请求权能否成立，即起诉是否有依据；根据要件事实审查当事人的纠纷事实是否符合该规范；根据当事人的举证责任判断当事人主张的事实能否成立。由此，民事实体法律规范是法官论证裁断理由的始点。

二、民事裁定理由论证

《德国民事诉讼法》要求当事人提起抗告应提交抗告书。抗告书需载明抗告的理由。

1. 裁定的结构

裁定书分为声明人、主文、理由。理由部分包括当事人的请求和理由，法院查明的事实和理由，以及作出裁定的法律依据。裁定解决的是程序性事项，故而，存在争议的裁定需要论证裁定理由。德国法规定，如果并非涉及原则性法律问题，或并非有利于法律续造或保障司法统一，裁定可不记载理由。[①] 裁定理由的论证较为简略，对案件事实的查明辅以相关的证据。

2. 裁定理由论证的审级性

在初审法院裁定中，其结构为当事人、主文和理由。主文的内容为具体的裁定事项。譬如诉讼中止。

在上诉审裁定中，德国法官论证裁定理由时以程序法律规范作为论证的起点。通过对法律规范的含义加以解释，论证其观点。譬如，在涉及“上告的原则性意义”的案件中，法官论证“原告没有说明许可的理由，抗告被驳回”的观点。法院认为，案件不存在法律案件具

---

① 参见《德国民事诉讼法》第 577 条之规定。《德国民事诉讼法》，丁启明译，厦门大学出版社 2016 年版，第 131 页。

有原则性意义的许可理由。原则性意义指的是案件提出了在不确定的众多案件中可能出现的具有裁判意义的，需要澄清的法律问题，影响公众对法统一发展和操作的抽象利益。对原则性意义的理解则引用了先前联邦最高法院的裁定。提出“原告应对法律问题、裁判意义、澄清的必要性以及超越个案的重要性进行分析”，引用《民事诉讼法改革法政府草案理由书》来解释立法机关要求的是“上告法院纠正裁判要具有超越个案的一般利益”，“控诉法院所犯的法律错误会损害人们对司法的信任”，论述原告没有提出控诉法院侵犯了他受宪法保障的权利。[①] 德国联邦最高法院的法官根据法律规范和立法目的，论证法条设立的本意，以及所维护的利益，并对上诉人和原审法院的观点进行评价，论证其成立或者不能成立的理由。

上诉审法院对裁定理由的论证呈现出解释性、评价性和导向性的风格。

3. 裁定理由论证的依据

在大陆法系民事裁定中，适用民事程序法律规范作出裁定主文，论证裁定理由时引用了民事法律规范、判例、专家学说的观点等。

法官根据适用的法律规范论证案件事实，阐述作出裁定主文的理由。

在关于德国电子签名合格的一个案件中，法官为论证其“准许当事人回复原状”的观点时，先论述其审查控诉法院的观点，认为其不能成立。他指出控诉虽然不成立，但是，应准许当事人申请回复原状。在论证这一观点时，引用了民事诉讼法的相关条款，《德国签名法》的规定，即“认为合格的电子签名可代替法律规定中的亲笔签名”，德国联邦最高法院的裁定“支持签名原则上是不可缺少的生效要件”，学术观点即“一种观点认为，该条款应当与法律文句保持一

---

① 李大雪：《德国联邦法院典型判例研究·民事诉讼法篇》，法律出版社2019年版，第160~168页。

致，理解为一种秩序性规定”，另一种观点“则认为应理解为一种必须性规定”，来说明合格的电子签名对决定性书状原则上是强制性的生效要件，并对《德国民事诉讼法》第 130a 条作出解释。在解释该条文时，引用联邦参议院的会议记录，政府草案的理由书等资料说明立法者的意思。最后，对原告的申请作出评价，即签字不能补正瑕疵，该申请符合法律规定。[①] 德国最高法院论证裁判理由时引用的规范种类较多，论证范围亦为宽泛。

三、影响两大法系裁判论证的因素

1. 裁判理由论证和本国法律规范的形成相关

大陆法系国家和地区在法典中直接对民事判决理由涵括的事项作出规定，为法官论证判决理由提供了明确的指向。大陆法系以法典编纂式的立法模式为主，民事实体法规范是当事人起诉和法官裁断纠纷的主要依据。裁判受成文法的影响，有明确的事项和结构，法官对裁判理由的论述呈现出内容的差异。民事实体法规范是论证判决理由的起点。

英美法系国家以解决纠纷为目的，法官注重的是对纠纷的解决而非创制法律规则，注重的是诉讼程式带致的正义和公平。法官论证裁判时广泛运用先例和事实进行比对，以推论出结论。判例是主要的论证依据。判决意见没有固定的形式，论述的内容较为宽泛。法官对裁判理由的论证更像是一篇散文，但不影响其论证的说服力。

2. 裁判理由论证的进路和审级制度相关

英美法系法官多采用归纳的论证方法来制作裁判书。初审法院判决的论证较为简略。上诉审法院很少改变初审法院对事实的认定。

在大陆法系国家和地区，初审法院和上诉审法院从事实和法律两个方面来论证判决理由，不同审级法院在具体论证的内容上有所侧

① 李大雪：《德国联邦法院典型判例研究·民事诉讼法篇》，法律出版社 2019 年版，第 109~118 页。

重。初审法院对案件事实的认定最为全面，而上诉审法院仅审查上诉请求中涉及不服原审判决中的事实部分。法官对上诉请求和原审裁判进行评价，论证其成立与否的事实和法律理由。立法文件、政府草案、判例等成为解释法律规范、探寻立法者本意的依据。

3. 论证者的因素

裁判文书的核心是裁判理由。法官对裁判理由的论证受本国法学教育、法官选拔制度等的影响。美国法学院对学生的培养定位于律师，法学教育中注重案例教学法，造就了本国法官对判决的论证以事实比对和归纳为主的特点和思维模式。美国判决书展示案件的不同意见，突出其个体性的才华和观点，激发法官个体的创造性。

大陆法系国家和地区受成文法的影响，法官对裁判结论的证立注重法理分析和逻辑规范。法官对判决理由的论证以实体法律规范为先导，论证案件事实和要件事实的契合性。司法三段论是其主要的论证方式。论证内容呈现出一致的声音，即使有不同的意见也不会出现在判决中。

第九章　我国民事裁判理由论证合理性的路径选择

民事裁判理由论证的合理性不仅要求论证的形式是有效的，同样要求论证的内容具有合理性。裁判理由论证形式的有效性表现为裁判理由论证的结构符合逻辑规律。裁判理由论证内容的合理性则是指在辩论语境下，民事裁判理由具有可接受性，裁判理由论证达致充分性，裁判理由和裁断结果之间具有关联性。裁判理由的论证是一种实质的论证。

对裁判理由论证从法律规范、裁判制度设计以及论证技术层面加以完善，有助于实现裁判理由论证的合理性。

第一节　民事裁判理由论证引入“可接受性”

民事裁判理由论证旨在以裁判理由的内容说服当事人接受并履行裁判文书所确定的义务。当事人对裁判理由的接受是实现裁判理由论证合理性的路径之一。

论证是向特定的受众作出的，论辩的目的是说服受众接受论辩的内容。民事裁判理由可接受性则是从受众之维度考量裁判理由的论证。从受众出发，获得其接受作为论证目标，以此来构建裁判理由的论说方式。在民事诉讼中，受辩论原则的约束，当事人交互提出主张和证据。法官对裁判理由的论证是在对立的双方当事人之间展开的，通过论证裁断结论形成的过程，实现论证的目的。

在可接受性原则之下，裁判理由不仅证立裁判结论，而且增加了获得受众接受的旨意。把裁判理由的接受作为证立裁判结果之考量因素，使得裁判文书的功能不仅是告知当事人裁判结果和裁判理由，更为重要的是，说服当事人接受裁断的内容。通过当事人（特别是败诉方当事人）对理由的接受，从而接受裁断结果和履行义务，化解当事人之间的纷争，构建和谐的社会秩序。

裁判理由可接受性，是从当事人的心理层面说服其接受裁判理由。裁判理由可接受性是国家制定的法律规范和社会民众心目中秉承的良善、公平和正义观念的有效融合。

法官在论证裁判理由时应考量和可接受性相关的要素。这些要素主要涉及裁判规范，裁判形成的程序，裁判理由的受众，裁判理由的修辞等。法律适用者在制作裁判理由时，应说明其选取裁判规范的依据，注重对裁判结论形成过程的展示，以受众的接受作为论说的目标，最终实现对论辩结果的接受。作为法官论证前提的依据必须是社会性的，而不是纯粹的个人标准，这种标准应被认为是适用于任何公民的，当然包括他自己和其他法官在内。[①] 换言之，作为论说前提的事实、证据、经验、法律规范、逻辑应获得论说者和受众的认可，以此作为论证的起点和基础。法官选取的论证裁判理由的依据，需符合社会一般民众心理认知的标准。通过运用修辞技艺，使当事人接受论证者的观点，实现论说的目标即受众的接受。

民事裁判理由的论证呈现诉讼程序的运行过程。诉讼程序中的辩论主义保障当事人对诉讼、法官对法律的适用和立法者对法律的制定具有相似性，其最终目的是在每个案件中尽其可能地通过一个恰当的规则来满足正义和社会效用的要求。[②] 通过在裁判文本中记载法庭辩

① ［德］麦考密克：《法律推理与法律理论》，姜峰译，法律出版社2005年版，第232页。

② ［美］本杰明·卡多佐：《司法过程的性质》，苏力译，商务印书馆1998年版，第74页。

论的日期，阐述当事人论辩的过程，记载对当事人提交证据的质证和判断意见，论证采信证据和不予采信证据的理由以及证明事实认定的过程等，使当事人相信其利益得到了充分的程序保障。以过程为取向的程序规范被认为应当使参与者能够自己调节他们的事务。① 当事人认同其参与并影响裁判结论的形成，从而从内心接受司法机关裁断的结果。社会的其他民众通过阅读裁判文本，亦会认同司法机关的裁断结论。

我国不同审级的民事裁判理由论证的受众存在差异。在论证裁判理由时，视裁断结果和不同受众的接受，合理选取相关的论证内容和论证模式，说服当事人接受裁断结论，以看得见的方式实现裁判中的权利义务关系。

总而言之，民事裁判理由可接受性是一种围绕受众而构建的论说方式。它注重对裁判理由受众的说服，注重对论说效果的考量，重视论辩的参与者对判决形成的影响。通过当事人在诉讼中对其利益的交涉，参与并影响裁判结论的形成，他们相信受到了公正的程序保障，从而接受法官作出的裁判结论。裁判理由可接受性为法官论证裁判理由提出了较高的水准，旨在实现司法的权威和司法的公信力。这既需要法官对裁判理由关涉的各种要素妥当配置，又需要对影响裁判理由论证的各种规范和制度加以完善。②

第二节　民事裁判理由关联规范的完善

民事裁判理由的论证如欲实现应有的效果，需要在规范层面完善裁判理由的范围、效力，裁判理由遗失、简化和免除情形等规定。具

① ［德］哈贝马斯：《在事实与规范之间》，童世骏译，生活·读书·新知三联书店 2003 年版，第 568 页。

② 参见王合静：《民事判决理由可接受性研究》，法律出版社 2017 年版，第 204~206 页。

体内容如下。

一、明确裁判理由的范围

我国民事裁判理由论证中存在的一些问题源于对裁判理由范围的认知不一。理论和实践对裁判理由范围的不同观点影响到裁判理由的论证，亦关涉裁判理由的结构。

1. 判决理由的范围

前已述及，我国立法规定，判决书应当写明判决结果和作出该判决的理由。判决理由是作出判决结果的理由，它不包含当事人争议的事实和理由。法院认定的事实和理由以及适用的法律和理由归属于判决理由。

《民事裁判文书规范》认为，理由部分以“本院认为”作为开头，其后直接写明具体意见。在判决文书中，“本院认为”部分为判决理由，事实认定部分则被排除在理由之外。法院判决认定的事实亦须说明理由。事实认定及其理由应属于判决理由的内容。[①]

大陆法系国家和地区普遍以司法三段论作为推断判决结论的依据，三段论的模式成为裁判理由论证的主要形式。判决理由部分包括根据认定的事实和适用的法律规范对判决结果证立的结构形式。

由此，判决理由包括判决认定的事实和理由，适用的法律和理由，以及根据认定的事实和适用的法律对判决结果证立的逻辑形式。

2. 裁定理由的范围

我国《民事诉讼法》规定了裁定的适用范围，规定裁定书应当写明裁定结果和作出该裁定的理由。裁定适用的范围有 11 种事项。其中，可以上诉的裁定有不予受理、对管辖权有异议、驳回起诉。这些事项是否都需要写明裁定理由，立法并不明确。裁定理由是告知当事

---

① 有关民事判决理由范围的内容参见王合静：《民事判决理由研究》，法律出版社 2016 年版，第 14~22 页。

人作出裁定结果的依据，是对裁定结果的证立。

强化对裁定理由的论说是因为存在争议的当事人和事项。那么，对没有争议的事项作出的裁定，则无须记载裁定理由。譬如，对于补正判决书中笔误的裁定，则无必要写明裁定理由。

立法的严谨便于指导司法实践中对裁定文书的制作，因此，可对裁定适用的事项进行分类，明确载明裁定理由的情形，这有利于提高制作裁定书的效率。譬如，可规定对于上诉的裁定和存在争议的裁定，应载明裁定理由。

二、调整民事裁判文书的结构

1. 判决书的结构

我国现行《民事诉讼法》第 155 条规定了判决书的结构，在表述上将判决结果放置在判决理由之后。这种结构不甚符合判决书裁断当事人民事纠纷的功能和当事人收到判决书之后的心态。把判决结果放置于判决理由之前，可以使判决书的结构更符合逻辑和合理。大陆法系把判决结果称为判决主文，司法实践中亦使用该术语。

为了和立法的规定相一致，可使用判决结果或判决主文。

2. 裁定书的结构

我国《民事诉讼法》第 157 条第 3 款规定，裁定书应当写明裁定结果和作出该裁定的理由。裁定的种类较多，根据前述对裁定书的考察，不同裁定书论证裁定理由的内容有所差异，其结构亦不相同。对裁定书规定规范的结构形式似乎不太可能，但是，可将裁定结果和裁定理由的顺位加以调整，其理由和判决书相似。

裁定适用程序性的事项。在涉及可以提起上诉的裁定以及存在争议的裁定中，应论证作出裁定结果的理由。裁定理由包括认定的事实及其理由、适用的法律规范及其理由。其他的裁定可以简化裁定理由的制作。

三、规定对判决或者裁定错误的救济途径

我国《民事诉讼法》第157条第1款第7项规定，判决中出现错误时，用裁定补正判决书中的笔误。笔误是指法律文书误写、误算，诉讼费用漏写、误算和其他笔误。但是，当判决出现遗漏、错误或者判决理由和判决结果相矛盾或者冲突时如何处理，立法则未有规定。譬如，判决遗失认定事实的情形。

判决中的错误可分为判决表示错误、判决认定的事实不完整或者遗漏重要的事实、判决理由和判决结果相矛盾或者冲突、判决遗漏诉讼请求等情形。

1. 判决误写、误算

判决误写、误算，属于判决表示错误。表示错误是指受诉法院在判决过程中所欲表达的意思未能正确地呈现于判决结果、判决理由及其他部分，故应通过较为简易、便捷的表示错误更正程序予以救济。表示错误包括判决文书中误写、误算的错误，使判决文本表现出来的意思和其真实的本意不相同。《德国民事诉讼法》第319条规定，对于误写、误算或者类似的明显错误，法院得依职权随时更正。对于驳回更正申请的裁定，不得上诉。对于宣示更正的裁定，可以提起即时抗告。[①]《日本民事诉讼法》第257条规定，判决如有误算、误记或其他类似明显的错误时，法院根据申请或依职权，随时可以作出更正裁定。对更正裁定，可以即时抗告。但是，对于判决已提出合法的控诉，则不在此限。

判决误写、误算表现为判决文本中把当事人或者代理人的名称、地址写错的，判决理由或者判决结果中把赔偿数额或者具体的数额书写错或者计算错的等情形，不涉及对判决本意的改变。显然错误是指除了判决误写、误算之外，明显存在错误的情形。譬如，在判决理由

① 《德国民事诉讼法》，丁启明译，厦门大学出版社2016年版，第77页。

中已有对诉讼费用承担责任的说明，但是在判决结果后却遗漏了诉讼费用。显然错误不会改变对判决内容的理解或者对判决意思表示的误解。明显错误是指用语与其所要表达的判断内容不一致的情形，而且这种错误从判决全趣旨来看，必须是显而易见的。[①]

判决书中的笔误除了误写、误算以及其他类似的错误之外，还包括诉讼费用漏写的情形。

“诉讼费用漏写”本质上为受诉法院对当事人应如何负担诉讼费用未作判断，与对当事人所提诉讼请求未作判断一样，均属于漏判。[②]由于诉讼费用分配方案源于当事人之间的实体胜负关系，同样属于遗漏诉讼请求的范围。故而，对判决遗漏诉讼费用的，可按照补充判决来处理。

将诉讼费用漏写归入判决更正中，从性质上看似乎不合事理，可将其修改为裁判文书中存在误写、误算或者类似的显然的错误，当事人可申请或者法院可依职权进行更正，对更正的裁定不能上诉。更正裁定从判决生效时起算。

2. 判决遗漏诉讼费用和诉讼请求

判决遗漏诉讼费用，在德国法中归属于判决的补充，应以判决形式进行追加。

《德国民事诉讼法》第 321 条规定，遗漏裁判费用的全部或者一部时，可以申请作出追加裁判对原判决予以补充。《日本民事诉讼法》第 258 条第 2 项、第 3 项规定，当事人提出追加裁判的申请或者依职权作出决定。但是，当事人对终局判决提起适法的控诉时，该决定将丧失效力，控诉审将重新对诉讼费用作出裁判。

《美国民事诉讼法》第 60 条第 1 款规定，法院可以依职权或任何当事人的申请并由法院命令作出通知后，随时更正在判决、命令或法

---

① ［日］新堂幸司：《日本民事诉讼法》，林剑锋译，法律出版社 2008 年版，第 466 页。

② 占善刚：《民事判决中的表示错误及其更正》，载《法学》2017 年第 4 期。

院记录其他部分的笔误和由于疏忽或遗漏出现的错误。在上诉期间，如果上诉被上诉法院在案件记录簿上登记之前，可以按上述方式更正错误；如果已进行登记且在上诉中，可在上诉法院同意后更正错误。

在我国，则把判决遗漏诉讼费用归属于裁判笔误，用裁定更正。为了立法的严密，我国可单独规定裁判遗漏诉讼费用的处置或者对其作出合理说明。譬如，判决遗漏诉讼费用的，当事人可以申请或者法院依职权以裁定形式更正，如果在二审中能够对遗漏诉讼费用重新作出裁判，则不需要对其进行更正。更正的效力从作出判决时起算。

判决遗漏诉讼请求的，在德国，则为判决的补充，可以依申请作出追加裁判对原判决予以补充。申请的时间为原判决送达后两周的期间内，当事人以书面提出申请。对该申请需要经言词辩论。法院对判决遗漏诉讼请求的情形，以判决形式作出。它是对当事人实体权利的裁断。当事人不服该裁断的，可以提出上诉。

我国《民事诉讼法》规定，如果是一审判决遗漏诉讼请求的，可通过提起上诉进行救济，二审法院审理后发还重审；如果是二审判决遗漏诉讼请求的，可通过再审程序进行救济。[①] 判决遗漏诉讼请求是指对当事人提出的诉讼请求，原判决、裁定没有审理或者经审理但未作出裁判的情形。遗漏诉讼请求被认为是严重违反程序的诉讼行为，应当重新进行审理。从法理上来看，遗漏诉讼请求是法院没有对当事人的诉讼请求作出裁判，就该请求而言，不构成确定判决。如果当事人在原审判决中不存在不服的利益，那么其再审申请因欠缺撤销原审判决的利益而不构成合法的再审申请。我国对生效判决遗漏诉讼请求的做法以再审的形式进行救济不符合再审程序的法理。

判决遗漏诉讼请求的救济途径，可以更正判决的形式作出。参考域外法系的做法，当事人可在收到判决书后的 15 日之内向法院提出

---

① 参见《最高人民法院关于适用〈中华人民共和国民事诉讼法〉的解释》第 324 条，我国现行《民事诉讼法》第 207 条之规定。

申请。如果案件已经过法庭辩论的，法院可直接审查作出判决；如果未经过开庭审理的，法院则以口头辩论的方式进行审查和裁断。当事人对该判决不服的可以提起上诉，法院亦可以职权进行更正。法院发现判决遗漏诉讼请求的，若该案件仍系属于法院，其可依职权作出更正判决。

3. 判决遗漏认定事实

判决遗漏认定的事实是指判决书中认定事实部分记载的事实不完整或者在制作中遗漏了一部分事实。对于遗漏的事实，应当如何处理，我国目前立法未作规定，在实践中，有以裁定的方式进行补正的。

大陆法系国家对此种情形有明确的规定。譬如，《德国民事诉讼法》第320条规定，判决的事实部分有不属于前条规定的错误、脱落或矛盾之处时，可以在两周期间内提出书状申请更正。在判决宣誓满三个月之后，不得再对事实部分申请更正。《法国民事诉讼法》第462条规定，由当事人一方或者双方向法院提出申请，可以补充判决的形式进行更正。对于原判决已发生法律效力，当事人对更正的判决亦可提出上诉。遗漏的事实不足以影响法官对判决结果的判断。如果遗漏的事实影响到对判决主文的判断，则说明法官作出的判决存在错误，需以再审的形式进行救济。《日本民事诉讼法》第338条第1款第9项规定，对于影响判决的重要的事项遗漏判断的，作为再审的事由。

就遗漏的事实而言，则需看其是否影响判决结果而确定补救的形式。如果判决遗漏的事实没有影响到判决结果，当事人可在一个月内向法院申请补正。对此补正的请求，可以提出上诉。如果遗漏的事实影响到判决结果，即遗漏的事实是作出判决结果的实体要件事实，则会影响判决结果的正确性。对此，可以再审的形式进行救济。

四、完善民事判决理由简化和免除制作规定

我国对民事判决理由简化和免除的规定较为简略。为了提高裁判文书的制作效率，简化裁判理由论证的内容，有必要根据审理案件的类型，规定判决理由的简化和免除情形。① 现行在司法解释层面对部分案件的规定不能满足整体提升判决理由制作的要求，可在立法层面规定判决理由简化和免除的情形。②

1. 可以免除判决理由制作的情形

在普通程序中，对当事人自认的事实可以省略对该事实认定的论证。给付金钱及时履行的案件可以省略判决理由的制作。

2. 可以简化判决理由记载的情形

（1）承认对方当事人诉讼请求或者部分诉讼请求的案件、缺席审判的案件以及当事人合意简化记载判决理由的案件，法官可以在判决书中简化对判决理由的论证，只需要记载判决理由的要点即可。

（2）适用简易程序作出的判决，可以简化判决理由的论证或者只需记载判决理由的要点。

（3）适用小额诉讼程序审理的案件，判决中记载判决理由的要点，可采用格式化的文书制作。

---

① 《最高人民法院关于适用〈中华人民共和国民事诉讼法〉的解释》第 270 条规定：适用简易程序审理的案件，有下列情形之一的，人民法院在制作判决书、裁定书、调解书时，对认定事实或者裁判理由部分可以适当简化：（1）当事人达成调解协议并需要制作民事调解书的；（2）一方当事人明确表示承认对方全部或者部分诉讼请求的；（3）涉及商业秘密、个人隐私的案件，当事人一方要求简化裁判文书中的相关内容，人民法院认为理由正当的；（4）当事人双方同意简化的。我国以司法解释的形式规定了判决理由简化的情形，但是无免除之规定。第 280 条规定：小额诉讼案件的裁判文书可以简化，主要记载当事人基本信息、诉讼请求、裁判主文等内容。该条规定似乎设置了可以免除判决理由的记载。但是，由于使用了"等"词语，使得对判决理由的免予记载不甚肯定，但至少赋予法官对是否记载判决理由予以裁量的空间。

② 参见王合静：《民事判决理由研究》，法律出版社 2016 年版，第 186 页。王合静：《民事判决理由可接受性研究》，法律出版社 2017 年版，第 208~209 页。

五、明晰裁判结果适用的法律规范

我国《民事诉讼法》规定，判决书载明判决结果适用的法律规范及理由。司法机关在审理民事纠纷案件时，根据现行法律规范作出裁断结果。就民事案件而言，作为裁判结果的法律规范有民事程序法和民事实体法。裁判理由论证依据除了民事实体法律规范、民事程序法律规范之外，还包括司法判例、民事政策、道德规范、法学理论和学说等。换言之，裁判理由论证依据包含裁判结果适用的法律规范。

作为裁判结果的法律规范是指法官直接适用于作出裁断结果的法律条文。它具有现行的法律效力，一般而言是包含一定法律后果的法律条文。作为裁判结果的依据是民事实体法律规范和民事诉讼法律规范。

裁判理由论证依据的范围较为宽泛，包括作出裁判结果的法律规范。在一些情形之下，二者可以相分离。裁判理由论证依据可以是明确的法律规范，亦可以是增强论证效果的道德宣教规范，还可以是指导性案例、法学观点等。裁判结果法律规范为具体的法律条文。

裁判理由论证中引用的民事实体法律规范，旨在证立裁判结论，是作出裁断结果的法律规范。法官在论证中适用的法律规范，可成为裁判结论的法律依据。裁判理由的内容和裁判结果相一致。如果适用了相冲突或者相反的法律规范，则构成上诉或再审的事由。

民事实体法律规范是法官审理民事案件，查明当事人诉讼请求能否成立的依据。在通常情形下，民事实体法律规范是法官论证其观点的逻辑始点。通过对法律规范的解释，对其认定的案件事实是否符合法律规范中的事实要素作出评价，从而推论出裁判结论。

民事诉讼法是人民法院审理民事纠纷案件时所适用的程序规范，是指引法官形成裁判结论的程序规范。它是各审级法院审理民事案件的程序依据。在论证裁判理由时，引用程序法规范评价涉及程序性事项的相关事实。由此，它们是作出裁断结论的依据。

第三节　民事裁判理由论证的技术

为了实现民事裁判理由论证的目的，将前述有关论证理论引入裁判理由的论证之中，达致裁判理由论证的合理化。

民事裁判理由论证技术是指在对裁判理由论证的过程中，为使裁判理由的内容能够得到当事人、法律职业者和其他社会民众的接受，按照一定的论证形式或结构对论证内容进行排列和修饰，使其呈现裁判结果的正当性，说服当事人接受裁断结论。基于民事判决和民事裁定适用的事项和范围不同，对它们的论证无法适用统一的方法，故分开加以阐述。

一、民事判决理由的论证

1. 民事判决理由类型化论证

民事判决理由类型化论证，是指对民事判决理由的论证可根据民事纠纷案件的类型和民事案由来制作，实现民事判决理由对判决结果的证立，以获得受众对判决理由和判决结论的接受。对民事判决理由分类型论证，以提升判决文书的制作效率，增强判决的论理性。

（1）简单民事案件判决理由的论证

简单民事案件是指在民事诉讼中适用简易程序审理的案件，即案件事实清楚，权利义务关系明确，争议不大的民事案件。对适用简易程序审理的案件，判决理由部分可以简化判决理由制作或者只需记载判决理由的要点。譬如，对当事人自认的事实可以省略对认定该事实理由的阐述；给付金钱及时履行的案件可以省略判决理由；承认对方当事人诉讼请求或者部分诉讼请求的案件、缺席审判的案件以及当事人合意简化记载判决理由的案件，法官可以在判决书中简化判决理由的论证，只需记载判决理由的要点即可。

就此类简单民事案件而言，司法三段论是论证判决理由的结构形式。对案件事实的认定是论证的重点。在论证认定的案件事实时，论述采信证据的理由，以及根据认定的证据推演出事实之间的逻辑关系。可以简要论述认定的案件事实和实体法律规范要件事实之间的关联性，说明适用的法律规范。

《最高人民法院关于进一步推进案件繁简分流优化司法资源配置的若干意见》中提出，根据法院审级、案件类型、庭审情况等对裁判文书的体例结构及说理进行繁简分流。复杂案件的裁判文书应当围绕争议焦点进行有针对性的说理。新类型、具有指导意义的简单案件，加强说理；其他简单案件可以使用令状式、要素式、表格式等简式裁判文书，简化说理。当庭宣判的案件，裁判文书可以适当简化。

就前述所考察的人格权纠纷，婚姻家庭、继承纠纷案件可归于简单民事案件。对其论证可采用简单民事案件的论证技术。

就简单民事案件中的小额诉讼案件而言，《最高人民法院关于适用〈中华人民共和国民事诉讼法〉的解释》第280条规定，小额诉讼案件的裁判文书可以简化，主要记载当事人基本信息、诉讼请求、裁判主文等内容。该条规定未明确小额诉讼裁判文书需载明裁判理由，但是，小额诉讼案件的判决仍需记载判决理由的要点。如若当事人不服小额诉讼的生效判决申请再审，则需要参照判决理由制作再审申请书和进行再审。当事人不服判决结果表现于不认可判决理由的内容。不记载判决理由的要点则可能会影响再审。如果当事人明确表示接受判决结果的，则可不记载判决理由。

（2）普通民事案件判决理由的论证

对普通民事案件的界定，可以法院审理民事案件的程序作为识别的依据。普通民事案件是指适用普通程序审理的案件。适用普通程序审理的民事案件包括普通民事案件和民事疑难案件。此处的普通民事案件是指适用法律规范明确的案件。法院对普通民事案件的审理不存在适用法律模糊、法律规范缺失之情形。譬如，在考察的民事案由中，有物权纠纷、合同纠纷、知识产权纠纷类案件。

对普通民事案件判决理由的论证，符合普通程序民事判决理由简化情形的，可参照判决理由简化或者免除制作之规定。譬如，承认对方当事人诉讼请求或者部分诉讼请求的案件、缺席审判的案件以及当事人合意简化记载判决理由的案件，法官可以在判决书中简化判决理由的论证，只需记载判决理由的要点即可。当庭宣判的案件，裁判文本仅记载判决理由的要点。

其他不符合判决理由简化和免除情形的普通案件，适用法律规范明确的，可采用司法三段论的模式论证判决理由。

在判决理由部分，首先，确证案件事实，这是将其涵摄于法律规范之前提。在认定案件事实时，对当事人提交证据的采信作为论述的重点。法官在证据规则的指引下，论证判断证据的过程。根据认定的证据阐述所确证的事实。这些事实并非当事人所主张的全部事实，而是指构成裁判基础的主要事实，亦即当事人提出的诉讼请求所依据的实体法律关系的事实。对该事实的论证，应达到证明标准的程度。

其次，论证案件事实和实体法律规范要件事实之间的关系。就像恩吉施所言，眼光在事实和法律规范之间往返流转。法律规范的要件事实具有高度的概括性。通过对要件事实的细化和解释，使认定的案件事实符合要件事实的构成要素。这部分的内容即是对认定的案件事实在民事实体法律规范意义上的评价。以民事法律规范作为论证的逻辑始点，将法律规范中的要件事实分解为若干事实要素，论述所认定的案件事实（本案的主要事实）符合这些事实要素。法规范要件事实的要素点越多、越细密，那么案件事实和要件事实之间的契合度就越高。由此，根据该法律规范，推论出案件当事人所承担的法律后果。确证的事实和法规范要件事实的圆融，证明所适用的法律规范的正确性。

民事法律规范的内在逻辑结构决定了司法三段论仍是论证判决理由的主要结构形式。在论辩语境下，判决理由的论证引入了对受众的考量，运用修辞技术以增强论证的说服效果。在判决文本中，以认定事实的充分性和推论的严密性，适用法律规范的正确性，实现判决理由论证的旨意。这种论证方式呈现出论证者裁断民事纠纷的思维路径。

（3）民事疑难案件判决理由的论证

所谓疑难案件，是指法院在审理民事纠纷案件中，对作为裁判依据的法律规范适用不明确而引起的适用法律困难的案件。法律规范不明确是指案件适用的法律规范缺失、法律规范之间相互矛盾或者冲突的情形，不包括事实认定真伪不明的情形。譬如，我国江苏无锡发生的中国首例胚胎案。[①] 该案法官从伦理、情感和特殊利益保护三个方面论证判决结果的正当性。

在对疑难案件的裁断中，由于缺乏明确和直接的法律规范，在根据案件事实发现和确定法律规范的过程中可以运用以下论证方法：

第一，后果主义的论辩模式。

后果主义的论辩模式是指以论辩的后果能否获得接受作为选择裁判规则的方式。后果主义的论辩方式是主观性的。法官们需要在对立的可能裁判方式所造成的后果之间进行裁量。

后果主义论证的方法不能单独使用，需要和多种价值相结合进行判断，甚至对这些价值所导致的对立结果也需要进行协调。它借助于多项标准作出判断，诸如“常识”“正义”“同法律原则一致”，以及“公共政策”等。[②]对裁判规则的论证需要接受这些标准的检验。在对

① 参见江苏省无锡市中级人民法院（2014）锡民终字第01235号民事判决书，https：//wenshu. court. gov. cn/website/wenshu/181107ANFZ0BXSK4/index. html？ docId=dfddb37f259a42e2a79daf09bc95451b，最后访问时间：2022年7月6日。

② ［英］麦考密克：《法律推理与法律理论》，姜峰译，法律出版社2005年版，第148页。

不同意见的理由进行反驳时，常常从适用这种意见或者裁判规则可能会造成的后果去分析论证，从所得出的后果显然不符合正义、常理、法律原则等标准，推翻所述的理由或者裁判规则。这亦成为后果主义论辩方式适用的检验方式。

有学者从后果方面进行判断，将其分为基于道德的后果考量，基于经济的后果考量，基于公共政策的后果考量，基于惯例的后果考量，基于其他的后果考量，譬如，案件结果是否符合情理，是否为当事人所接受。① 判决结果能否得到人们的接受，尚需依凭证立判决结果的判决理由能否得到人们的接受。对判决理由和判决理由能否接受的考量是后果主义论辩模式的题中应有之义。

后果主义的论辩模式是在案件的事实不符合法律规范中的要件事实时的一种论证方式。对此，法官需要从判决结果是否符合实质正义、法律体系、常识、道德等方面进行考量，从中选择最优裁判规则作为本案的依据，同时还使其成为以后同类案件的适用依据。后果主义的论辩模式关注的是不同的法律规范对判决结果的影响。法官对判决后果考量的依据其实质就是作出判决结果的理由。

在具体的民事案件中，法官在对案件的判决后果进行衡量时受其自身法律学识和价值伦理观的影响，对后果的判断多是从当事人是否接受和社会的影响方面去衡量。对判决结果和判决理由能否接受的考量是后果主义论辩模式的题中应有之义。

譬如，中国生物多样性保护与绿色发展基金会诉雅砻江流域水电开发有限公司生态环境保护民事公益诉讼案。② 人民法院根据环境案件的特点，从生态损害后果的不可恢复性考量，认为对五小叶槭原生

① 孙海波：《通过裁判后果论证裁判——法律推理新论》，载《法律科学》2015 年第 3 期。

② 参见四川省甘孜藏族自治州中级人民法院（2015）甘民初字第 45 号民事判决书，指导性案例第 174 号，https：//wenshu. court. gov. cn/website/wenshu/181107ANFZ0BXSK4/index. html？docId＝a9ca4cbde6d049a89757acb600b4811e，最后访问时间：2022 年 7 月 6 日。

存环境造成破坏、影响其生存的潜在风险，从而可能损害社会公共利益。故此，判决被告采取预防性措施，将对濒危野生植物生存的影响纳入建设项目的环境影响评价，促进环境保护和经济发展的协调。法院在论证判决理由时，适用了联合国《生物多样性公约》的规定、《环境保护法》的原则，论证“有保护生物多样性的义务”，“环境保护应当坚持保护优先、预防为主的原则。基于现实的科学知识评价风险，即对开发和利用环境的行为可能带来的尚未明确或者无法具体确定的环境危害进行事前预测、分析和评价，以促使开发决策避免可能造成的环境危害及其风险出现”。所以，对环境污染、生态破坏行为应注重防患于未然，才能真正实现环境保护的目的。法院作出了支持原告请求判令“被告立即采取适当措施，确保不因雅砻江水电梯级开发计划的实施而破坏珍贵濒危野生植物五小叶槭的生存”的判决。

后果主义的论辩模式关涉法官对秩序、公共政策、正义等的价值判断，与作为裁断依据的法律规范的原则保持一致。后果主义的论证是一种对实质正义的追求。通过对法的基本原则的解释，在现行制定法的框架内作出裁判。此种模式要求对裁判理由进行更为充分的论证，获得大多数人对裁判理由的接受，从而表明他们作出的判决结论是正当的。

第二，融贯性的论辩模式。

融贯性的论辩模式要求法官作出的裁断和法律规范之间保持逻辑上的一致性，保持法律体系内的一致性。融贯性论证强调法律规范之间（尤其是规范与原则之间）在整体上的意义性。在对案件作出裁断时，提出与过去不同的考虑、处理相同的案件，或要以新的看法处理新生事物，必须注意使新见解圆满地纳入既存的法律体系之中，不可有逻辑上或者价值上的冲突。[①] 融贯性论辩模式主要适用于法律规范相矛盾或者法律规范遗漏等情形。

---

① 黄茂荣：《法学方法与现代民法》，法律出版社2007年版，第642页。

在民事疑难案件中，类推是融贯性论证使用的主要方法。所谓类推则是将法律的明文规定适用到该法律规定所未直接加以规定，但其规范上的重要特征与该规定所明文规定者相同之案型。[①] 通过类推技术的使用，使一种法律规范适用于另一案例的处理上，解决法律规范冲突或者含糊的情形。在运用类推技术确定法律规范时，不能出现逻辑上的冲突或者语义上的矛盾。

在适用融贯性论辩模式时，民事法律原则具有统合的功效。通过对法律原则的解释，实现法伦理的要求，亦即对正义的实现，同时，保持法的稳定性和连续性。裁断结果不能和过去的案例发生冲突，又对未来的案件具有指引性。法院对裁断理由的论证达致统一和协调。法官对法律规范的选取和解释需要与法律原则保持一致，注重法律体系的整体性。

第三，利益衡量的论辩模式。

利益衡量是发生在个案中多个法律规则或者原则相冲突时适用的一种论证方法。法官对民事案件的裁判以当事人利益或者社会整体利益为标准进行衡量，确定选用的法律规范。通过个案处理，对社会的不同利益进行“位阶式”的判断，是司法任务之一，这也是利益衡量形成裁判规范的价值理念。[②]

利益衡量其实质是对各种阶层利益之间的衡平和博弈。法官在对各方主体的利益取其轻重之后，选择适宜的法律规范作为裁判依据。法官在对各主体的利益考量时，首先，一般是依基本法的“价值秩序”，人的生命或者人性尊严有较高的位阶；其次，在大多数案件中，涉及位阶相同的权利时，取决于应受保护的利益被影响的程度，或者假使某种利益让步时，其受到的损害程度如何；最后，可采比例原则、最轻微侵害手段或尽可能微小限制的原则。[③] 法官对各利益加以

---

① 黄茂荣：《法学方法与现代民法》，法律出版社2007年版，第492页。

② 郑成良等：《司法推理与法官思维》，法律出版社2010年版，第139页。

③ [德] 卡尔·拉伦茨：《法学方法论》，商务印书馆2003年版，第285页。

分配，但是在作出裁断结果时，“须使利益衡量中的制度利益及批判性检视体现出最低公正”①，以使各方主体能够接受裁量和规范的选择。

在疑难案件中衡量各种利益时，要求法官在诉讼程序中依职权探知和获取最大量的相关信息，防止信息的不对称或者信息的碎片化，造成认知的偏颇。法官的价值判断、对法律规范的理解、司法经验等因素影响着其对各种利益的衡量，以及据此作出的裁断结果。法官在衡量裁判后果的利益时，较为注重案件的判决对社会所带来的长远的利益影响。这即要求法官在判决理由中详细论证案件所涉利益衡量的过程及依据，对裁判规范选取的依据，以使裁断内容获得社会民众普遍的支持。

我国法官在司法实践中对判决理由的论证已然运用了利益衡量的方法，譬如，在J饮料食品有限公司、G医药集团擅自使用知名商品特有名称、包装、装潢纠纷一案中，法官对判决理由的论证考量了相关方的利益，“结合该凉茶的历史发展过程、双方的合作背景、消费者的认知及公平原则的考量，因G医药集团及其前身、J饮料公司及其关联企业，均对涉案包装装潢权益的形成、发展和商誉建树，各自发挥了积极的作用，将涉案包装装潢权益完全判归一方所有，均会导致显失公平的结果，并可能损及社会公众利益。因此，涉案知名商品特有包装装潢权益，在遵循诚实信用原则和尊重消费者认知并不损害他人合法权益的前提下，可由G医药集团与J饮料公司共同享有。双方应本着相互谅解、合理避让的精神，善意履行判决，秉持企业应有的社会责任，珍视经营成果，尊重消费者信赖，以诚实、守信、规范的市场行为，为民族品牌做大做强，为消费者提供更加优质的产品而

① 郑成良等：《司法推理与法官思维》，法律出版社2010年版，第152页。

努力"[①]。在此案件中，法官考量了双方当事人的利益，认为"均对涉案包装装潢权益的形成、发展和商誉建树，各自发挥了积极的作用"，并提出如果"判归一方所有，均会导致显失公平"，同时考量对社会公众利益的维护，据此作出裁断结果。

第四，综合性的论辩模式。

除了上述的论辩模式之外，在涉及裁判规范模糊不清的案件中，还可运用综合性的论辩模式。在判断适用的法律规范时，可以适用一种或者多种论辩方法。譬如，从后果主义的影响去比较和参照法律规范产生的影响时，亦可运用利益衡量的判断方法，综合确定适用的法律规范。在确定和解释适用的法律规范时，需保持法律体系的自洽性和逻辑性，使其符合融贯性的标准，亦可从法律规范中含及的法律原则适用的合理性的视域进行论证。如果在论证的过程中仍然存在不能保持一致的情形，那么，可参照构成法律基础的那些基本价值和原理。

上述对疑难案件的法律论证模式，是在对案件事实认定清楚的基础上分别从裁判后果、裁判各种利益的选择、推论方法的适用等方面确定适用的法律规范，并作出判决结论。疑难案件的社会影响力较大，关注度较高，法官对案件的裁断具有一定的社会导向性。故而，对此类案件的判决要求详尽论证作出裁断结果的依据，通过对判决理由的接受说服当事人接受判决结论。

2. 民事判决理由分审级论证

在民事诉讼活动中，审判程序设置的制度功能决定了不同审级的法院的裁判事项不同、受众不同，因而判决理由论证的内容和形式会有所差异。

---

① 参见中华人民共和国最高人民法院（2015）民三终字第3号民事判决书，载中国裁判文书网，https：//wenshu. court. gov. cn/website/wenshu/181107ANFZ0BXSK4/index. html?docId=5cf80fe6e205-49e7b796a7d2010ac5ad，最后访问时间：2022年7月6日。

(1) 第一审判决理由的论证

第一审程序的功能重在解决纠纷，判决的受众主要是当事人。对案件事实的认定成为第一审判决理由论证的重点。当事人不服第一审判决的理由主要是不接受判决中认定的事实。第一审判决需要详细论证认定事实的过程，即阐述采信证据的理由，以及根据认定的证据证明案件事实的过程。法官对案件事实的证明和论述，得到当事人的接受，主要是获得败诉方的接受和认可。

基于审级制度功能原理，第一审判决对案件事实的认定非因重大错误或者显失公平，上级法院可不予重新认定。

就法律规范的适用而言，可简要论述理由或引用法律条文的具体内容。

在论证判决理由时，使用通俗的法学语言，易于被当事人所理解和接受。

(2) 第二审判决理由的论证

第二审程序的功能旨在保障适用法律的统一，并对下级法院判决的正当性进行审查。第二审法院审理的范围限于当事人的上诉请求和上诉理由。当事人没有上诉的事项，法院则不予审查。一审判决违反法律或者损害国家利益，社会公共利益、他人合法权益的除外。当事人对第二审法院判决理由的接受可促使其履行判决结果。

第二审法院判决的受众为上诉人和第一审法院。第二审判决理由论证旨在说服上诉人接受判决结论。于此，第二审判决理由论证以上诉理由和上诉请求为核心，阐述上诉请求能否成立，同时对原审法院的判决作出评价。第二审判决理由的论证方式视上诉事由而定。在第二审判决中，法官对法律规范的解释成为下级法院审理类似案件适用法律规范的依据。

第二审法官需要准确适用法律语言，运用一定的法律解释方法论证适用的法律规范，在法律职业共同体内形成同一的法律认知和法律观念，成为法律职业者参照的依据。

(3) 再审判决理由的论证

再审案件没有独立的审理程序。法院对其审理则是依据原生效裁判的程序而定。法院对再审案件的审理在于查明再审请求能否成立，并对原审法院判决的错误进行审查和纠正。再审判决的受众主要为再审申请人和作出原生效判决的法院。如果人民检察院抗诉决定再审的，检察院亦是再审判决的受众。

在再审案件中，对判决理由的论证应以再审请求和理由为中心，阐述其能否成立及其依据。前已述及，当事人对再审理由不服的事项多集中于对原审认定事实在法规范层面的评价以及对适用法律条文的认知。对认定事实的评价受制于法律规范中要件事实的抽象性。在论证时，尽可能将民事实体法律规范的要件事实分解为多个要素点，运用法律解释方法和审判经验，将认定的案件事实和法律规范中的事实要素相互融合并作出合理的判断。

民事判决理由的接受影响到判决结果的履行和矛盾的化解，故此，法官对判决理由的论证具有重要的司法意义和社会意义。在社会公众关注度高的案件或者涉及社会公众利益、社会道德秩序的案件中，公众的接受成为判决理由论证中考量的因素。法院的判决具有形塑社会秩序之功效，法官对社会秩序的维护有时会超越个案本身的法律意义。对判决理由的论证尤为考量裁断结果所出现的各种利益和后果。

3. 司法三段论和等置模式之调适

在大陆法系国家和地区，法官对裁判结果之证成所依凭的主要方式为法律形式逻辑，即司法三段论。通常认为，法官在作出判决时，以设定的法律规范为大前提，案件事实为小前提，判决结果为结论。这种传统的演绎推理模式能够保障法官依照法律规则行事，体现了法律的形式主义理性，限制了法官的自由裁量权和恣意。

但是，法律三段论的论证模式在适用中具有一定的局限性。当作为推论大前提的法律规范模糊和有歧义时，则需要采用其他的方式来证立判决结论。换言之，司法三段论适用于适用法律规范清晰的民事案件。事实与法律等置模式则是一种值得考量的论证技术。

事实与法律等置模式是指对法律的判断在个案的事实和法律规范之间不同流转，以类比的方式，不断拉近案件事实和拟适用法律规范之间的距离，最终使事实符合于规范的推论过程。此种方式适用于作为三段论大前提的法律规范和小前提的案件事实不能吻合之情形，也即是说，案件事实不能被规范所涵摄。而采用其他的法律解释方法亦无法给予说明，譬如，字面解释、限缩解释。此时，需要运用价值判断的方式，对法律规范进行诠释。寻找法律规范的过程，就是使事实和规范的距离不断拉近的过程。在案件与结论类推而等值的阶段，案件与规范是互相加工筛选的。规范成为“符合存在的”，案件成为“符合规范的”。并且逐步地，规范变成较具体的、较接近现实的，案件变成轮廓较清楚的，成为类型。[①] 得到的规范即适用于个案的法律规范。

推论模式从二元法律观及方法论出发，认为判断的大小前提是分别形成且是既定的，关注的问题是法律应用的大小前提之间的形式推论过程，不关注内容的有效性，“解释+演绎”便构成了推论模式回答问题的方法。等置模式则立足于一元法律观及方法论，着眼于建构判断的大小前提，认为建构是一个在事实与规范之间循环往复、相互照应的过程。[②] 等置模式具有不确定性。法官在运用等置模式发现法律规范时，基于其独特的对法规范的理解，以及生活经验的积累，对法律规范发现的结果会有所差异。

具体而言，在等置的过程中，可按照以下步骤进行：

（1）假设欲适用的民事法律规范，获知该法律规范中所包含的事

---

① ［德］考夫曼：《法律哲学》，刘幸义等译，法律出版社2004年版，第136页。

② 郑永流：《法律判断形成的模式》，载《法学研究》2004年第1期。

实构成要件，并对该要件中包含的事实进行细化，使其由若干事实要素组成。

（2）寻找比较点。将案件中的事实和法律规范中的事实进行比较，找出连结点，以连结点为中心，再寻找相似的比较点。案件事实和法律规范中的事实的比较点，决定着对法律规范诠释的对象。寻找的比较点越多，将该事实类推于所适用的法律规范的正确性就越强。

（3）将案件事实适用于比较事实中的法律规范，从法律规范中推论出其含及的法律后果，即通过对适用的法律规范的诠释，将其涵摄案件事实，得出判决结论。

法官在适用法律规范的过程中，应当视法律规范的具体情形在司法三段论和事实与规范等置模式中进行选择和转换。二者具有不同的适用条件。在我国当前判决文书制作的现状下，应视案情的需要对其加以强化运用。在不适宜运用三段论的案件中，法官可视具体情形，选择合理的论证技术，实现判决理由的可接受性。①

能够要求对法律和任何其他理性论证之理论和实践具备根本意义的，不是形式逻辑的系统，而是作为理性论辩规则之重构的逻辑。②在辩论原则语境之下，通过对裁判理由的论证，实现司法机关裁断纠纷的目的和司法治理的效果。

二、民事裁定理由的论证

对裁定书可视裁定事项制作裁定理由。对存在争执的裁定应当论证裁定理由，而对不存在争执的裁定，则可以省略裁定理由的记载。

就考察的裁定书而言，对裁定理由的论证没有统一的形式。立法明确规定了适用裁定解决的事项。尽管裁定解决的是程序性事项，但是，认定事实是裁定理由论证的核心，是正确作出裁断结论的基础。

---

① 王合静：《民事判决理由可接受性研究》，法律出版社 2017 年版，第 214~225 页。

② ［德］乌尔弗里德·诺伊曼：《法律论证学》，张青波译，法律出版社 2014 年版，第 38 页。

民事案由对裁定理由论证的影响不甚明显。因此，对裁定理由可分类进行论证。

1. 分裁定事项论证裁定理由

（1）不予受理、驳回起诉、管辖权异议的裁定

不予受理、驳回起诉、管辖权异议的裁定是可以上诉的裁定。当事人对第二审不予受理和驳回起诉的裁定，则可申请再审。这三类裁定关涉案件的事实，因此，对案件事实的确定是正确适用法律规范的基础。

在这三类裁定中，论证认定的事实是核心。论证认定的事实及理由和判决中确证事实的方法相一致，需要论述认定的证据以及根据证据推论出的事实。在裁定中，法官将认定的事实在法律规范层面加以解释，根据适用的法律规范作出裁断结论。法官对民事程序法律规范的认知尤为重要。

裁定存在受众，即当事人、法律执业者和社会一般民众。裁定理由需要得到受众的接受，裁定理由的论证主要是得到败诉方当事人的接受。

（2）驳回再审申请的裁定

驳回再审申请的裁定是对当事人再审申请书的回应。再审申请书包含具体的再审请求、申请再审的法定情形及具体的事实和理由。当事人对法院驳回再审申请的裁定，不得再提出申请或者赋予当事人对此裁定上诉的权利。因此，对驳回再审申请的裁定尤为论证驳回的理由。

在驳回再审申请的裁定中，论证当事人的再审理由不符合民事诉讼法规定的再审事由，同时论证不符合该规定理由的理由。论证不予认同当事人提交证据的理由或者不予认可当事人对认定事实在法律规范层面的评价。这即需要对适用的法律规范进行立法目的或意图的解释。这类裁定理由的论证影响到当事人对原审裁判的接受，故而，论证内容应有较强的说服力。

(3) 其他裁定

其他裁定含及保全和先予执行的裁定、中止或终结诉讼的裁定、补正判决书中笔误的裁定。这些裁定不涉及上诉，当事人对有些裁定不服的可以申请复议，所以，对可以复议的裁定需要载明裁定理由。对裁定理由的论证应展现案件的事实符合具体法律规范中的情形。论证认定的案件事实，且将认定的事实适用于法律规范的解释是裁定理由的核心。

中止或者终结诉讼的裁定一经作出，即发生法律效力。当事人对此没有救济途径。对此类裁定应论证裁定理由，以免损害当事人的权益。立法规定了诉讼中止和终结的事由，应论证符合中止或终结情形的案件事实以及认定该事实的证据。

2. 分审级论证裁定理由

通过对第一审、第二审和再审裁定书的考察，发现各审级的裁定形式不统一，裁定阐述的内容差异较大，这是由裁定解决的事项所决定的。

第一审裁定理由论证的内容单一，不似第二审裁定和再审裁定，需要对原审裁定作出评价。因此，在论证裁定理由时，需要查明相关案件事实，根据案件事实所适用的法律规范，作出裁定结论。对案件事实的证明，则依凭证据法则、逻辑法则对当事人提交的证据加以判断。譬如，驳回起诉、驳回管辖权异议的裁定。该类裁定事项简单，法官对裁定理由的论证主要是对查明的事实在法律规范层面的分析。以驳回起诉的法律规范条文作为论证的依据，论述确认的事实能否适用法律规范的情形，通过法解释，如果二者相适合，则可作出该裁定。

第二审裁定应围绕上诉请求和上诉理由论证裁定理由。多数二审裁定书认定的事实和第一审相同。如果当事人对认定事实有不同意见的，则需要补强论证原裁定认定的事实。可通过提交新证据或者阐述采信证据的理由来认定事实。如果当事人对认定事实的评价有不同意见的，则需要结合适用的法律规范论证改变评价的依据。二审裁定结果的改变多在于对第一审裁定认定的事实适用于法律规范解释的改变。

再审裁定应围绕再审请求和再审理由来论证裁定理由。再审裁定书记载一审裁定、二审裁定的相关内容，再审裁定认定的事实多和原审裁定中认定的事实相同。维持原裁定的，论证裁定理由时应对关联事实进行补强说明。再审裁定改变原审裁定结果时，法官需要论证改变其认知判断的事实依据和法律依据。从立法目的、立法意图等对适用的法律规范加以解释，以获得受众的认可。

立法中除了其他需要解决事项的裁定较为模糊之外，其余裁定有明确的适用事项和法律规定。裁定书论证认定的案件事实，论述认定的事实和法律规范适用的事实的状态相符合。根据该法律规定，作出裁定结论。裁定理由的论证，呈现出法官裁断纠纷的思维脉络和形式。

结　语

论证是一个适用范围广泛的语词。人们在日常生活中常常有意或无意地运用论证来表明自己的主张或者观点，以期说服他人认可或赞同自己的主张。

司法机关在裁断当事人之间的民事纠纷时，需要对其作出的裁断结论进行论证，以示裁判结论的正当性。法官通过对裁判理由的论述和证明，说服当事人和其他社会民众接受司法机关裁断的内容，实现生效裁判所确定的权利义务，维护司法权威和司法公信力。

司法裁判说明认定的事实及理由，适用的法律规范及理由是裁判文书改革的重要内容。强化裁判理由的论证旨在实现裁判内容的说服效果，实现定分止争的司法治理之目标，从而构建和谐的社会法秩序。

民事裁判理由论证是实践的，亦是理论的。民事裁判理由论证关涉论证参与者、论证规范和依据、论证结构、形成裁断结论的程序、修辞等，展现出它是一个关涉多重学科知识的命题。通过裁判文本载明的事项，可以透视出一个国家司法程序设置的完备程度以及实体法律规范适用的方法或技艺，展现出法官解决纠纷的智慧和才华。

以此，裁判理由论证是一个值得长时期关注和研究的课题。对它进行理论研究亦是为了解决实践中的疑惑。

后　记

我对裁判理由的关注始于在武汉大学法学院攻读博士期间论文的选题。裁判理由是一个和司法实践密切相关的问题。在收集和查阅相关资料的过程中，发现这个题目蕴含了较多的理论法学和部门法学的知识信息。所以，在博士论文结束之时，我感到论文的完成或许并不是对这个问题探讨的结束，而是开始。

在学校科研处领导和同事的支持下，我有幸获得了国家社科基金一般项目的审批，使我可以对相关问题进行深化探讨和研究。通过对裁判理由相关理论和裁判文本论证的认知，通过对逻辑学、论证学相关资料的阅读和思考，我完成了这个题目的写作。行文至此，仍觉得书中有需要思考和改进之处，不妥的观点，敬请读者指正。

本书在写作过程中，得到了我所尊敬的学界前辈的指点，得到了赵钢教授、刘作翔教授、唐力教授、刘学在教授和王次宝副教授等对研究方法和研究内容的指导，亦得到了其他一些专家对文中论证意见的指导。他们严谨的学术思维、广阔的学术视野，使我深受启迪和敬重。

本书在出版的过程中，得到了中国法制出版社的支持。从本书的立项，到文中内容的修订，再到最终出版，编辑们不厌其烦地解答我的问题，这种敬业精神使我很受感动，在此，向参与本书出版的编辑表达我深切的敬意。

春光明媚，盛夏骄阳，秋高气爽，冬雪盈润。我的家人对我学业和工作的关心和支持是我坚持的动力。

王合静

2022年6月

主要参考文献

一、中文著作类

1. 张卫平、陈刚编著：《法国民事诉讼法导论》，中国政法大学出版社 1997 年版。

2. 张志铭著：《法律解释操作分析》，中国政法大学出版社 1998 年版。

3. 张晋藩著：《中国民事诉讼制度史》，巴蜀书社 1999 年版。

4. 江伟主编：《民事诉讼法学原理》，中国人民大学出版社 1999 年版。

5. 宋冰编：《读本：美国与德国的司法制度及司法程序》，中国政法大学出版社 1999 年版。

6. 苏力著：《送法下乡》，中国政法大学出版社 2000 年版。

7. 唐文著：《法官判案如何说理》，人民法院出版社 2000 年版。

8. 常怡主编：《比较民事诉讼法》，中国政法大学出版社 2002 年版。

9. 乔欣、郭纪元著：《外国民事诉讼法》，人民法院出版社、中国社会科学出版社 2002 年版。

10. 沈达明著：《比较民事诉讼法初论》，中国法制出版社 2002 年版。

11. 陈刚著：《民事诉讼法制的现代化》，中国检察出版社 2003 年版。

12. 汤维建著：《美国民事诉讼规则》，中国检察出版社 2003

年版。

13. 杨荣馨主编：《民事诉讼原理》，法律出版社2003年版。

14. 山东省高级人民法院编：《人民法院优秀裁判文书选》，人民法院出版社2003年版。

15. 熊先觉著：《司法文书研究》，人民法院出版社2003年版。

16. 何主宇编著：《英美法案例研读全程指南》，法律出版社2003年版。

17. 徐国栋著：《民法基本原则解释》，中国政法大学出版社2004年版。

18. 左卫民等著：《最高法院研究》，法律出版社2004年版。

19. 吴庆宝编著：《民事判决书制作与改革难点评析》，人民法院出版社2004年版。

20. 蔡则民主编：《再审裁判文书的制作与实例评析》，人民法院出版社2004年版。

21. 邵建东编著：《德国民法总则编——典型判例17则评析》，南京大学出版社2005年版。

22. 毛玲著：《英国民事诉讼的演进与发展》，中国政法大学出版社2005年版。

23. 江伟主编：《民事诉讼法专论》，中国人民大学出版社2005年版。

24. 赵钢著：《民事诉讼专题研究》，中国政法大学出版社2006年版。

25. 何勤华、李秀清主编：《意大利法律发达史》，法律出版社2006年版。

26. 陈林林著：《裁判的进路与方法——司法论证理论导论》，中国政法大学出版社2006年版。

27. 金岳霖主编：《形式逻辑》，人民出版社2006年版。

28. 齐树洁主编：《英国司法制度》，厦门大学出版社 2007 年版。

29. 黄茂荣著：《法学方法与现代民法》（第五版），法律出版社 2007 年版。

30. 韩苏琳编译：《美英德法四国司法制度概况》，人民法院出版社 2008 年版。

31. 金邦贵主编：《法国司法制度》，法律出版社 2008 年版。

32. 肖晖著：《中国判决理由的传统与转型》，法律出版社 2008 年版。

33. 强世功、邓正来著：《法律的现代性剧场——哈特和富勒论战》，法律出版社 2009 年版。

34. 王泽鉴著：《民法学说与判例研究》，北京大学出版社 2009 年版。

35. 蔡琳著：《裁判合理性研究》，法律出版社 2009 年版。

36. 王泽鉴著：《民法思维：请求权基础理论体系》，北京大学出版社 2009 年版。

37. 武宏志、周建武、唐坚著：《非形式逻辑导论》，人民出版社 2009 年版。

38. 张榕著：《事实认定中的法官自由裁量权——以民事诉讼为中心》，法律出版社 2010 年版。

39. 孙笑侠著：《程序的法理》，商务印书馆 2010 年版。

40. 张文显著：《部门法哲学》，法律出版社 2011 年版。

41. 王泽鉴主编：《英美法导论》，北京大学出版社 2012 年版。

42. 刘作翔著：《思想的记录》，厦门大学出版社 2013 年版。

43. 刘作翔著：《权利与规范理论》，中国政法大学出版社 2014 年版。

44. 刘作翔著：《权利冲突：案例、理论与解决机制》，社会科学文献出版社 2014 年版。

45. 季卫东著：《法治秩序的建构》（增补版），中国政法大学出版社 2014 年版。

46. 张文显主编：《法理学》（第五版），高等教育出版社 2018 年版。

47. 李大雪：《德国联邦法院典型判例研究·民事诉讼法篇》，法律出版社 2019 年版。

二、译著类

1. ［美］埃尔曼著：《比较法律文化》，高鸿钧等译，生活·读书·新知三联书店 1990 年版。

2. ［德］K. 茨威格特等著：《比较法总论》，潘汉典等译，贵州人民出版社 1992 年版。

3. ［日］兼子一、竹下守夫著：《民事诉讼法》，白绿铉译，法律出版社 1995 年版。

4. ［美］德沃金著：《法律帝国》，李常青译，中国大百科全书出版社 1996 年版。

5. ［英］哈特著：《法律的概念》，张文显等译，中国大百科全书出版社 1996 年版。

6. ［法］孟德斯鸠著：《论法的精神》，张雁深译，商务印书馆 1961 年版。

7. ［美］本杰明·卡多佐著：《司法过程的性质》，苏力译，商务印书馆 1998 年版。

8. ［美］杰弗里·C. 哈泽德、米歇尔·塔鲁伊著：《美国民事诉讼法导论》，张茂译，中国政法大学出版社 1998 年版。

9. ［美］彼得·G. 伦斯特洛姆：《美国法律辞典》，樊翠华等译，中国政法大学出版社 1998 年版。

10. ［法］米歇尔·福柯：《知识考古学》，谢强、马月译，生活·读书·新知三联书店 1999 年版。

11. [英] 单宁勋爵著：《法律的训诫》，刘庸安等译，法律出版社 1999 年版。

12. [法] 让·文森、赛尔日·金沙尔著：《法国民事诉讼法要义》(上、下)，罗结珍译，中国法制出版社 2001 年版。

13. [英] 戴雪著：《英宪精义》，雷宾男译，中国法制出版社 2001 年版。

14. [美] 史蒂文·苏本著：《美国民事诉讼的真谛》，蔡彦敏译，法律出版社 2002 年版。

15. [美] 唐·布莱克著：《社会学视野中的司法》，郭星华等译，法律出版社 2002 年版。

16. [德] 罗伯特·阿列克西著：《法律论证理论——作为法律证立理论的理性论辩理论》，舒国滢译，中国法制出版社 2002 年版。

17. 《爱德华兹集》，傅郁林等译，法律出版社 2003 年版。

18. [德] 卡尔·拉伦茨著：《法学方法论》，商务印书馆 2003 年版。

19. [德] 伯恩·魏德士著：《法理学》，丁小春等译，法律出版社 2003 年版。

20. [德] 哈贝马斯：《在事实与规范之间》，童世骏译，生活·读书·新知三联书店 2003 年版。

21. [美] 弗兰德泰尔、玛丽·凯·凯恩、阿瑟·R. 米勒：《民事诉讼法》，夏登峻、黄娟、唐前宏、王衡译，中国政法大学出版社 2003 年版。

22. [美] 迈尔文·艾隆·艾森伯格著：《普通法的本质》，张曙光译，法律出版社 2004 年版。

23. [美] 克里斯托弗·沃尔夫著：《司法能动主义——自由的保障还是安全的威胁?》，黄金荣译，中国政法大学出版社 2004 年版。

24. ［美］约翰·亨利梅里曼著：《大陆法系》，顾培东等译，法律出版社2004年版。

25. ［德］奥特马·尧厄尼希著：《民事诉讼法》，周翠译，法律出版社2004年版。

26. ［美］E. 博登海默著：《法理学——法律哲学与法律方法》，邓正来译，中国政法大学出版社2004年版。

27. ［美］P. 诺内特、P. 塞尔尼兹克著：《转变中的法律与社会：迈向回应型的法》，张志铭译，中国政法大学出版社2004年版。

28. ［美］约翰·W. 斯特龙主编：《麦考密克论证据》，汤维建等译，中国政法大学出版社2004年版。

29. ［美］米尔伊安·R. 达玛什卡著：《司法和国家权力的多种面孔：比较视野中的法律程序》，郑戈译，中国政法大学出版社2004年版。

30. ［日］棚濑孝雄著：《纠纷的解决与审判制度》，王亚新译，中国政法大学出版社2004年版。

31. ［德］恩吉施著：《法律思维导论》，郑永流译，法律出版社2004年版。

32. ［美］P. S. 阿蒂亚、R. S. 萨默斯著：《英美法中的形式与实质》，中国政法大学出版社2005年版。

33. ［美］斯诺维斯著：《司法审查与宪法》，谌洪果译，北京大学出版社2005年版。

34. ［美］罗伯特·麦克罗斯基著：《美国最高法院》（第三版），任东来等译，中国政法大学出版社2005年版。

35. ［英］尼尔·麦考密克著：《法律推理和法律理论》，姜峰译，法律出版社2005年版。

36. ［荷］伊芙琳·T. 菲特丽丝著：《法律论证原理——司法裁决之证立理论概览》，张其山、焦宝乾等译，商务印书馆2005年版。

37. [德] 汉斯-约阿西姆·穆泽拉克著:《德国民事诉讼法教程》,周翠译,中国政法大学出版社 2005 年版。

38. [英] 约翰·哈德森著:《英国普通法的形成》,刘四新译,商务印书馆 2006 年版。

39. [日] 大木雅夫著:《比较法》,范愉译,法律出版社 2006 年版。

40. [美] 尼尔·K. 考默萨著:《法律的限度》,申卫星等译,商务印书馆 2007 年版。

41. [美] 伯纳德 ·施瓦茨著:《美国法律史》,王军译,法律出版社 2007 年版。

42. [美] 富勒著:《法律的道德性》,郑戈译,商务印书馆 2007 年版。

43. [德] 罗森贝克、施瓦布、戈特瓦尔德著:《德国民事诉讼法》,李大勇译,中国法制出版社 2007 年版。

44. [美] 杰罗姆·弗兰克:《初审法院——美国司法中的神话与现实》,赵乘寿译,中国政法大学出版社 2007 年版。

45. [美] 鲁格罗·亚狄瑟著:《法律的逻辑》,唐欣伟译,法律出版社 2007 年版。

46. [美] 罗斯科·庞德著:《通过法律的社会控制》,沈宗灵译,商务印书馆 2008 年版。

47. [美] 哈罗德· J. 伯尔曼著:《法律与革命》,高鸿钧等译,法律出版社 2008 年版。

48. [日] 新堂幸司著:《新民事诉讼法》,林剑锋译,法律出版社 2008 年版。

49. [美] 弗兰克·M. 柯芬著:《美国上诉程序——法庭、代理、裁判》,傅郁林译,中国政法大学出版社 2009 年版。

50. [德] 齐佩利乌斯著:《法学方法论》,金振豹译,法律出版社 2009 年版。

51. [美] 理查德·波斯纳著:《法官如何思考》,苏力译,北京大学出版社 2009 年版。

52. [日] 中村宗雄、中村英郎著:《诉讼法学方法论》,陈刚、段文波译,中国法制出版社 2009 年版。

53. [日] 兼子一、竹下守夫著:《裁判法》(第四版),法律学全集,有斐阁,平成一一年。

54. [德] 乌尔弗里德·诺伊曼著:《法律论证学》,张青波译,法律出版社 2014 年版。

55. [美] 欧文·M. 柯匹、卡尔·科恩著:《逻辑学导论》,张建军、潘天群、顿新国译,中国人民大学出版社 2014 年版。

56. [意] 罗道尔夫·萨科著:《比较法导论》,商务印书馆 2014 年版。

57. [法] 米歇尔·梅耶著:《修辞学原理》,向征、史忠义译,中国社会科学出版社 2016 年版。

58. [德] 康拉德·赫尔维格著:《诉权与诉的可能性》,任重译,法律出版社 2018 年版。

59. [荷兰] 范爱默伦、[荷兰] 荷尔森、[荷兰] 克罗贝、[荷兰] 维赫雅、[荷兰] 瓦格曼斯著:《论证理论手册》,熊明辉等译,中国社会科学出版社 2020 年版。

60. [美] 理查德·L. 哈森著:《民事救济法:案例和解释》,吴国喆译,商务印书馆 2020 年版。

三、中文论文类

1. 季卫东:《程序比较论》,载《比较法研究》1993 年第 1 期。

2. 陈界融:《论判决书内容中的法理分析》,载《法学》1998 年第 5 期。

3. 张志铭：《司法判决的结构和风格——对域外实践的比较研究》，载《法学》1998 年第 10 期。

4. 李琦、郭振忠：《作为法律行为的判决》，载《法律科学》1999 年第 1 期。

5. 龙宗智：《刑事判决应公开判决理由》，载《现代法学》1999 年第 2 期。

6. 杨立久：《谈民事再审判决书的论证部分的完善》，载《人民司法》1999 年第 7 期。

7. 谢晖：《判例法与经验主义哲学》，载《中国法学》2000 年第 3 期。

8. 傅郁林：《民事裁判文书的功能与风格》，载《中国社会科学》2000 年第 4 期。

9. 邓自力：《论判决理由的因果逻辑》，载《法学家》2000 年第 6 期。

10. 苏力：《判决书的背后》，载《法学研究》2001 年第 3 期。

11. 侯建忠：《试论民事判决书的理由》，载《河南省政法管理干部学院学报》2001 年第 3 期。

12. 方洁：《判决书应当陈述理由》，载《法商研究》2001 年第 4 期。

13. 胡桥：《判决理由的概念和功能》，载《浙江政法管理干部学院学报》2001 年第 6 期。

14. 童兆洪、章恒筑：《判决理由改革论》，载《浙江大学学报（人文社会科学版）》2002 年第 2 期。

15. 刘莉、孙晋英：《两大法系裁判文书说理的比较与借鉴》，载《法律适用》2002 年第 3 期。

16. 齐树洁：《德国民事司法改革及其借鉴意义》，载《中国法学》2002 年第 3 期。

17. 高升：《论判决书应详述判决理由》，载《当代法学》2002年第6期。

18. 陈金钊：《司法过程中的法律方法论》，载《法制社会与发展》2002年第4期。

19. 何家弘、姚永吉：《两大法系证据制度比较论》，载《比较法研究》2003年第4期。

20. 王晓、董必秀：《判决理由：哲学解释学在法律解释中的最终落脚点》，载《浙江学刊》2003年第5期。

21. 洪浩、陈虎：《论判决的修辞》，载《北大法律评论》2003年第5卷第2辑。

22. 焦宝乾：《当代法律方法论的转型》，载《法制与社会发展》2004年第1期。

23. 葛洪义：《试论法律论证的源流与旨趣》，载《法律科学》2004年第5期。

24. 刘学在：《辩论主义的根据》，载《法学研究》2005年第4期。

25. 艾佳慧：《司法判决书中"双高"现象并存的一种社会学解释》，载《中外法学》2005年第6期。

26. 龙雯、严颂：《论法理作为民事判决依据的基础》，载《邵阳学院学报》2005年第6期。

27. 李声炜：《法官判决的制度表达与实践》，载《法制与社会发展》2006年第4期。

28. 张保生：《法律推理中的法律理由和正当理由》，载《法学研究》2006年第6期。

29. 刘风景：《不同意见写入判决书的根据与方式》，载《环球法律评论》2007年第2期。

30. 桑本谦：《法律论证——一个关于司法过程的理论神话》，载

《中国法学》2007 年第 3 期。

31. 欧宏伟：《联邦德国最高法院民事判决书评介》，载《法律适用》2007 年第 6 期。

32. 王贵东：《判决理由模式之比较》，载《贵州社会科学》2007 年第 10 期。

33. 周濂：《从正当性到证成性，一个未完成的范式转换》，载《华东师范大学学报》2007 年第 11 期。

34. 万毅、林喜芬：《判决中的不同意见公开制度研究》，载《法律科学》2008 年第 1 期。

35. 余双彪：《法律精神下的判决》，载《中国检察官》2008 年第 2 期。

36. 纪格非：《论证据法功能的当代转型》，载《现代法学》2008 年第 2 期。

37. 李丽：《判决理由的正当性证明与法律推理》，载《山东师范大学学报》2008 年第 2 期。

38. 许尚豪：《上诉审纠错功能的法律思考——以法院层级关系为分析视角》，载《河北法学》2008 年第 4 期。

39. 王春旭：《民事诉讼证明标准价值新探》，载《法学杂志》2008 年第 4 期。

40. 晋松：《法律论证与司法裁判正当性的追求》，载《西南政法大学学报》2009 年第 2 期。

41. 孙长春等：《判决理由说明——现代司法判决正当性的内在要求》，载《华东理工大学学报》2009 年第 2 期。

42. 杨知文：《从判决威权主义到判决理由展示》，载《四川师范大学学报》2009 年第 5 期。

43. 孙笑侠、褚国建：《判决的权威与异议——论法官“不同意见书”制度》，载《中国法学》2009 年第 5 期。

44. 倪静、程春华：《论法官对证据行使的释明权及其约束机制——以民事诉讼考察为范围》，载《甘肃政法学院学报》2009 年第 1 期。

45. 胡波：《法的正当性语义考辨》，载《甘肃政法学院学报》2009 年第 7 期。

46. 夏锦文、莫良元：《社会转型中案例指导制度的性质定位与价值维度》，载《法学》2009 年第 11 期。

47. 肖晖：《论公开性是现代判决理由的本质特征》，载《北大法律评论》2001 年第 4 卷第 2 辑。

48. 胡桥：《中国判决理由的历史分析》，载《法律方法》（第 6 卷），山东人民出版社 2007 年版。

49. 薛军：《意大利的判例制度》，载《华东政法大学学报》2009 年第 1 期。

50. 赵新会：《英美证据评价制度的定位》，载《法律科学》2010 年第 2 期。

51. 龙宗智：《论建立以一审庭审为中心的事实认定机制》，载《中国法学》2010 年第 2 期。

52. 韩登池：《司法三段论——形式理性与价值理性的统一》，载《法学评论》2010 年第 3 期。

53. 孙光宁：《法律论证中的可接受性原则》，载《法律方法》（第 8 卷），山东人民出版社 2010 年版。

54. 蔡永彤：《判决书中公开不同意见议题之重试》，载《东方法学》2010 年第 6 期。

55. 邓晓芒：《康德〈论俗语〉从实践理性向历史理性的过渡》，载《天津社会科学》2014 年第 3 期。

56. 顾培东：《再论人民法院审判权运行机智的构建》，载《中国法学》2014 年第 5 期。

57. 李雨峰：《司法过程的政治约束——我国基层人民法院审判委员会运行研究》，载《法学家》2015 年第 1 期。

58. 朱孝清：《司法的亲历性》，载《中外法学》2015 年第 4 期。

59. 张文显：《法理：法理学的中心主题和法学的共同关注》，载《清华法学》2017 年第 4 期。

60. 袁力、邵新：《德国民事裁判文书结构与说理的关联分析》，载《法律适用》2017 年第 1 期。

61. 黄泽敏：《案件事实的归属论证》，载《法学研究》2017 年第 5 期。

62. 谢耘：《论辩充分性——析当代论证评估理论的一个新维度》，载《学术研究》2019 年第 3 期。

63. 高尚：《论司法判例在成文法国家的适用空间——以德国对判例的演绎推理“二重需求”为例》，载《社会科学战线》2020 年第 5 期。

64. 蔡琳：《“依法裁判”：一种强主张的论证》，载《中国法律评论》2020 年第 2 期。

65. 傅郁林：《判决书说理中的民事裁判逻辑——围绕〈民事诉讼法〉第 155 条的展开》，载《中国应用法学》2022 年第 1 期。

四、外文类

1. Arthur L. Goodhart, Determining the Ratio Decidendi of a Case, Yale Law Journal, December, 1930.

2. J. L. Montrose, The Ratio Decidendi of a Case, The Modern Law Review, Vol. 20, Nov. 1957.

3. Benjamin Kaplan, Phases of German Civil Procedure I, Harvard Law Review, May, 1958.

4. Jean Louis Goutal, Characteristics of Judicial Style in France,

Britain and the U. S. A., The American Journal of Comparative law, Vo. 124, (1976).

5. Charles W. Collier, Precedent and Legal Authority: A Critical History, Wisconsin Law Review, 1988.

6. John C. Reitz, Why We probably cannot Adopt the German Advantage in Civil Procedure, Iowa Law Review, May, 1990.

7. Mark Alan Thurmon, When the Court Divides: Reconsidering the Precedential Value of Supreme Court Plurality Lurality Decisions, Duke Law Journal, November, 1992.

8. Heidi Li Feldman, Objectivity in Legal Judgment, Michigan Law Review, March, 1994.

9. Ernst C. Stiefel、James R. Maxeiner, Civil Justice Reform in the United Statea—Opportunity for Learning From "Civilized" European Procedure Instead of Continued Isolation?, American Journal of Comparative Law, Winter, 1994.

10. Francesco G. Mazzotta, Precedent in Itallan Law, Michigan State University-DCL Journal of International Law, Spring, 2000.

11. Evan Tsen Lee, The Dubious Concept of Jurisdiction, Hastings Law Journal, August, 2003.

12. Peter Karsten, Between Law and Custom, Cambridge University Press, 2002.

13. Richard D. Freer, Civil Procedure Case, Materials, and Questions (Fifth Edition), 2008.

图书在版编目（CIP）数据

民事裁判理由论证研究 / 王合静著 .—北京：中国法制出版社，2022. 12

ISBN 978-7-5216-3238-5

Ⅰ. ①民… Ⅱ. ①王… Ⅲ. ①民事诉讼-审判-研究-中国 Ⅳ. ①D925. 118. 24

中国国家版本馆 CIP 数据核字（2023）第 015077 号

责任编辑：孙　静　　　　封面设计：周黎明

民事裁判理由论证研究

MINSHI CAIPAN LIYOU LUNZHENG YANJIU

著者/王合静

经销/新华书店

印刷/北京虎彩文化传播有限公司

开本/640 毫米×960 毫米　16 开　　　　印张/ 16. 75　字数/ 190 千

版次/2022 年 12 月第 1 版　　　　2022 年 12 月第 1 次印刷

中国法制出版社出版

书号 ISBN 978-7-5216-3238-5　　　　定价：65. 00 元

北京市西城区西便门西里甲 16 号西便门办公区

邮政编码：100053　　　　传真：010-63141600

网址：http：//www. zgfzs. com　　　　**编辑部电话：010-63141787**

市场营销部电话：010-63141612　　　　**印务部电话：010-63141606**

（如有印装质量问题，请与本社印务部联系。）